巨大中国とユーラシア
新時代の国際関係

A New Era for International Relations:
China's Expanding Reach Across Eurasia
Edited by Masami Kodama and Atsushi Isa

児玉昌己
伊佐　淳 編

芦書房

はしがき

本書『巨大中国とユーラシア新時代の国際関係』は、一般財団法人ユーラシア財団 from Asia から助成を受けて久留米大学経済学部に開設された助成講座の出版プロジェクトとして三冊目となる。

前二冊とは、発刊年順に言えば、児玉昌己・伊佐淳を編者として芦書房から刊行された『アジアの国際協力と地域共同体を考える』（二〇一九年）と、『グローバル時代のアジアの国際協力―過去・現在・未来』（二〇二〇年）である。同財団からは国内のみならず海外も含め五〇〇校以上の大学に助成講座が提供されているが、三冊を上梓できたのは本学だけではないかと密かに自負している。

さて、本書の表題は、『巨大中国とユーラシア新時代の国際関係』であるが、「ユーラシア」という用語についてはヨーロッパとアジアを扱う地理概念を表す表現である。昨今、この「ユーラシア」という言葉は人口に膾炙されているが、この地域で進む中国の影響力の浸透を背景にしている。

本書では前二書と同様、それを政治、経済そして歴史的なコンテキストで検討したものとなっている。この書を通して、巨大中国という二一世紀的な地政学的現状と、ダイナミックに進む国際政治、経済、社会の一端を理解いただければと考えている。

以下、各章の概要を述べたいと思う。

第1章の「二一世紀のユーラシアの地政学―EU・中国関係とハンガリーの事例」では、近時ユーラシアの国際政治経済に影響力を強めている中国とユーラシアへの影響が扱われている。ユーラシアや地政学という言葉と意味が捕捉される。その後、ハンガリーは地政学のマッキンダーが指摘する「ハートランド」の要衝であるとの認識から、ハンガリーと中国がそれぞれの理由で、相互のカードをＥＵに活用する必然性があることが分析される。

第2章では、「欧州を取り込む米国と日本のインド太平洋戦略構想」と題して日米中の動向が捕捉される。特に中国側の認識と欧州のインド太平洋戦略へのシフトの背景が扱われ、その流れの中での日本の戦略の重要性が指摘される。

第3章では、「ドイツのインド太平洋戦略分析」と題して、ＥＵにあって存在感を強めるドイツが取り挙げられ、同国にとっての「インド太平洋」戦略の背景と必要性が分析されている。

第4章〜第6章の三章は、中国経済に関する論考である。すなわち、第4章の「中国人民元のドル覇権への挑戦」では、中国経済の輸出依存度が急激に低下し、自立型経済へ転換しつつある中で、「デジタル人民元」を擁する中国政府は、世界的なＤＸの流れに乗り、米国との通貨覇権争いに突入していることが示されている。

続く第5章の「ギグ・エコノミーの拡大は労働生産性を下げるのか—中国の事例」では、中国経済の構造転換（第三次産業のＧＤＰへの寄与度の上昇と第三次産業就業人口の増加）を示したうえで、経済成長のエンジンとして期待される第三次産業の零工経済（ギグ・エコノミー）の実態とその危うさが指摘されている。

さらに、第6章の「中国の経済発展と米中貿易摩擦」では、世界経済について概観したうえで、スミスの「分業論」とリカードの「比較生産費説」を用いて、米中貿易摩擦の問題を国際分業体制の変化として説明できると結論づけられている。

第7章では、「戦後国際社会下の台湾発展と日本人」と題して、ユーラシアの外辺部にあたる台湾の発展に焦点が当てられる。とりわけ、台湾については近時中国の習近平により軍事的圧力が強められているが、第二次世界大戦後の台湾の発展過程において、日本の統治が戦後どのように関わってきたのか、戦後の台湾の経済発展の経緯が捕捉される。

第8章の「ポスト・コロナ時代の世界協調戦略としての『環日本海経済圏構想』」では、日本列島改造論登場時に提示された「物流新幹線構想」は、地方創生とポスト・コロナ時代のサプライ・チェーン再構築が求められる今こそ、日本経済再生のための経済構造改革の一環として、「環日本海経済圏構想」の下で実行されるべきであると主張されている。そして、その際、直接、利害関係の生じる日本・ロシア・中国・韓国・北朝鮮だけでなく、英米をはじめとした世界的な理解と協力を得ることの重要性が論じられる。

第9章では、「戦前戦後の日本知識人のアジア観―具島兼三郎の場合」と題して、第二次世界大戦前後に活躍した日本人政治学者が取り上げられ、戦前戦後を生きた日本の知識人のアジア認識が捕捉される。具島は、戦前は大学教員のキャリアをもち、その後、満鉄に移籍し、あの有名な「対支抗戦力調査報告」にも名を連ねた政治学者であるが、彼は、その後、満州国の治安維持法で逮捕投獄を経験した。その彼が敗戦後の日本においてアジアの進路をどのようにすべきと見たのか、が捕捉、分析される。

第10章の「日本の経済社会―コロナ後のあり方を問う」では、コロナ禍にあって、日本経済の喫緊の課題である国民一人当たりＧＤＰと平均賃金の伸び悩みとその原因について概観したうえで、その解決策の一つとして、テレワークの推進による労働生産性向上の可能性が示され、地方創生の可能性をも示唆される。

最終章である第11章の「企業フィランソロピーと財団の機能」では、日本経済の大黒柱たる企業が営利事業とは別に社会貢献活動を行うのは、江戸時代の商人道に源流があるが、商人道を受け継いだいわゆる大物実業家は、「篤志家」としての顔を持ち、自らの理念を体現するべく財団を設立するに及んだと論じられる。さらに、第二次世界大戦後の「広報文化外交」において、企業財団が重要な役割を担っていることにも言及されている。

以上、本書の概要を示したが、ダイナミックに進む二一世紀のユーラシアにあって、多面的に欧米と中国、台湾、日本の事例が取り上げられている。なによりも、それまでの世紀とは全く違った巨大中国の出現という異次元の二一世紀を迎えている国際関係の様相の一端を読者諸賢に少しなりとも提示できるならば、編者の喜びとするところである。

末尾になりましたが、久留米大学でのユーラシア財団助成講座を基にした第三弾というべき本書を上梓できたのもひとえに招聘講師や本学の担当教員の御協力の賜物です。また、助成講座を提供いただいている一般財団法人ユーラシア財団の佐藤洋治理事長、鄭俊坤先生など財団関係の皆さま、出版に当たっては、株式会社芦書房の山中元春社長、同編集部・佐藤隆光部長にもお世話になりました。心より感謝を申し上げます。

なお、紙幅の関係でご氏名を記載出来ませんが、この講座と本書出版にご支援をいただいた本学関係者に対し、これまでと同様、厚く御礼を申し上げます。

令和四（二〇二二）年三月吉日

執筆者を代表して
児玉昌己
伊佐　淳

目次

第1章　二一世紀のユーラシアの地政学
――EU・中国関係とハンガリーの事例

1　はじめに

本章では中国の強大化が顕著となっている二一世紀において、地政学という観点から、ユーラシアにおける政治状況、具体的にはハンガリーをめぐるEU・中国関係を扱う。

比較的新しいEU加盟国であるハンガリーは周知のごとく、一千万余の人口を擁し、中東欧に位置し、七カ国と接する内陸国家である。(1) そのハンガリーは東欧の一国として、後述するマッキンダーの地政学の要であるハートランドの一部を構成してきた。そして、二一世紀においても、ハンガリーはユーラシアにおける二一世紀の新たなアクターである中国と、欧州統合を進めるEUとの対立の震源地となっている。そればかりか、ハンガリー自身の国内政治を緊張させている。

本章では、一九世紀末期において登場したハルフォード・マッキンダーとリヒャルト・クーデンホーフ・カレルギーという二人の地政学的思想家を取り上げ、地政学的主張を一瞥し、ユーラシアにおける一九世紀と二一世紀の状況の相違を捕捉し、二一世紀の地政学的状況を概観する。

特に二一世紀の地政学の重要なアクターである中国が重視しそれに応えているEU加盟国のオルバン首相のハンガリーは、実に地政学的分析に値する意義をもっている。後半はこのハンガリーを中心とし、ポーランドも含めて旧東欧で展開される地政学的新状況を捕捉し、今後のユーラシアでのEU・中国間の政治状況を予測してみることを目的とする。

以下、地政学とユーラシアの定義から始めていこう。

2　地政学とユーラシア

地政学は地理（Geology）と政治（Politics）の合成語である。その一般的な定義をいえば、政治的現象とそれが生じた地理的条件との関係を研究する学問である。

もともと、ジオポリテックスといわれる地政学はドイツの地理・生物学者F・ラッツェルの『政治地理学』（一八九七年）に影響されたスウェーデンのR・チェレンによって体系化され、K・ハウスホーファーのマッキンダー引用を通して広まったとされる。(2)

今日、地政学という語は国内外で大流行である。わが国でもインターネットで図書検索すれば、多数の書籍が刊行されている。(3)わが国では「大東亜戦争」での惨憺たる敗北と無条件降伏に伴う軍国主義から理想主義的平和主義への価値の大転換のなかで、侵略戦争を想起させるものとして教育の場からも研究者の間からも長く消えていた。このことを考えると、驚くべき変化である。(4)

ＥＵでさえも同様に、近年地政学という用語を積極的に使用し始めている。それまで、地政学という用語はＥＵではほとんど見受けられない言葉だった。それが今や欧州委員会の文書や組織の中で「地政学」が公然と使用され始めている。

実際、紆余曲折を経た後、欧州委員長ユンケルの後任として欧州理事会で提案されたフォンデアライエンは、二〇一九年九月一〇日に「私が率いる欧州委員会は、持続可能な発展のため地政学的欧州委員会になるだろう」と語り、(5)さらに一一月一七日、欧州議会による同委員会の全体の承認の採決に先立って演説し、その中で、欧州委員会のこれからの役割について、「地政学的に課題に取り組む欧州委員会」となる必要を述べていた。(6)

ドイツ出身であるフォンデアライエンはロシアの脅威に加えて、米中の激突がエスカレートする状況の中で「欧州は地政学的に埋没してしまう」(7)という危機感をマクロン仏大統領と共有していた。実際、中国という新たな脅威の台頭の中で、フォンデアライエンは地政学的な方向での欧州委員会（Geopolitical Commission）」という観点で機構改革に取り組み、旧来の開発総局（ＤＧ ＤＥＶＣＯ）を改め、「国際パートナーシップ総局」（ＧＤ ＩＮＴＰＡ）に改組した。(8)

人権、民主主義、法の支配というＥＵの価値は、ＥＵ条約に明記されている。この機構改革は加盟国はもとよりＥＵが連携する域外諸国にたいしても、その基本原則をより積極的に求める姿勢を打ち出すことを明示したことを意味する。これは国際政治における地政学的変容の中でＥＵの外交政策が新たな段階に入ったことを意味し、欧州統合の深化ということができる。(9)

地政学ではユーラシアという地理的、政治的概念がその根幹にある。次に地政学とも関連するユーラシアの概念を整理しておこう。

(1) ユーラシアと地政学　双子の関係

ユーラシアとは具体的には「ヨーロッパ」と「アジア」という地理的範囲を示す語を合体した地理学上の造語である。面積はおよそ五五〇〇平方キロで、地球の陸地面積の四〇・四%である。ユーラシアの人口は少し古いデータだが、二〇〇二年で四七億一五〇〇万人で、地球の総人口の七二%といわれている。[10] 具体的には、ウジアラビア、インド、東アジアでは日本を含み、さらには台湾や東南アジアのフィリピン、およびインドネシア諸島などがその範囲とされている。[11] ユーラシアという概念は、南北アメリカ、アフリカなどを除く、日本も含めた極めて広範な地理的概念であると理解できたが、そのユーラシアに意味を満たせたのは、地政学という国際政治の概念である。

ユーラシアという言葉は、イギリス出身のマッキンダーが第一次世界大戦直後の一九一九年、邦訳書名『デモクラシーの理想と現実』(現書名 Democratic Ideals and Reality)[12]の中で、「ユーラシアのハートランド」として論じられ、広まったとされる。その意味では、「ユーラシア」いう語と「地政学」という概念は、表裏一体、あるいは双子の関係であったといえる。[13]

(2) 地政学的思想家、ハルフォード・マッキンダーとリヒャルト・クーデンホーフ・カレルギー

ところで地政学に関して二〇世紀前半に活躍したものは多数いるが、ここではマッキンダー、そして「ハートランド」出身の当事者であるヒャルト・クーデンホーフ・カレルギーを取り挙げよう。

①ハルフォード・ジョン・マッキンダー卿

マッキンダーは一八六一年に生まれ、一九四七年に八六歳で死去した。この間一八九九年オックスフォード大学に開設された地理学院の初代院長に就任する。その後ロンドン大学経済学部（ＬＳＥ、開設は一八九五年）の院長を兼務し、二〇年にわたり奉職した。彼は政治の世界に出て、下院議員を一九一〇年から二二年まで務め、さらには枢密顧問官に就任するなど、イギリスのエスタブリッシュメントとして政府と密接に関わりを持った。この過程で彼は爵位を得た。

地政学が地理学を出発点としていたことは重要である。実際、イギリスは「シーパワー」として表現される海洋国家として、更には帝国主義国家として最盛期を迎えていた。彼の著はそのイギリスの観点に立って、ユーラシアの概念を定義し、海洋国家イギリスの戦略とした。彼は上述の書第3章と第4章で「船乗りの世界像」、「内陸の人間の世界像」と海と陸とを並置している。[14]

マッキンダーは第一次大戦直後に出された上記の『デモクラシーの理想と現実』で、資源は肥沃な「ハートランド」を支配するものが世界を征服するとした。その前提には、ソ連やドイツの脅威[15]に加え、第一次世界大戦後の国際連盟を提唱するウイルソン大統領による民族自決の呼びかけがあった。

大戦後、崩壊した四つの帝国から独立したヨーロッパの新興の中小国はソ連やドイツの脅威によりこの地域の不安定を招く恐れがあるとするもので、これこそがマッキンダーのハートランド論の核心であった。[16]実際、彼の危惧はその後、ナチスドイツの支配や第二次世界大戦後のソ連の東欧支配となって現れた。

②リヒャルト・クーデンホーフ・カレルギー

マッキンダーに続いてリヒャルト・クーデンホーフ・カレルギー（RCK）を取り挙げよう。前者が海洋国家のイギリス出身であったのに対して、彼はまさにマッキンダーが指摘したハートランドの「当事者」であるオーストリア・ハンガリー帝国の出身者である。

RCKは先に挙げた英マッキンダーより一世代遅く、日本人を母として、オーストリア・ハンガリー帝国の外交官を父として一八九四年一一月、商家出身の青山みつ子を母に東京で生を得た。RCKの思想形成で重要なのは、第一次大戦である。この大戦後、実にロシア帝国、オスマン・トルコ帝国、ドイツ帝国、そしてオーストリア・ハンガリー帝国と四つの帝国が消滅した。その結果、RCKは出生した国家を失い、文字通り祖国喪失者となった。国家によりどころを失った彼はソ連の脅威や独仏の長年にわたる対立と戦争、そして大英帝国や新興の米国の台頭という状況を前にして、当時の欧州の苦境を解決する手段として、欧州統合の必要性を論じたのである。[17] RCKはマッキンダーの上述の書が出た四年後の一九二三年、若干二〇歳代にして『パン・ヨーロッパ』という書を出し、一躍時代の寵児となった。

この書は、ロシアの脅威と、独仏の長年の抗争の愚を指摘し、中東欧の将来について書いており、欧州統合が不首尾となれば、革命の帰趨が未だ明確でないロシアと経済強国として台頭してきた米国に押され消滅すると論じた。彼は、世界を汎ヨーロッパ、汎アメリカ、大英帝国、東アジア、ロシアの五つソリッドな地域に分類し、単一市場や共通言語、仲裁裁判所や二院制の議会を持つ欧州統合の必要性を説いた。その書はシーパワーのイギリスを欧州とは別の世界と位置づけていた。この意味で、彼の主著『パン・ヨーロッパ』は、まさしく地政学の書であったといってよい。[18] 後年EUとして

結実する彼の欧州統合運動は、その始まりにおいて、地政学の思想的背景を持つものであった。(19)

3　現代のユーラシアの地政学的状況——過去との三つの相違点

時代は下って二一世紀を迎えたが、ユーラシアにおける地政学は条件を変えた形で依然として有効である。ただしユーラシアにおける一九世紀後半と二一世紀の地政学的状況では大きな相違がある。その相違は、以下の三点である。

①ロシアの後退、②ＥＵの発展、③中国の台頭と急速な強大化である。その三点について、それぞれの近現代史を概観しよう。

(1) ロシアの相対的後退

ロシアは、一九世紀末に登場したユーラシアの地政学の主たる概念の基礎となったが、二一世紀には凋落著しい。現代ロシア史を一瞥すると、一九一八年のロシア革命は、欧州の政治構造を一変させた。西側資本主義国家による帝国主義支配が大きく挑戦を受けた。だが帝政ロシアは内にあってはレーニンの革命勢力の活発化と、外にあっては日露戦争での敗北という状況下で、レーニンらが社会主義のソビエト連邦を打ち立てることで、ロマノフ王朝は終焉した。

一九一八年の社会主義革命でソビエト連邦（以下ソ連）となったロシアは、第二次大戦の後期からそれまでの米ソ蜜月は終焉し、冷戦へと移行する。そしてソ連は一九四九年に核実験に成功した。すなわち第二次大戦を契機として、オムニポテンスの国家として存在した米国の核独占をソ連は崩壊させ、その存在感をユーラシアで見せつけた。しかも自己の勢力圏を確保し拡大するため、東ドイツをはじめ、ポーランド、ハンガリー、チェコスロバキア、ユーゴスラビアの諸国家を次々に共産化して、ユーラシアにおけるその地政学的地位を強化した。

しかし米ソ冷戦やアフガニスタンでの侵略で国内経済は疲弊し、ソ連政治経済体制の本質的非合理性も露呈し、一九九一年ソ連は革命から七〇年余を経て、瓦解し、一五の共和国に分裂した。

残されたロシアはロシア連邦と名を変えた。

プーチン自身はこのソ連崩壊を「二〇世紀最大の地政学的悲劇」と形容している。[20] 確かにソ連が消滅しロシア連邦となったが、ロシアは核保有国として存在している。とはいえ、ソ連解体後一五の共和国に分裂した結果、人口は一億四四一〇万人（二〇二〇年）と減少し、一億もの人口の喪失（ウクライナ一国で独立時五二〇〇万人とその半分）した。まさにロシアのユーラシアでの決定的な地政学的後退であった。

人口の激減を指摘したが、経済のレベルもそれを示している。ＩＭＦの二〇二一年ＧＤＰランキングでは、ロシアは一一位である。即ち人口がロシアの三分の一にも満たない一〇位の韓国の下にあり、その規模は一兆七〇〇〇億ドル程度で、世界第一位の米国の二二兆ドル、第二位の中国の一六・六兆ドルとは比すべくもない。旧ソ連空間の非ロシア化現象は不可逆的である。[21]

(2) 二一世紀のユーラシアの主要アクターとしてのEU

ユーラシアの周辺国にとって、帝政ロシアもそれに取って代わったソ連も、ともにユーラシアでの直接的脅威の源泉であった。実際、ＥＵに結実する欧州統合運動は、英米との資本主義競争のための経済統合の必要性に加え、対外的には帝政ロシアや社会主義ソ連の軍事的脅威に対処するための手段でもあった。ドイツはフランスと共に戦後の欧州統合の実戦部隊となっているＥＵの中核をなしている。そのドイツは第二次世界大戦後は、東西に分割占領となり、初代西独首相アデナウアーが非戦主義的国家形成を進めたが、同時にそれは「ドイツのヨーロッパ」から、「ヨーロッパのドイツ」という国家戦略の転換の結果でもあった。

ＥＵは一九五一年のパリ条約をもって現在のＥＵの前身となる欧州石炭鉄鋼共同体を結実させ、さらに全産業分野を網羅する「欧州経済共同体」（ＥＥＣ）を経て現在に至っている。ＥＵはイギリスが二〇二〇年末にＥＵ史上初の離脱を完了するまでは二八カ国五億人の政治経済圏を実現するに至った。そしてこのＥＵが、ユーラシアでの政治的経済的影響を拡大し、確固としたものにとして、年来の脅威であるロシアと、強大化した中国のユーラシアでの防波堤の役割を北大西洋条約機構（ＮＡＴＯ）と共に果たしている。一九世紀から二〇世紀にかけて、ロシアとともにユーラシア最大の脅威であったドイツのヨーロッパ化はユーラシア地政学上での最大の変化の一つといえる。

このＥＵだが、イギリスのＥＵ離脱をもってＥＵ解体を言うものがいるが、その発展はその軽薄な議論を一掃する。ソ連解体に伴い、二〇〇四年には旧ソ連圏を含め、一〇の国家を新たに加盟国として迎え、二〇〇七年にはルーマニアとブルガリアを加盟国とした。欧州理事会（ＥＵ首脳会議）は二〇二〇年三月アルバニアと北マケドニアのＥＵ加盟交渉の開始を承認した。[22] 今後、ボスニア・ヘルチェコビナ、セルビア、モンテネグロの加盟も視野に入れており、二〇四〇年までに加盟国は三〇カ国を遥かに超えることが予測される。

欧州統合の二つの手段―共通外交安保防衛政策とEU法

ＥＵがヨーロッパとアジアにおける核心として存在するのは、二つの手段によってである。第一は、「一つの声」（One Voice）という外交安全保障政策の構築と単一市場（One Market）という政治と経済の一体化による。現在ＮＡＴＯと協力しつつ、ＥＵ自体が軍事的色彩を徐々に強めつつある。第二は統合を強化し、永続性を持たせる手段としてのＥＵ条約を最高法規とする膨大なＥＵ法によってである。

ＥＵ法がもつ加盟国への重要性は、以下の例を示すだけで分かる。フィナンシャル・タイムズはイギリスがＥＵ離脱のために必要とされた再協定の数は、実に一六八カ国との七五九の条約・協定に上ると試算していた。[23] 加盟国がどれほどＥＵ法に拘束されているか知るだろう。

ＥＵが持つ共通の価値を実体化するために、その方向に誘導するのがＥＵ法である。近年、中国では香港の民主化運動の弾圧と一国二制度のなし崩し的廃止や、台湾への軍事的圧力の強化が進み、加えて「アメリカファースト」のトランプ政権の後を襲ったリベラルなバイデン政権も基本的にこの対中国政策を踏襲することが明らかとなり、ＥＵはこれに応じる形で、対中路線を大きく転換させた。

それは欧州委員会とＥＵの外務・安全保障政策上級代表は二〇二一年九月一六日、「インド太平洋地域における協力に関するＥＵの戦略」と題した政策文書を発表した。[24]

（3）強大化する中国

二一世紀の地政学的状況下で急激にその力を見せているのが中国である。我々は、強大化した共産党独裁の国家として、国際法の規範さえ書き換えようとする習近平の「戦狼外交」を目撃している。

中国は毛沢東の指導の下、大躍進、文化大革命などの試行錯誤で国力は疲弊したが、一九七八年に始まった鄧小平による改革開放路線で現在の経済強国の礎が作られた。二一世紀はその強力な経済力をユーラシア全域に広げつつある。あたかも、欧米列強や日本による植民地争奪戦の帝国主義の歴史に報復するかのように。

中国が強大化し、国内では二〇一二年胡錦涛の後を襲った習近平の独裁色を強めつつある。共産党の第一九期中央委員会第六回全体会議は二〇二一年一一月、四〇年ぶりとなる党史上三回目となる「歴史決議」を出し、鄧小平を凌ぎ毛沢東に肩を並べる歴史の書き換えを図り、[25]その地位を格段に強化している。

中国の対外戦略も、軍事的側面と通商的側面を持つ。軍事戦略的に習近平は人民解放軍の軍事予算を拡大し、装備の一新を図りつつある。二〇二一年予算案は、国防費が前年比六・八％増の一兆三五〇〇億元（二〇八四億七〇〇〇万ドル）で、経済成長率目標（六％超）と一致した伸びを見せている。二一年の国防予算は米国の約四分の一の規模とはいえ、兵器の現代化は急速である。[26]二〇二五年時点の米中両軍の戦力予想によると、西太平洋に展開する空母の数は、米国の一隻に対して中国は三隻。強襲揚陸艦は米国四隻、中国一二隻。多機能戦闘艦は米国一二隻、中国一〇八隻で、中国が地の利を生かし、米軍を数で圧倒する。[27]中国は宇宙にその触手を伸ばし、地上では、東シナ海、南シナ海での軍事力の増強による「二〇世紀の国際法の強制的書き換え」に着手している。[28]

軍事的プレゼンスの強化に加え、中国の経済通商戦略の要は資金力を使ったソフト戦略である「一帯一路」がそれである。一帯一路構想は、Belt and Road または One Belt One Road Initiative と表記され、二〇一三年に習近平国家主席が提唱し、二〇一四年一一月に中国で開催されたアジア太平洋経済協力（APEC）首脳会議で広く各国にアピールされた。
「一帯一路」とは世界規模での中国主導によるインフラ整備と物流、そして中国の覇権を拡大していくことを目的としている。「一帯」とは陸路での欧州との接続、「一路」とは海路でアフリカまでの接続を言う。昔、中国と欧州を結んだシルクロードを模したものである。敷衍すれば、中央アジア経由の陸路「シルクロード経済ベルト」が一帯であり、インド洋経由の海路「二一世紀海上シルクロード」が一路であり、巨大経済圏を構築する中国の世界戦略である。[29] まさに現代版シルクロード経済圏構想であり、実に地政学を地で行く戦略といえる。[30]
英有力シンクタンクの「経済経営研究センター（CEBR）」は、二〇二一年九月二六日付の世界経済の年次報告書で、中国の経済規模が二〇二八年に米国を抜き世界一になるとの見通しを明らかにした。しかも、二〇二〇年時点の予測から五年も前倒しした、というほどの急成長ぶりである。[31]

4　ユーラシア地政学におけるハンガリー

二一世紀のユーラシアの地政学の三つの特色を概観した。ユーラシアの激変する政治状況にあって、ハンガリーは独特の地位を占め、その特異な役割を演じてきた。

例えば二〇世紀中葉にあって一九五六年のハンガリー動乱は、チェコスロバキアで起きたプラハの春に先立ち、ソ連崩壊の序曲となった。さらにハンガリーで企画され実践された「ヨーロッパ・ピクニック計画」、一九八九年のベルリンの壁の崩壊、一九九〇年のドイツの再統一（政治学的に言えば西独による併呑）、そしてソ連の崩壊はハンガリーを起点として広がったことを想起すればいい。[32]この時期、六万ものソ連軍が駐留していたにもかかわらずである。それから三二年。ハンガリーはユーラシアの地政学的状況の結節点として現在も大きな意味を持っている。

ハンガリーはソ連崩壊後、ソ連の衛星国たる地位を脱し、二〇〇四年にＥＵの加盟国となった。この地域にあってはポーランド、チェコスロバキアと、ＥＵ加盟に備えて一九九一年に形成された地域連携であるヴィシェグラード圏を構成し、独自の利益を主張してきた。二〇二〇年に入り、同じビシェグラード圏でも、チェコが中国離れを劇的に進め始めている。[33]それがゆえに、中国にとってのハンガリーの重要さが分かるというものである。

5　ハンガリーとＥＵ

(1)　対立を深めるＥＵとオルバンのハンガリー

ユーラシアで中国と角を突き合わせているＥＵにハンガリーが加盟したのは、二〇〇四年である。合計一〇カ国がこの年にＥＵに加盟した。これ以上の大規模なＥＵ加盟はないという史上空前の規模だった。ＥＵがソ連の崩壊に伴い豊かで民主的な国家に変貌する受け皿となった。ソ連が崩壊し、ユーラシアの地政学でその磁場が、大きくＥＵ側に触れたのである。

当初、親ＥＵ路線の中でＥＵとの関係は進んだが、オルバンの右旋回が始まり、ハンガリーとＥＵは緊張関係が続いている。特に、法の支配、表現の自由、人権や少数者保護の分野において、これを共通の価値とするEUとの齟齬を深めることになる。両者の緊張関係は二〇一〇年代に入って決定的となる。いくつか取り上げてみよう。

① 難民問題

二〇一五年にはドイツのメルケル首相の移民受け入れ表明が潜在的な中東アラブ地域での移民の欲望を刺激した。その結果、一〇〇万といわれる難民の受け入れに直面した。実際、シリア、アフガニスタン、アフリカからの大量の難民のEUへの流入が発生し、EUを苦境においた。とりわけ、この難民危機では欧州への玄関口となっていたイタリアとギリシャに難民が殺到し、キャンプにあふれた移民一六万人をEU理事会では加盟国に分散移動させる決定を下した。

しかし、ハンガリーのオルバンはこれを無視し、EUとの対立を深めた。EU理事会での決定についての公然たる無視は異例のものであった。二〇二〇年、欧州司法裁判所(ECJ)は四月二日、ポーランドとハンガリー、チェコの三カ国に対し、移民の受け入れについてEU法に違反したとの判決を言い渡した。実際、BBCによると、チェコは割り当てられた二〇一五人のうち二人しか受け入れず、ハンガリーとポーランドは一人も受け入れなかった。訴訟では上記の三カ国は、非EU移民が安全保障を脅かすという理由を掲げてEUと争ったが、その主張は退けられた。(34)

② 欧州議会によるEU条約七条に基づく制裁決議

ハンガリーとEUの対立は、さらに続いた。欧州議会は二〇一八年九月一二日、仏ストラスブールで開いた本会議で、ハンガリーが法の独立性や人権保護などEUの基本的価値を巡って「重大な侵害」

があると判断し、同国への制裁手続きに入るよう欧州理事会に求める決議を採択した。これは、リスボン条約で導入されたＥＵ基本条約の「第七条」に基づく制裁手続きである。

欧州議会の決議案の骨子についていえば、憲法および選挙制度、個人情報とデータ保護、表現と宗教の自由、学問の自由、団結の自由、難民、ロマ人やユダヤ人といった少数民族に対する権利平等の諸点である。(35)

移民救済については、不法移民を不当に助けるという理由で、弁護士や活動家による難民申請者支援を違法扱いし、司法や選挙制度にも圧力を掛けているとされた。ＥＵ条約に基づきこうした決議が行われるのは初めてのことであった。

投票では欧州議員の三分の二以上が、賛成票を投じた。ただ最も重い議決権停止措置については、理事会での全会一致が必要で、ポーランドが反対し、未だ実施されていない。(36)オルバンは二〇一八年九月一一日に欧州議会で政権を擁護する演説を行い、制裁をほのめかすのはハンガリーに対する「脅迫」であり侮辱だと述べた。

欧州議会が制裁手続に入ると、ハンガリー政府は、これを棄権票の扱いが不当であり手続違反だとして、欧州司法裁判所（ＥＣＪ）に議決の無効を訴えた。これについてもＥＣＪはＥＵの側に軍配を上げた。(37)

③ フィデスの欧州議会最大会派欧州人民党（ＥＰＰ）からの離脱

ＥＵとオルバン率いるフィデスとの確執は、二〇一九年に欧州議会内でも起きた。ハンガリーの政権与党のフィデスは、最大会派のＥＰＰに属していたが、ＥＰＰからの離脱となって決定的となった。二〇一九年三月ハンガリーのオルバン与党をEPPは資格停止処分とし、さらにはEPPはハンガリーの排除を意図して党規約の改正に乗り出した。(38) これが通れば、EPPからのフィデスの除名という道が見えてくる。それを懸念して、フィデスは二〇二一年三月に自ら欧州人民党から離脱する道を選んだ。かくして、EUとハンガリーの対立はハンガリーの欧州議会での孤立と、極右勢力との連携を生みつつある。(39)

ちなみに、ハンガリー政府は、二〇二一年に始まったEUの将来改革会議である「欧州の将来会議」で、欧州議会選挙を直接選挙でなく「加盟国の代表で構成される国家の代議組織」とする改編を提案し、欧州議会を解体する意思を示している。(40)

(2) ハンガリーなど旧東欧圏諸国がEUとの軋轢を深める理由

ハンガリーなどがEUと軋轢を深めるのはなぜだろうか。その理由は、EUという組織の基本的理念が国家主権の大規模な移譲を求めることにある。EUでは上述のごとく、欧州統合を重要な価値として旧ソ連圏のEU加盟国にその影響力の拡大を図ってきた。

他方、ハンガリーやポーランドなどは、ソ連時代から強制的な構成国に対する「主権集中」策による「犠牲者」という自己認識を持ち、自国の主権の独立と他国からの容喙に対して、きわめて抵抗が強い。ナショナルなものを排他的に掲げ、反イスラム、反移民という共通項を持つEU加盟国内の極右政党も同様である。(41) ハンガリーやポーランドのEUへの反発は年ごとに大きくなっている。

例えば、ポーランドでは二〇一八年に汚職防止のために裁判官に対する懲戒制度が必要だとこれを導入した。この改革で懲戒制度が判事の判断について制裁を加える権限を持っていることから、EC

Ｊは二〇二一年七月、この懲戒制度が十分に独立的・中立的ではないと判断し、停止するよう命じた。ＥＣＪによるこのＥＵ法違反との司法判断に対して、マテウシュ・モラウィエツキ首相は、国内の憲法裁判所に対し、ＥＵ法の優位性について判断を求めた。同国の憲法裁判所は、一〇月七日にＥＵ法は国内法に優先しない場合があるとの判断を示し、ＥＵ法の優越性に挑戦した。[42] これに対して、ＥＣＪは一〇月二七日、ポーランドが司法改革をめぐってＥＣＪの命令に従っていないことを理由に従うまで一日当たり一〇〇万ユーロ（約一億三〇〇〇万円）の制裁金を支払うよう命じた。[43] また欧州委員会はコロナ復興基金の資金配分の執行を遅らせる措置をとり、ＥＵ法の順守とＥＵ予算の執行を連動させる動きを見せた。[44]

ポーランドで起こったことは他のＥＵ内の権威主義的国家でも起こりうる。ハンガリーに戻れば、ＥＵに対する反発を強める理由は、上述した欧州統合を進める手段としてのＥＵ条約とＥＵ法にある。二〇〇七年七月、当時の欧州委員長バローゾはＥＵを伝統的な国際機関でもなく、軍事力をもつ超国家でもない「帝国の要素なき帝国」（non imperial empire）と形容した。かつてローマ帝国はその版図をローマ法で規律したが、ＥＵは法と条約でそれを確保しているところを見ると、ＥＵを「帝国」と形容するこのポルトガル元首相の高慢さは別として、ＥＵ法によるＥＵの統治の性格の一端を示している。[45]

ＥＵでは、極めて重要な例外を残して、国家主権の絶対的優位性と排他性がほとんどの政策領域で多数決制が採られることで否定されているのである。[46] また欧州統合を実践するＥＵの独自の法の構造による旧東欧の加盟国の反発は、ユーラシアの地政学に大きな意味を付与する。すなわち、中国の進出は、これらのＥＵ内の権威主義的政権にとって、そして対ＥＵ戦略構築を進める中国にとっても活用できる重要なカードとなっている。中国にとってはポーランドに比して共産主義独裁に厳しい姿勢をとっていないハンガリー攻略の意味は大きい。

6　ハンガリーの中国カード
――ハンガリー政府による孔子学院、復旦大学誘致

ＥＵを通した欧州統合が進めば進むほど、ハンガリーなどＥＵによる更なる主権譲渡を嫌う中東欧諸国の権威主義政権の対立が深くなる。これに加えて地政学上重要なことは、その状況下でハンガリーやポーランドの権威主義的政権が中国カードに魅力を感じてくることである。

中国にとっても、東欧の権威主義的政権はユーラシア覇権を手助けしてくれる要素として重要視する。即ち双方が、国家的利益を共有している。中国の進出は、ソフト分野を通して展開されているが、その事例としては、孔子学院と復旦大学のハンガリー進出がある。

孔子学院についてては、ウィーン在住のジャーナリスト長谷川良がレポートしている。それによると、中国政府教育部（文部科学省に相当）の下部組織・国家漢語国際推進指導小組弁公室（漢弁）が管轄し、海外の大学や教育機関と提携して、二〇〇四年に設置された。孔子学院は、表面上は、外国での中国語教育の拠点として、中国語や中国文化の普及と中国との友好関係の醸成を目的として、中国政府が設置を進め、日本を含む約一五〇カ国の約五〇〇か所で開校されている。[47]「一帯一路」を経済のユーラシア戦略とすれば、言語教育を通した世界戦略ということができる。

しかし、米国が近年、中国の政治宣伝機関としての役割や、諜報活動の基地としての危険性を指摘

してきた。フロリダ州やイリノイ州の大学で閉鎖の動きが広がっており、ヨーロッパにおいても同様である。

この機関に冠された孔子といえば、儒教の始祖である。それだけでなく、中国共産党との関係で言えば、毛沢東の統治の最末期の一九七〇年代に儒教を攻撃する「批林批孔」運動が展開され、歴史ある中国各地の孔子廟が徹底して破壊された。それほど共産党にとって憎むべき対象であった。

二一世紀に入り、その中国共産党は、一転、共産主義イデオロギーとは縁もゆかりもない孔子の名を冠した教育機関を海外に大々的に展開したのである。孔子学院は実際は中国共産党政権の情報、諜報機関の役割を果たしてきた。そしてそれを裏書きするように、ベルギーでスパイ活動が露見する。

ベルギー当局は二〇一九年ブリュッセル自由大学内に二〇一六年開設された孔子学院の宋新寧院長をスパイ容疑で逮捕し、その後、再入国を禁止する措置をとった。同院長は、今後八年間、査証の発給が差し止められ、ＥＵ加盟国をほぼカバーするシェンゲン協定加盟の二六カ国への入国が禁じられることになった。(48)

この孔子学院は人口一〇〇〇万余のハンガリーには実に五校もある。ドイツでは二〇二一年現在一七校である。スウェーデンが二〇二〇年四月までにすべて閉校にしたことを考えれば、その異様さが理解される。中国政府は孔子学院が諜報機関と名指しされて知られるようになったことで、近年名称変更が検討されている。(49)

さらにハンガリーでは、上海の復旦大学をブダペストに招き、欧州キャンパス設置が予定されている。

具体的にはハンガリー政府は二〇二一年四月、ブダペストに学生約六〇〇〇人と教員五〇〇人規模の復旦大学を設立する協定を中国と締結した。キャンパスは四つの区画に分かれ、建設費用は二〇億ドル（約二二〇〇億円）と見込まれている。小国ハンガリーにとっては大きな財政的負担となる。一万人規模の反対デモが起きている。[50] この他、北京の精華大学との協力や、中国の出資によりセンメルワイス医科大学に伝統中国医療学科を設立することも発表されている。中国のEU分断化攻略としてのハンガリーの位置づけ、および中国を利用したEUによるハンガリー締め付けへの抵抗をここに見て取れる。

7　EUと中国の制裁の連鎖

EUと中国の対立はハンガリー政治を直撃する。以下はEUと中国を巡る対立の事例である。

(1) EUの「グローバル人権制裁制度」

新疆ウイルグ自治区での少数派抑圧は以前から知られており、欧州議会はウイグルについても以前から継続的に人権決議を出し続けてきた。そしてEU理事会は議決要件の緩和に動いた。理事会で全会一致を続ければ、親中国の一国でも反対すれば、制裁が不可能になるからである。それゆえ、人権擁護のため制裁を国家ではなく個人への制裁を主眼とする「グローバル人権制裁制度」をEUは二〇二〇年一二月に導入した。[51] これは画期的で国家でなく国家に属する個人をターゲットにできることで、その対象が劇的に拡大し、その適用が容易になった。

ＥＵはそれを基に、二〇二一年三月二二日に外相理事会で中国での少数民族ウイグル族の不当な扱いが人権侵害にあたるとして、中国の当局者らへの制裁を採択した。対中制裁は天安門事件以来約三〇年ぶりで、同日付で発動した。制裁対象となったのは四人と一つの機構である。(52)

(2) 中国の反発とEU側への制裁

ＥＵによる対中制裁に対して、中国は直ちに対ＥＵ報復制裁を発動した。中国によるＥＵ側への制裁対象は一〇人（欧州議会五人、加盟国議会議員三人、学者二人）と四つの機構に及んだ。

それは次のようになっている。

欧州議会議員の以下五名。ラインハルト・ビュティコファー「対中関係代表団」団長（議長）（ドイツ）、マイケル・ガーラー「台湾友好グループ」議長（ドイツ）、ラファエル・グルックスマン「民主的プロセスにおける外国の干渉に関する特別議会委員会」委員長（フランス）、イルハン・キュチュク「外交委員会」委員（ブルガリア）、ミリアム・レックスマン「外交委員会」委員（スロバキア）。

加盟国議会の議員としては以下の三名。オランダ議会のヨエル・ウィーマー・シャエルズマ、ベルギー連邦議会のサミュエル・コゴラティ、リトアニア共和国議会のドヴィル・サカリアン。さらに学者として以下の二名ドイツ人学者 Adrian Zenz、スウェーデン人学者 Björn Jerdén である。

ＥＵ機関と加盟国の機関では以下の四つの組織。すなわち、ＥＵの理事会の政治・安全保障委員会、欧州議会の人権小委員会、ドイツのメルカトル中国研究センター、デンマークの民主主義財団連合であった。(53)

欧州議会は有力議員が個別的に制裁対象に上がったことで、態度を硬化させ、ＥＵ中国の投資協定の批准凍結に動いた。遠藤誉は、ビュティコファー対中関係代表団議長を制裁対象に入れたことは、欧州議会に大きな反発を招き、中国にとっては手痛い「しっぺ返し」となって跳ね返ってくる結果を招いたとしている。(54)

(3) 欧州議会による「包括的EU・中国投資協定」(CAI) 審議凍結

「包括的EU・中国投資協定」とは、市場開放や公正な競争環境の確保など、特に中国側の投資環境の整備を目的とするものであった。中国と比べて、EUは外国企業に対して開放的な政策を掲げており、CAIを通して、EU企業の中国市場へのアクセスの改善や規制緩和を進め、もってEUは「中国との経済バランスをより均衡にする」(フォンデアライエン欧州委員長) ことを目指していた。(55)

EUと中国の交渉は実に三五回に及んだ。協定では、ドイツがEU理事会の議長国を務める二〇二〇年七月から六カ月間で合意に達成するという計画で、コロナ禍で傷んだドイツ産業界のためにメルケルがとりわけ意欲をみせ、中国側も対米関係にくさびを打つ観点からも合意に期待を寄せていた。

この投資協定は、全会一致ではなく、閣僚理事会での特定多数決と、欧州議会では単純過半数の合意が得られれば締結できるのであり、批准の可能性は明らかに高いと見られていた。

しかるに欧州議会による批准過程の凍結である。ウイグル族へのEUの制裁に対する中国の報復に、欧州議会の反発が如何に強かったかということである。二〇二一年五月、欧州議会は審議を凍結する決議を、賛成五九九、反対三〇、棄権五八の圧倒的多数で可決した。(56)

中国政府はドイツのメルケルをはじめとする合意ができれば、この条約は発効すると疑ってもいなかった。これは国家が全てとみる中国共産党政府の意思の及ばざるところで、ユーラシアでの積極進出を試みる中国にとって、ＥＵ政治の複雑さと欧州議会の重要性を改めて中国に知らしめた事件となった。

8　結　論

結論として次の諸点を指摘できる。

第一にユーラシアの地政学において東欧諸国の位置は現在でも極めて重要であり、マッキンダーの時代のロシアの脅威から二一世紀ではロシアに代わって中国が影響力を拡大した。力を落としたロシアは中国との連携を深める形で、その影響力の確保を図っている。

第二にユーラシアにおいてはＥＵがヨーロッパ的価値を再認識し、これを強化しつつあり、ＥＵ拡大も旧ユーゴスラビアの諸国に加盟国を広げつつある。またフランスと確固たる関係を樹立しドイツが「ドイツのヨーロッパ」でなく「ヨーロッパのドイツ」として、ＥＵの中核として存在している点が第二次世界大戦前の地政学的状況と決定的に異なるところである。

第三に、中国の地政学的ユーラシア戦略とＥＵの対立、米中関係に相応して一層緊張関係を強めると思われる。実際、中国による国内政治の統制の強化はＥＵとの対立を必然的に深める。加えて尖閣列島や南シナ海における中国の軍事的プレゼンスの強化は、アジア諸国との軍事的緊張をたかめ、さらには海上航行の自由原則を侵すものとして、米国はもとより、ＥＵ加盟国やイギリスを刺激している。今後もそれは続くと考えられる。

第四に、中国によるEU攻略の手段としてハンガリーの活用と、ハンガリーによる中国を対EUカードに使う政策は、EU中国双方の対立要因として作用する。

最後に、二〇二二年二月二四日にウクライナを侵略したロシアに加え、価値の多元性を否定し、価値基準の判断すべてを共産党が独占する現在の中国の影響を及ぼしていく未来が想定されるなかで、EUとの連携はわが国にも極めて重要であると記し、結論としたい。

追記：使用した新聞、外電類は断らない限り、電子版に負う。なお本章は「現代ユーラシアの地政学」久留米大学法学八五号二〇二二年二月の論考に大幅な縮減と加筆を施している。

注

(1) 西にオーストリア、スロヴェニア、北にスロバキア、東にウクライナ、ルーマニア、南にセルビア、南西にクロアチアと接している。

(2) Weblio 辞書、地政学の項参照。

(3) わが国で戦後、曽村保信が『地政学入門外交戦略の政治学』中央公論、一九八四年を出し注目された。

(4) 地政学のナチスとの関係については、佐藤優『地政学入門』角川書店、二〇二一年。

(5) The von der Leyen Commission: for a Union that strives for more elated media. 欧州委員会プレスレリース、二〇二一年九月一〇日。

(6)「欧州議会が新欧州委員会を承認、産業界からは支持と注文相次ぐ」ジェトロ、二〇一九年一一月二八日。

（7）The makings of a "geopolitical" European Commission – European Council on Foreign Relations（ecfr.eu）28 November 2019.「欧州の埋没」はマクロン大統領によりＮＡＴＯの地位の文脈で語られている。

（8）総局の担当委員はユッタ・ウルピライネン（Jutta URPILAINEN）のフィンランド人で一九七五年生まれ。organisation-chart_en.pdf（Europa.eu）

（9）ＥＵは近年それまで切り離されてきた外交安保防衛問題を一体化して扱う動きを鮮明にしており、ＥＵ外相といわれる「外務・安全保障政策上級代表」は欧州委員会副委員長を兼務する形となっている。

（10）統計局ホームページ／国勢調査トピックス No. 7（stat.go.jp）二〇〇二年七月。

（11）ウイキペディアのユーラシアの項目参照。

（12）なお同書は『マッキンダーの地政学－デモクラシーの理想と現実』と著者と中身が分かるように、訳者の判断で一九八五年版の邦訳書名を変えて、同じく原書房から二〇〇八年に出されている。マッキンダーの以前の論考も付加されている。

（13）廣瀬洋子「ユーラシア統合の理想と現実」『地域統合の現在と未来』国際問題研究所、二〇一三年三月、九五頁。なお「ハートランド」は一九〇四年の論文には Pivot Area（中軸地域）と呼んでいたが、改称している。ただし、マッキンダーは同書では地政学という言葉を使っていない。ナチスの理論家ハウスホーファがマッキンダーを多用することで広まったとされる。佐藤優『前掲』二〇二一年、二六頁。

（14）『マッキンダーの地政学』（原書房、二〇〇八年）前掲書三八頁、八七頁。

（15）地政学について、佐藤優はマッキンダーはロシアとドイツを意識していたこと、帝国のイデオロギーが絡んでいることを指摘している。佐藤優『前掲書』一一一頁。

（16）彼は「デモクラシーの旗印を高く掲げた国際連盟」という皮肉ともとれうる表現をしている。マッキンダー

『前掲書』一九五頁。

(17) リヒャルト・クーデンホーフ・カレルギーについては、Martyn Bond, Hitler's Cosmopolitan Bastard. Count Richard Coudenhove-Kalergi and His Vision of Europe McGill-Queen's University Press 2021. 参照。またわが国での RCK の紹介者永富(後の鹿島)守之助については、拙著『現代欧州統合論』成文堂、二〇二一年、第1章参照。

(18) 独書は Pan Europa. 邦訳は鹿島守之助訳『パン・ヨーロッパ』昭和三六年再版、鹿島研究所がある。

(19)「欧州連邦の第一歩」とアデナウアー初代西独首相に言わしめたEUは、当初欧州石炭鉄鋼共同体として発足したが、石炭と鉄鋼は戦争遂行の重要資源でもあり、それ自体が地政学であった。拙著『欧州統合の政治史——EU誕生の成功と苦悩』芦書房、二〇一五年参照。

(20) 小泉悠『「帝国」ロシアの地政学(「勢力圏」で読むユーラシア戦略)東京堂出版、二〇一九年、四一頁。

(21)【二〇二一年】最新世界GDP(国内総生産)ランキング 二〇五〇年の予測も紹介－ELEMINIST(エレミニスト)。二〇二二年二月の許しがたいウクライナ侵略も縮減したロシアの最後の抵抗とみることができる。

(22)「欧州理事会、アルバニアと北マケドニアの加盟交渉開始を承認」ジェトロ、二〇二〇年三月三〇日。

(23) After Brexit: the UK will need to renegotiate at least 759 treaties. Paul McClean, Financial Times, May 30, 2017. イギリスのEU離脱については、スティーブン・デイ、力久昌幸『「ブレグジット」という激震——混迷するイギリス政治』ミネルヴァ書房、二〇二一年、中島裕之『イギリス解体の危機—ブレグジットが開けたパンドラの箱』日本経済新聞出版、二〇二一年参照。

(24) EU、インド太平洋地域における協力に関する戦略を発表 ジェトロ、二〇二一年九月一七日。

(25) 二〇二一年一一月の歴史決議は、内容においては控えめといわれるが、四〇年ぶりに習自身の指導性と権威、権力を積極的に出したことには変わりない。「習近平熱望の『歴史決議』、党内抵抗で毛沢東・鄧小平と並び立てず」『現代ビジネス』二〇二一年一一月一四日。

(26)「中国二〇二一年国防費は六・八％増の一・三五兆元、伸び率小幅拡大」ロイター、二〇二一年三月五日。

(27)「中国戦力、二六年に米軍超越も　西太平洋で脅威『加速』」時事通信、二〇二一年三月一〇日。

(28)中国の国際ルールへの挑戦については、武田いさみ『海の地政学─覇権をめぐる４００年史』中央公論新社二〇一九年、第5章参照。

(29)児玉昌己「ＥＵの外交と21世紀の対中関係」児玉昌己・伊佐淳編『グローバル時代のアジアの国際協力』第6章、二〇二一年参照。

(30)一帯一路は直接投資によるインフラ整備がその重要な核の一つであるが、近年陰りを見せている。「対中債務、途上国で膨張…『債務のワナ』に懸念も」『読売新聞』二〇二一年一〇月一三日。世界銀行によれば、二〇二一年一〇月「国際債務統計」で、低・中所得国の中国に対する債務が二〇二〇年末時点で約一七〇〇億ドル（約一九兆円）となり、一一年と比べて三倍超に膨らんだことを明らかにした。

(31)日本は三〇年にインドに抜かれ、二〇二一年の三位から四位に転落するという。「中国経済、二八年に世界一日本は4位転落─英調査」時事通信、二〇二〇年一二月二七日。

(32)この時期の東欧各国の政治状況の詳細は、三浦元博・山崎博康『東欧革命─権力の内側で何が起きたか』岩波書店、一九九二年参照。

(33)チェコは台湾訪問を政府高官が実践して、両者の関係は一挙に悪化した。

(34)「ポーランドなど3カ国、移民拒否で違法判決　欧州司法裁」ＢＢＣ、日本語版、二〇二〇年四月三日。

(35)European Parliament votes to trigger Article 7 sanctions procedure against Hungary. Alice Cuddy with Reuters.12

September 2018.「『EUの基本理念に違反』　欧州議会、ハンガリーへの制裁提案を採択」BBC、二〇一八年九月一三日。

(36) 同右

(37)「欧州司法裁、ハンガリーの訴え棄却　『EU理念に違反』」『日本経済新聞』二〇二一年六月四日。

(38)「欧州最大会派、ハンガリーのオルバン与党を資格停止」『日本経済新聞』二〇二一年三月二一日。

(39) これを「EUの分裂」とする見方もあるが、ハンガリーやポーランドはそれを実践することはありえない。その通貨であるフォリントやズロチはその瞬間に国際的信用を失い暴落することは必至である。

(40) Orban's Europe vision: Dismantle EU Parliament. Euractiv. June 19, 2021.

(41) 例えば、仏国民戦線改めたルペン率いる国民連合もそうであるし、ドイツ選択肢党（AfD）もその一つである。実際、同党は反ユーロ（すなわち反EU）、反イスラム、反移民を旗印に勢力を拡大したが、二〇二一年総選挙で議席を減らし、旧東独領の地域政党でしかないことがはっきりしてきた。

(42)「『ポレグジット』の布石に？ ポーランド司法判断に反発相次ぐ」AFP、二〇二一年一〇月九日。これまでに欧州委員会は、この司法改革における裁判官の退官年齢の引き下げや裁判官に対する新たな懲罰制度がEU法違反として、EU司法裁判所に義務不履行訴訟を四件提訴。このうち三件で欧州委員会の主張を認める判決が出されている。

(43)「EU裁判所、ポーランドに1日100万ユーロの制裁金　司法の独立めぐり」BBC、日本語版、二〇二一年一〇月二八日。ポーランドは二一年五月にECJが下した、ドイツとチェコ国境にあるトゥルフの褐炭鉱山と火力発電所の操業停止命令に従っておらず、九月から一日当たり五〇万ユーロの制裁金の支払いを命じられているが、支払いに応じていない。

(44)「欧州委、ポーランド憲法裁判所の判断に懸念、EU予算執行にも影響か」ジェトロ、二〇二一年、一〇月一二日。
(45) Barroso says EU is an 'empire' EUobserver, 11. JUL 2007.
(46) EUの政策決定については鷲江義勝編著『EU—欧州統合の現在（第4版）』創元社、二〇二一年、第3章参照。
(47)「ベルギー、孔子学院院長の再入国を禁止 スパイ容疑か」『産経新聞』二〇一九年一〇月三一日。
(48) 同右。
(49) 長谷川良「中国政府『孔子学院』の名称変更へ」『ウィーン発コンフィデンシャル』二〇二〇年七月八日。
(50)「ハンガリーで中国・復旦大学の建設計画 進む中国依存に大規模抗議も」NEWS、ポストセブン、二〇二一年六月二三日。
(51)「EU、30年ぶり対中制裁決定 ウイグル人権問題で」『日本経済新聞』二〇二一年三月二二日。
(52) 遠藤誉「習近平最大の痛手は中欧投資協定の凍結——欧州議会は北京冬季五輪ボイコットを決議」二〇二一年七月一五日。Uighurs：Western countries sanction China over rights abuses. BBC 2 March 2021.
(53) 同右。
(54) 同右。
(55)「EU、中国との包括的投資協定に大筋で合意」ジェトロ、二〇二一年一月五日。
(56) MEPs refuse any agreement with China whilst sanctions are in place | News | European Parliament（europa.eu）

第2章　欧州を取り込む米国と日本のインド太平洋戦略構想

1　はじめに

二〇二〇年一一月の大統領選挙においてバイデン候補が勝利したが、多くのトランプ支持者は、バイデン候補が「不正」によって勝利したという根拠のないデマを信じ、二〇二一年一月六日、暴徒化した支持者は議会に乱入して四人の死者を出す事件を引き起こした。この事件は、二つに割れた「米国の分断」を象徴するものとなり、政権始動を開始したバイデン政権は、トランプ前政権が大統領権限により行った「アメリカ・ファースト」の外交政策を、同じ大統領権限を使い元に戻していった。例えば、トランプ前政権は気候変動対策のパリ協定から脱退したが、バイデン政権は脱退を謝罪し協定に復帰し、トランプ前政権が安全保障上の理由で入国を禁止したイスラム諸国からの措置を廃止した。トランプ前政権は、ドイツの三万六〇〇〇人の駐留米軍から、約一万二〇〇〇人の削減計画を決定したが、バイデン政権はこの計画を凍結した。

このようなバイデン政権が、トランプ政権の政策を否定せずに踏襲した政策がある。それが、対中対抗・競争政策の継続と、その政策と不可分な地域戦略構想である「自由で開かれたインド太平洋」（ＦＯＩＰ：Free and Open Indo-Pacific）である。政権始動前は、バイデン候補やアドバイザーが「自由で開かれたインド太平洋」を使用せずに、「繁栄し安全なインド太平洋」というレトリックを使っていたために、(1) バイデン政権始動後、ＦＯＩＰという言い回しを継続して使用したことは、その厳しい対中姿勢の継続とともに、注目された。

バイデン政権は、トランプ前政権が軽視した欧州の同盟国との関係を修復すると同時に、オバマ前政権の未完の仕事となった「アジア・リバランス」政策も受け継いだ。その効果は明らかだった。イギリスと欧州諸国が、経済だけでなく、安全保障においても、インド太平洋地域への関与に明確な姿勢をとり、動き出したのである。

例えば、二〇二一年、日本においては、欧州のインド太平洋への関与を印象付ける象徴的な二つの出来事があった。一つは、自衛隊と米海兵隊との日本での合同演習にフランス陸軍が参加したことだ。五月一五日、霧島演習場（宮崎・鹿児島県）で自衛隊と米海兵隊、フランス陸軍が離島防衛を想定した三カ国の陸上部隊による上陸作戦の演習を行い、報道陣に公開した。(2) もう一つは、イギリスの空母「クイーン・エリザベス」のインド・太平洋地域への長期展開と九月四日の日本の横須賀基地への寄港である。横須賀は米海軍と海上自衛隊がともに使用する港であり、英国が日米とともに「自由で開かれたインド太平洋」の秩序維持に努めていく姿勢を誇示したと考えられている。(3) 九月八日〜九日には、海上自衛隊のヘリコプター護衛艦「いせ」と「いずも」が、航空自衛隊のF35A戦闘機とともに、関東南方海域において、横須賀基地を出港した空母「クイーン・エリザベス」打撃群との日米英蘭共同訓練（Pacific Crown21-4）を実施した。[4]

欧州の軍隊と日本の自衛隊が、日本の領土あるいは近海で共同訓練を行うことなど、二年前には想像もできなかったことだ。しかし、それがいまや日本国内からの大きな抵抗もなく常態化しているのである。いかにインド太平洋を取りまく諸国の認識と国際安全保障環境が、大きく変化しているのかがわかる。

本章では、欧州のインド太平洋の関与を促進しているバイデン政権の戦略観と欧州の思惑とその動きを俯瞰し、それがアジアの地域協力と共同体を視野にした日本の今後の戦略に与える意味を考える。

2 バイデン政権のインド太平洋戦略が描く地域秩序

(1) 対中エンゲージメントの終わり

バイデン政権のインド太平洋戦略を名実ともに企画・立案し実行しているのが、国家安全保障担当大統領補佐官のジェイク・サリバンと、国家安全保障担当次席補佐官でインド太平洋調整官のカート・キャンベルである。サリバンは、第一期オバマ政権（二〇〇九―二〇一三年）のヒラリー・クリントン国務長官の首席補佐官として、キャンベルは東アジア太平洋担当国務次官補として、クリントン国務長官を補佐し、中国シフトであるアジア回帰政策（ピボット、後にリバランスと改称）を主導した。

しかし、第二期オバマ政権（二〇一三―二〇一七年）では、国務長官がリベラルで欧州重視のジョン・ケリーに代わり、国家安全保障担当補佐官も、アジアを重視したトーマス・ドニロンから、アフリカ専門家で対中宥和派のスーザン・ライスに代わったことで、アジア回帰政策は薄れてしまった。

二〇二〇年の大統領選挙において、バイデン候補の選挙アドバイザーとして政策立案を担ったサリバンとキャンベルは、トランプ政権の問題を指摘しながらも、それまでの米国の対中関与政策（エンゲージメント）が、中国を国際ルールの規範を守る方向に誘導すること（英語ではshapeという動詞を使う）に失敗したという認識を、フォーリンアフェアーズ誌において表明した。

彼らは、「エンゲージメント政策の基本的な間違いは、それを通じて、中国の政治システム、経済、外交政策に根本的な変化をもたらせると思い込んでいたことだ」として、当時のトランプ政権は、「エンゲージメントでは不可能だったが、競争ならば中国を変えられる。つまり、全面降伏あるいは崩壊をもたらせると似たような見込み違いを繰り返す恐れがある」と指摘する。そして「米中競争の議論の多くは二国間の側面に集中しているが、米国は最終的には、アジアと世界における同盟関係や国際機関のネットワークのなかに、対中戦略を落とし込まなければならない」と結論づけていた。(5)

そして対中けん制姿勢を前トランプ政権から継続させたバイデン政権だが、その違いを、インド太平洋地域の同盟国、友好国との関係強化に見出しているようだ。キャンベルは、バイデン政権入り直前のフォーリンアフェアーズ誌に、バイデン政権の国家安全保障会議（ＮＳＣ）に中国担当の上級部長として参加することになるラッシュ・ドーシ、ブルッキングス研究所、中国イニシアティブディレクター（当時）とともに、中国との競争のためのインド太平洋地域への戦略を提言した。

彼らの発想は、トランプ前政権とも、過去の米政権とも異なる。それは、米国が圧倒的な軍事力や経済力を行使できた以前とは異なり、この状況を所与のものとせずに、米国単独の力の限界を理解して、むしろ中国を取り囲む地域諸国と中国との勢力均衡（バランス・オブ・パワー）を維持することと、地域諸国が米国とともに利益を共有するような秩序を作ることを目的としているからだ。

キャンベルとドーシは、アジアには地域秩序を構成する「二つのアジア」があると理解している。一つは「政治と安全保障」で、もう一つは「経済」で、中国の領土的冒険主義は最初の秩序を損ない、その経済強制策はもう一つの秩序を傷つけ、トランプ政権下のアメリカの曖昧な態度は双方を損なったと考えている。そして、インド太平洋諸国が現在の秩序に正統性がないとみなすようになれば、中国の影響下に組み込まれ、外部パワーは締めだされ、立場の衝突は武力で解決され、経済強制策が日常的に行使され、米国の同盟関係は弱体化し、小国は自治を失い、自由に行動できなくなると警告する。(6)

(2) バイデン政権が目指す正統性のある地域秩序

彼らが提言するアジア秩序のモデルは、米中二国間の協調（G2）でも、米国覇権の回復でもなく、一八一五年から一九一四年の第一次世界大戦までの長い平和を維持した大国の勢力均衡（バランス・オブ・パワー）による「ウィーン体制」である。その目標とアプローチは、勢力均衡を維持し、地域国家が正統性を認める秩序を構築し、この二つを脅かす中国に対処するために同盟国をまとめていく、というものである。(7)

そして、彼らは、アジアの地域秩序の正統性を強化することを目的に、米国が政治・安全保障と経済の領域で、これまでのアプローチについて「大がかりなアレンジメントの見直し」をして、地域における「経済への関与を試み、トランスナショナルな協調にも前向きにならなければならない」と考えている。それにより、中国の影響力が高まるアジア諸国の中で、米国の役割が期待され、それにより、中国が最終的には、地域秩序を受け入れるように誘導しようと考えている。少なくとも、彼らは、アジア諸国は「独立を維持するために米国の支援を求めているが、アジアの躍動的な未来から北京を排除することは現実的でも有益でもないことを理解しているし、米中という二つの超大国のどちらかを選ぶことは強制されたくはない」と考えている事実を十分に理解している。[8]

バイデン政権にこの考え方が反映していることは二〇二一年七月にシンガポールで講演したオースティン国防長官の発言でもわかる。彼は「我々は、（東南アジア）地域の国々に、米国か中国のどちらかの選択を迫るようなことはしない」と明確に述べ、ＡＳＥＡＮとともにインド太平洋地域のすべての国家に深い「協力の習慣」（habits of cooperation）を提案したいと話している。[9]

また、バイデン政権はアジアの地域秩序形成における欧州自身の役割も重視している。キャンベルとドーシは「遠く離れたヨーロッパの指導者は、近隣に位置するインド太平洋諸国の指導者ほど中国の強硬路線を警戒していない。したがって、米国にとっての主な課題は、ヨーロッパとインド太平洋地域の対中アプローチに橋を架け、そのギャップを埋めることだ」とも述べている。[10] おそらく、オバマ政権において「アジア・ピボット政策」が、欧州の同盟の懸念を呼んだことが、挫折の理由の一つだったことを理解し、欧州をインド・太平洋に巻き込む発想を持っている。キャンベルは自著「ピボット」において、米国のピボットは、欧州からアジアへのピボットではなく、欧州とともにアジアにピボットすることだとも指摘している。[11]

しかも、バイデン政権の欧州重視は、トランプ前政権のアンチテーゼであるとともに、長きに渡り、上院外交員会に所属し、オバマ政権では副大統領として、米欧同盟に携わってきたバイデン大統領の強い意志の反映ともいえる。トランプ前政権は、個人的に相性のいい安倍首相の率いる日本は重視したが、欧州の同盟国を重視しなかった。むしろロシアのプーチン大統領との個人的な関係を重視して、国際ルールを無視したウクライナ領のクリミア半島の一方的な併合や、ウクライナ内戦への介入で、G8のメンバーシップから外されたロシアの復帰を再三提唱する一方で、ドイツからの駐留米兵の削減を一方的に決定し、欧州諸国が支持する気候変動対策のパリ協定から離脱した。また、欧州諸国が支持してきたイランとの包括核合意であるJCPOA（Joint Comprehensive Plan of Action）からの離脱を行うなど、トランプ前政権は、米欧分断策としか思えないような一連の政策を行ったが、バイデン政権の外交政策は、これらを大統領選挙中から批判し、政権奪取後は米欧関係の修復を重要なアジェンダに入れて現在に至る。

先に挙げたオースティン国防長官のシンガポールでの演説では、本章の冒頭に挙げたイギリスの空母「クイーン・エリザベス」に、米海軍の駆逐艦とF35戦闘機が参加する空母打撃群が、インド太平洋地域を航行する意義について触れ、それらの目的は、地域に住むすべての市民の紛争が平和裏に解決されるような地域の秩序が達成されることであると述べている。(12)

バイデン政権は、トランプ政権から「自由で開かれたインド太平洋」構想を引き継いではいるが、欧州政策の違いに、微妙な違いが見て取れる。例えば、トランプ政権時代の国防総省の「インド太平洋戦略レポート」のレトリックは、中国の軍事力を抑止し、中国の競争に勝つために地域の協力を得ようとするものだった。(13)バイデン政権は、中国との競争に勝つことよりも、地域の秩序を維持することを主目的に据え、中国が既存の秩序を恣意的に損なわないようにするために、米国と同盟国の軍事力による抑止力を維持しようという発想が強くみられる。微妙なレトリック上の違いではあるが、この立ち位置とアプローチの違いこそが、トランプ政権が動かすことができなかった欧州諸国のインド太平洋への関与に繋がっていると考えられる。

3　イギリスと欧州のインド太平洋戦略

(1) インド太平洋に向かうイギリスと欧州

イギリスと、フランスやドイツなどのＥＵ諸国は、アジアとインド太平洋にどのような発想で関与しようとしているのだろうか。先にみたようにイギリスとＥＵ加盟国のアジアおよびインド太平洋地域への関与姿勢は、バイデン政権成立を契機に大きく変化し、より積極的な関与を示すようになった。

イギリスは、二〇二一年三月、ＥＵ離脱後の外交・安全保障、防衛、技術開発の方針を包括的にまとめた「統合レビュー（Global Britain in a Competitive Age: The Integrated Review of Security, Defence, Development and Foreign Policy）」により、インド太平洋を重視することを発表した。この文書では、ＥＵ離脱後のグローバルブリテンという概念を打ち出し、その中にインド太平洋への関与が大きな位置を占めている。先に見たような空母「クイーン・エリザベス」打撃群のインド太平洋地域への長期派遣も、このグローバルブリテンの一環として行われている。

この文書では、「インド太平洋地域は英国にとって重要である―我々の経済にとっても、我々の安全保障にとっても、そして開かれた国際社会を支援するための我々の志にとって死活的な意味を持つ」と述べ、インド太平洋への関与が、英国の包括的な国際関与の中の一角として述べられ、空母クイーン・エリザベス打撃群の写真も掲載されているところが印象的である。

また、この文書では、英国にとっては、今後の経済の中心と目されるインド太平洋への関与は、EU離脱後の経済戦略という要素が強いこともわかる。(14) 英紙フィナンシャル・タイムズの外交担当コラムニストのギデオン・ラックマンは、二〇一九年の著書「イースタニゼーション」において、世界史の流れの中で現在の世界をみると、経済力と軍事力の力の均衡点が、米欧からアジア寄りに動いてきたと考えている。一四九〇年代の大航海以降、数世紀にわたってヨーロッパの軍事、航海技術、産業の発展により、西洋が優勢になり、ヨーロッパの帝国主義により、東洋の多くは植民地や搾取の対象となってきて、西洋優位の時代が確定した。しかし一九六〇年代から日本の経済発展が始まり、韓国、台湾、シンガポール、香港の経済がそれに続き、現在では中国が経済規模世界第一位の米国に迫る経済・軍事大国となり、東南アジアやインドの経済発展も目覚ましい、という状況を詳細に述べている。(15)

ラックマンによれば、IMFが示した購買力による世界の四大経済大国は、一位中国、二位米国、三位インド、四位日本で、実にその三つがアジアにあることに着目する。付け加えるなら、二位の米国はアジアの国家とはいえないかもしれないが、太平洋に面しハワイやグアムなどの太平洋上の海外領土を持つ太平洋国家と考えることができる。いずれにせよ、ラックマンは、一九七五年からG7(当初はG5)が主導してきた過去約半世紀の世界の中で、アジアの国家は日本しか入ってなかったが、現在の世界では、西洋から東洋のパワーシフトは顕著であり、たとえ今後の中国やインドの経済成長が順調な道筋を辿らないとしても、すでにこの二国は経済規模では大国となっているため、経済と地政学の重心が東洋に移り、それが不可逆的なものであるとも述べている。[16]

ＥＵの欧州委員会と外務・安全保障政策上級代表は、二〇二一年九月一六日、「インド太平洋地域における協力に関するＥＵの戦略」（The EU Strategy for Cooperation in the Indo-Pacific）を発表した。この文書でも、インド太平洋地域が欧州への戦略的重要性を急速に増していることを指摘し、地域の経済、人口動態、政治的な重みが、国際秩序とグローバルな課題に向き合う上で、重要な存在（キープレーヤー）となっていると記述されている。そして「ＥＵはルールに基づく国際秩序を強化し、グローバルな課題に取り組み、長期に渡る繁栄を作り出す急速で公正で持続的な経済の回復のための基盤を作るためのパートナーシップを構築するために、インド太平洋地域への関与を強めていく」と明確に述べている。[17]

太平洋に領土を持つフランスは、イギリスや他のＥＵ加盟国よりも、いち早く積極的なインド太平洋関与姿勢を打ち出し、二〇一八年には「インド太平洋におけるフランスの防衛戦略」を発表し、欧州で初めてこの地域に関する戦略を発表した。ドイツも、二〇二〇年九月に、「インド太平洋ガイドライン」を決定し、オランダも、二〇二〇年一一月に「インド太平洋ガイドライン」を相次いで発表した。最終的にはＥＵの共同文書により、欧州の主要国が、インド太平洋への積極的な関与姿勢で足並みを揃えることになった。

イギリスとＥＵ加盟国のインド太平洋関与の動機には、多少濃淡の差はあるが、以下の大きな共通点があると思われる。それは、米国の厳しい対中政策の開始、ロシアのウクライナやバルト諸国などへの軍事的圧力の強化という「大国間競争の時代」への大きなトレンドの中で、欧州の安全保障と持続的な経済成長を確保するための大戦略（グランド・ストラテジー）として重要であるという認識である。

（2）欧州のインド太平洋への戦略シフトの背景

米欧関係を中心に研究するシンクタンクのＵＳジャーマン・マーシャル・ファンド（ＧＭＦ）のガリマ・モハンは、欧州のインド太平洋への戦略シフトの背景として、バイデン政権の対中強硬姿勢と欧州重視への転換、欧州の中国との関係の悪化、インド太平洋で展開する中国の５Ｇネットワークや投資への安全保障上の懸念と規制の動き、新型コロナの感染拡大を契機に深刻化した中国のディスインフォメーション（偽情報）やマスク・ワクチン外交への懸念などを指摘する。また中国主導の一帯一路構想のような地域へのインフラ投資や連結性への試みについては、当初の期待のような見返りがないことに強い不満があることも指摘されている。[18]

一方で、欧州にとって、中国との経済関係を完全に切り離すことは現実的ではない。インド太平洋地域の経済は、中国と密接に繋がっており、中国だけを切り離すことはできない。欧州が、世界でもっともダイナミックな経済発展が進行しているインド太平洋地域との経済関係を切り離すことができない以上、中国を切り離すことは不可能だ。実際、欧州とインド太平洋のモノとサービスを合わせた貿易額は、世界全体の七〇％以上を占め、対外直接投資のフローの六〇％を占めている。[19]

したがって、コロナウイルスの感染経路へのオープンな調査の拒絶、新疆ウイグル自治区での人権侵害、香港の民主化運動への弾圧、台湾統一にむけた一方的な圧力、アフリカ諸国や南アジアなどへの「借金漬け」外交など、欧州からの中国への懸念と警戒は拡大しているが、一方で中国が圧倒的な影響力を持つ、インド太平洋地域への欧州の経済的な関心と関与は継続している。このような複雑な状況で、欧州が中国への戦略的なヘッジとして考えているのが、日本、オーストラリア、インド、インドネシアというインド太平洋地域のミドル・パワーとの協力である。これにより、「戦狼外交」といわれるような拡張的で攻撃的な姿勢を強める中国と、同様に不確実性が残る米国の地域への関与についての、ともにリスクをヘッジして管理しようと考えている。[20]

このような欧州のインド太平洋への関与姿勢の動機をみると、日本の自由で開かれたインド太平洋構想と利害が一致することがわかる。日本の自由で開かれたインド太平洋構想は、クアッド参加国のオーストラリアとインド、ベトナムやインドネシアなどのＡＳＥＡＮ諸国に加えて、カナダや欧州諸国とのミドル・パワー協力をすることで、同盟国の米国と、競争国の中国という二つの不確定要素から受けるリスクをヘッジしようとする思惑がある。[21]このように見ていくと、欧州のインド太平洋シフトは、今後の日本のアジア共同体あるいは自由で開かれたインド太平洋構想にとって、極めて重要な要素となり得ることが示唆されている。

4　欧州が日本やインド、オーストラリアに期待するミドルパワー協力

日本の存在感と「自由で開かれたインド太平洋」構想は、中国の突き付ける複雑な課題と米中関係の悪化に直面する欧州諸国にとっては、リスクヘッジのための重要なパートナーと考えられていることを先に紹介した。具体的には、二つの分野がある。一つは、中国の「一帯一路」構想のオルタナティ

ブとしての日本の開発援助ネットワークで、もう一つは中国に過度に依存するサプライチェーンの見直しだ。

まずは開発援助のパートナーだが、先に引用したモハンは、歴史的には、アジアでの連結性のための開発構想においての当初からの重要なパートナーは日本であることを指摘する。アジアとアフリカにおける日本の開発援助の実績は、被援助国からの評価、地域への影響力、関与の深さ、透明性などで、中国よりも評価が高いと指摘する。さらに、中国に対抗するために日本が「西バルカン協力イニシアティブ」のような欧州への開発投資プログラムを開始していることも紹介している。[22]

「西バルカン協力イニシアティブ」は日本人にもなじみの薄いプロジェクトだと思うが、これは二〇一八年一月に南東欧を歴訪した安倍首相（当時）が、西バルカン諸国の経済社会改革を支援し、民族間の和解・協力を促進するための日本の支援として表明したものだ。その背景には、西バルカン諸国（セルビア、モンテネグロ、ボスニア・ヘルツェゴビナ、アルバニア、コソボ、北マケドニア）がEU加盟を目指して、国内改革・域内協力を推進しているが、EU加盟に必要な水準の法の支配、民主主義の定着が克服すべき課題となっており、民族間の不信も根強く存在していることがある。日本は、西バルカン諸国の経済社会改革を支援し、民族間の和解・協力を促進するために、ドイツ・オーストリア、ポーランド、ハンガリー、チェコ、スロバキアなどのEUの有志国との共同支援を実施する「西バルカン協力イニシアティブ」を表明した。[23]

西バルカン諸国は、ロシアや中国との関係が深いこともあり、日本の支援は、米国や欧州の利益とも合致する。中国は「一帯一路」構想を公表する以前から、西バルカン諸国を含む中東欧一六カ国と定期的に首脳会議を催し、経済協力関係の強化を行い、これらの枠組みは通称「16＋1」と呼ばれ、中国は中東欧諸国のインフラ開発支援に関与してきた。[24] 二〇二一年七月には、西バルカンのセルビア、アルバニア、北マケドニアの首脳は、EU加盟に向けたプロセスが遅々として進まないとEUを批判し、EU加盟承認までの間にヒト、モノ、カネの自由な移動を保障する自由経済圏をバルカン地域に立ち上げると表明しているほどだ。そして、西バルカン諸国のEU加盟の遅れは、中国やロシアがこの地域に関わる余地を与えていると懸念されている。[25] 実際、セルビアでは、コロナ感染拡大後、EUが医療用品の域外輸出を禁止する中、中国はマスクや中国製ワクチンなど医療物資を提供して、影響力を強めている。[26]

サプライチェーンにおいて、欧州が日本に着目する点は、中国とのサプライチェーンの脆弱性へのリスクヘッジとして、インドやオーストラリアとともに「クアッド」（日米豪印戦略対話）の枠組みで対策を行い、また欧州との強い経済的結びつきによるサプライチェーンを保持していることだ。欧州はサプライチェーンの回復力について、インド太平洋でのパートナーの経験から学ぶべき点が多いとモハンは指摘する。特に、二〇一〇年九月に尖閣諸島中国漁船衝突事件の後、中国政府による三カ月あまりのレアアースの事実上の対日禁輸措置を受けたことを念頭に、欧州は日本が世界で最も早く中国による政治的意図によるサプライチェーンの分断の対象になったと見ている。そしてコロナ感染拡大後に日本が中国への投資を見直し、他地域への分散化戦略をとってきたことに着目して、経験の共有と協力を期待している。[27]

実際、日豪印三カ国は、それぞれに中国経済と密接に繋がっているため、リスクヘッジとしてのサプライチェーンの強化を定期的に協議し、具体的な協力をすすめている。二〇二一年四月には、梶山弘志経済産業相とオーストラリアのテハン貿易・観光・投資相、インドのゴヤル商工相がオンラインで会合を開き、共同声明で、物流情報のデジタル化で供給網の強化に取り組むことや、企業が生産拠点や調達先の多様化を探る機会を提供することなどで合意した。将来的にはＡＳＥＡＮとの連携に向けて議論していくことも合意された。ここには、中国に過度に依存しないサプライチェーンを構築する狙いが見て取れる。また年に一回以上のペースで三閣僚会合を行うことで合意している。(28)

そして何より、日本はＥＵと経済連携協定（ＥＰＡ）を締結しており、ＥＵも日本だけでなく、シンガポール、オーストラリア、ニュージーランド、ベトナムと包括的な自由貿易協定（ＦＴＡ）と締結しており、今後のサプライチェーンでのリスク管理の協力を行う「インフラストラクチャー」が整備されていることが、欧州が日本に着目する点だ。特に米国が、軍事戦略上、中国に対して、軍事的均衡を脅かすような技術（製品と技術者）のコントロールを図る対中デカップリング政策を取っているため、米国の輸出規制と中国からの対抗措置の両面を睨めば、欧州が日本、オーストラリア、インドとのサプライチェーン強化のための協力を行うインセンティブは大きいといえる。モハンは、欧州は米欧関係を重視するバイデン政権を歓迎しているが、対中姿勢はまったく同じではなく、中国に対抗するための米国からの要求へ対処する必要もあるため、日豪印などのインド太平洋地域のミドルパワーとの協力が、欧州の解決策になると見ている。(29)

5　アジアの経済統合には米国と欧州を巻き込む日本の戦略が重要

(1)　世界の自由貿易体制を維持する鍵はアジアにある

日本にとっても、オーストラリアとインド、そしてＡＳＥＡＮ諸国に加えて、カナダや欧州諸国とのミドルパワー協力は重要である。すでに日本政府は、自らの自由で開かれたインド太平洋構想の中に、これらのミドルパワー国との協力を位置付けて、着実に協力のネットワークを広げてきた。

特に欧州において、日本の価値を上げたのが、トランプ前政権が一方的に自由貿易協定のＴＰＰ（環太平洋パートナーシップ協定）から離脱した後に、日本独自のイニシアティブにより、米国以外の参加国をまとめて、ＣＰＴＰＰ（包括的および先進的な環太平洋パートナーシップ協定）を維持して発効させて、世界の自由貿易体制を守る行動を取ったことだ。しかも、米国が自由貿易協定に背を向けたことで、米国とＥＵが進めてきた自由貿易投資パートナーシップ協定（ＴＴＩＰ：Transatlantic Trade and Investment Partnership）も停滞を余儀なくされたが、その間に日本はＥＵとの自由貿易協定であるＥＰＡ（経済連携協定）を合意、発効させている。

バイデン政権は、トランプ前政権が国際協調に背を向けた態度には批判的ではあるが、労働組合を支持基盤にする民主党政権ということもあり、ＣＰＴＰＰにしても、ＴＴＩＰにしても、自由貿易で前向きな態度をとることはできない政治的な制約を抱えている。そのような中で、二〇二〇年末、ＥＵと中国は投資協定に合意して、欧州との関係を重視すると宣言しているバイデン政権の始動直前に大きな衝撃を与えた。(30) しかし、中国の新疆ウイグル自治区での人権侵害の状況が世界に懸念される中で、ＥＵは人権問題で中国に制裁措置を取り、中国がそれに対して報復措置をとったことで、欧州議会は二〇二一年五月に、投資協定の批准に向けた審議を停止する決議を賛成多数で可決した。(31) これにより、ＥＵ中国の投資協定の発効の見通しが立たなくなった。

ただし、中国は欧州との経済関係が停滞する中で、二〇二一年九月にＣＰＴＰＰへの加盟申請をするという動きにでた。すでにＥＵから離脱したイギリスが、六月にはＣＰＴＰＰへの加盟申請を行っているが、経済的な動機が明確なイギリスの加盟申請に比べて、中国の加入申請の動機は、かなり政治的、戦略的な意図があると考えられている。中国のＣＰＴＰＰ加入申請発表の前日には、ＡＵＫＵＳ（オーカス）と呼ばれる米英豪による軍事協力による豪州への原子力潜水艦技術の供与が発表され、中国が不快感を示していたからだ。この問題は、安全保障と経済が絡み合うグローバルな戦略的課題であり、日本は難しいかじ取りを余儀なくされている。(32)

国内の雇用や経済に直結する通商政策については、二〇二二年に中間選挙を控えたバイデン政権は身動きがとれないことは明白で、その打つ手は縛られている。中国側が、既存のＴＰＰルールに従う形で加盟をするのであれば、問題はあまりないが、国営企業の見直しや知財権の扱いなど、国内的には大きな損失を覚悟しなくてはならないため、そのハードルは高い。そこで、中国は自国に不利な条項については、加盟国をそれぞれに説得して修正させようと動いている。加盟国は、中国との経済的な結びつきが深い国ばかりであり、既存の条項を変えて中国を加盟させ、中国の巨大市場へのアクセスを担保したい動機は多くの加盟国にあり、中国からの説得工作はそれほど難しくはない。

本来、日本や米国がＴＰＰ創設当初に考えていた戦略は、地域共通の経済ルールを日米で主導して、安全保障では妥協できなくとも、経済利益は共有している中国を、地域の共通ルール順守に誘導して「協力の習慣」を付けさせようという道筋であった。しかし中国は、自らの態度は変えずに、むしろ既存のルールを変えさせて地域への影響を増やし、加盟国を米国と分断させる「くさび」を打ち込もうとしている。(33)

米国の多くのアジア専門家は、トランプ前政権によるＴＰＰ離脱に批判的で、バイデン政権にも再加盟を提言しているが、バイデン政権は動くに動けないのが実情だ。長年、ＵＳＴＲ（米国通商代表部）でアジアの通商問題を担当してきたウェンディ・カトラーは、米国がＣＰＴＰＰに参加すべき理由として、参加なしには中国のアジア地域への影響力に対抗できないと明言している。彼女は、トランプ前政権は、米国が離脱すればＴＰＰは崩壊し、中国が支援するＲＣＥＰ（Regional Comprehensive Economic Partnership）協定も行き場を失うと考えていたが、日本がＴＰＰ崩壊を食い止め、ＲＣＥＰも二〇二一年一一月に参加国が署名をして二〇二二年初頭までの発効を持つ状態となっていることを、指摘する。また、アジア諸国は、米国抜きでも貿易拡大を求めており、その結果、中国の影響力が高まっている。そして米国がＣＰＴＰＰに参加しないままでは、日本、韓国、多くのＡＳＥＡＮ諸国、そして近い将来に加盟申請をするであろうインドに対して、米国の貿易アジェンダを示すことができず、中国の引力に対抗できない。(34)

(2) 日本の生存とアジア経済統合への戦略

今後、日本のアジアの経済統合を視野にした経済秩序の戦略的方向性は、カトラーの問題意識とも、先にみた欧州のインド太平洋を志向する戦略とも共鳴する。日本のアジアにおける経済および安全保障の秩序への向きあい方は、リアリズム（現実主義）とリベラリズム（自由主義）の二本柱を軸に据えて展開する必要がある。

具体的には、米国の軍事的関与を地域に留めて、日米同盟の機能により中国の軍事的冒険主義を抑止して地域の安定を維持することが一点だ。これが、力の要素を重視するリアリズムのバランス・オブ・パワーである。しかしそれだけでは十分ではない。先にみたバイデン政権の戦略家も共有している、中国を含む地域諸国が、将来に渡って持続的に成長できるような通商・投資の共通ルールに基づく、正統性のある経済体制を維持・構築することがもう一点だ。これがアジアの経済統合に繋がる推進力を生み出すリベラリズムである。

そして、米国の求心力の低下と国内の内向き傾向が続き、自由貿易政策におけるバイデン政権の手足が縛られている中、この二つの方向性の適切なバランスをとるために、日本のイニシアティブが今ほど効果的なときはない。しかも、それこそが日本自身の生存と繁栄に必要な戦略でもある。日本の経済成長を支えてきたアジア地域と世界の自由貿易や投資のルールと秩序を維持することは、長期的な人口減少と経済成長の停滞に苦しむ日本が、将来に渡って豊かであり続けるために不可欠だからだ。

規模の点でも実力の点でも、米国に迫っている中国の軍事力に対して、政治と経済の制約から、日本は単独では対抗できるような軍事力を持つことができない。日本が同盟国の米国を地域秩序の重しとして繋ぎ留めることは、自国の生存のために死活的な意味を持つ。また、米国の強制力なしには、既存の国際ルールを軽視し、尖閣諸島、南シナ海、台湾海峡などで、軍事力や経済力の恣意的使用による強制力によって自国の意志を達成しようとしている中国をけん制し、ルール順守に誘導していくことはできない。

今後の世界経済の未来を睨んでも、ＣＰＴＰＰなどのインド太平洋地域でのルール形成が後ろ向きであれば、世界の持続的成長の阻害要因となりかねない。そもそも透明なルールが欠如し、恣意的な力で政策が決まるような社会に、創造的な経済成長は生まれないというのが、これまでの経済史と社会科学の研究が検証してきたことである。[35]

加えて、現在そして将来の世界経済は、気候変動、そして経済のグローバル化による貧富の拡大という大きな負荷に晒されている。そのような負荷を克服するための公正なルールを定め、その制約の中で新たな価値を生みださなければ、アジアだけでなく、世界は持続的な経済成長どころか、人類が生き残ることも危うくなる。そのような長期的な戦略観を持てば、欧州が懸念するように将来の動向の不確実性が高い米国と中国に対して、日本が持つ戦略的な優位性と責任により、アジアでの秩序維持と、将来の経済統合に向けた動きのイニシアティブをとっていくことは可能である。そして、欧州のミドルパワー国は利益を共有する重要なパートナーとなるだろう。

時間はかかるだろうが、中国を地域の共通ルールを順守する方向に誘導することに成功すれば、アジアには真の共同体形成が可能であり、その経済統合は、排他的ではなく、米国や欧州とも深い繋がりを維持することになるはずだ。そのような構想を主導する日本は、自国の持続的な経済成長と地域の平和な環境の創出にも道を拓くことになる。

ただし、米中の不確実性が増す中、そのような役割を日本だけで果たすには荷が重いし、日本にそれだけの力はない。他国の力を賢く使う知恵が必要だ。リアリズムでは日米同盟を軸にして米国の軍事力を上手に使い、リベラリズムでは、インド、オーストラリア、韓国、そしてカナダと欧州のミドルパワーとの協力により、モーメンタムを作りだすことである。

注

（1）北見英城「『自由で開かれたインド太平洋』米次期政権どうする」『朝日新聞デジタル』二〇二〇年一二月八日、https://digital.asahi.com/articles/ASND77R34ND7UTFK00V.html

（2）「日米仏、国内初の離島防衛訓練　宮崎・鹿児島で」『日本経済新聞電子版』二〇二一年五月一五日、https://www.nikkei.com/article/DGXZQOUA14ES00U1A510C2000000/

（3）「英空母、日本初寄港　中国にらみ米欧海軍集結」『時事ドットコム』二〇二一年九月四日、https://www.jiji.com/jc/article?k=2021090400284&g=int

（4）「日米英蘭共同訓練について」二〇二一年九月九日、自衛隊ウェブサイト、https://www.mod.go.jp/msdf/sf/news/09/0909.html

（5）カート・M・キャンベル、ジェイク・サリバン「封じ込めではなく、米中の共存を目指せ——競争と協調のバランスを」『フォーリン・アフェアーズ・レポート』No.11、二〇一九年。

（6）カート・M・キャンベル、ラッシュ・ドーシ「アジア秩序をいかに支えるか—勢力均衡と秩序の正統性」『フォーリン・アフェアーズ・レポート』No.2、二〇二一年。

（7）同レポート。

（8）同レポート。

（9）US Department of Defense, "Secretary of Defense Lloyd J. Austin III Participates in Fullerton Lecture Series in Singapore," July 27, 2021, https://www.defense.gov/News/Transcripts/Transcript/Article/2711025/secretary-of-defense-lloyd-j-austin-iii-participates-in-fullerton-lecture-serie/

（10）キャンベル&ドーシ 前掲書。

（11）カート・キャンベル（村井浩記訳）『PIVOT アメリカのアジアシフト』日本経済新聞出版社、二〇一七年、四〇〇頁。

（12）US Department of Defense, op.cit.

（13）U.S. Department of Defense, *Indo-Pacific Strategy Report*, June 1, 2019, https://media.defense.gov/2019/Jul/01/2002152311/-1/-1/1/DEPARTMENT-OF-DEFENSE-INDO-PACIFIC-STRATEGY-REPORT-2019.PDF

（14）HM Government *Global Britain in a competitive age: The Integrated Review of Security, Defence, Development and Foreign Policy*, March 21, 2021, p.66. https://assets.publishing.service.gov.uk/government/uploads/system/uploads/attachment_data/file/975077/Global_Britain_in_a_Competitive_Age-_the_Integrated_Review_of_Security_Defence_Development_and_Foreign_Policy.pdf

（15）ギデオン・ラックマン（小坂恵理訳）『イースタニゼーション：台頭するアジア、衰退するアメリカ』日本経済新聞出版社、二〇一九年、一三一－一九頁。

（16）同書。

（17）European Commission High Representative of the Union for Foreign Affairs and Security Policy, "Joint Communication to the European Parliament and the Council: The EU Strategy for Cooperation in the Indo-Pacific," September 16, 2021, https://eeas.europa.eu/sites/default/files/jointcommunication_2021_24_1_en.pdf

（18）Garima Mohan, "A European Strategy for the Indo-Pacific," *The Washington Quarterly*, Winter 2021, pp. 171-184.

（19）European Commission High Representative of the Union for Foreign Affairs and Security Policy, op.cit, p.1.

（20）Mohan, op.cit, p.175.

（21）拙稿「『米国の自由で開かれたインド太平洋』と日本の構想」児玉昌己、伊佐淳編『グローバル時代のアジアの国際協力─過去・現在・未来』芦書房、二〇二〇年、第5章、一四〇－一四二頁。

（22）Mohan, op.cit.

（23）外務省「西バルカン協力イニシアティブ概要」二〇二一年七月、

https://www.mofa.go.jp/mofaj/files/100133257.pdf.

（24）土田陽介「西バルカンの開発支援にシフトした中国の一帯一路戦略――問われるＥＵの拡大戦略のあり方」『ＭＵＲＣフォーカス』（三菱ＵＦＪリサーチ＆コンサルティング）、二〇一九年一一月二一日、https://www.murc.jp/wp-content/uploads/2019/11/report_191121.pdf

（25）「[ＦＴ記事] 西バルカン三国が自由経済圏構想　ＥＵにいら立ち」『日本経済新聞電子版』二〇二一年七月二九日、https://www.nikkei.com/article/DGXZQOCB295FP0Z20C21A7000000/

（26）「セルビアの接種３６６万回、３分の２供給　中国、ワクチン外交で存在感」『朝日新聞デジタル』二〇二一年五月三〇日、https://digital.asahi.com/articles/DA3S14921884.html.

（27）Mohan, op.cit.

（28）「日豪印で供給網強化へ、多様化やデジタル管理で協力」『日本経済新聞電子版』二〇二一年四月二七日、https://www.nikkei.com/article/DGXZQOUA2716T0X20C21A4000000/

（29）Mohan, op.cit.

（30）「米国はＥＵ中国包括的投資協定をいかに評価しているか」二〇二一年三月一二日、『ＪＥＴＲＯ　地域・分析レポート』https://www.jetro.go.jp/biz/areareports/2021/42b082fc340d3777.html

（31）竹内康雄「中国ＥＵ投資協定、早期発効困難に　欧州議会が審議凍結」『日本経済新聞電子版』二〇二一年五月二一日、https://www.nikkei.com/article/DGXZQOGR210Q30R20C21A5000000/

（32）日本の打つべき手については拙稿「中国のＣＰＴＰＰ加盟申請と試される日本の外交戦略」中央公論、二〇二一年一二月号を参照のこと。

（33）高橋徹「『米中台』は並び立つか　風雲急を告げるＴＰＰ」『日本経済新聞電子版』二〇二一年一〇月一二日、

https://www.nikkei.com/article/DGXZQODK08BG50Y1A001C2000000/

(34) ウェンディ・カトラー「環太平洋パートナーシップへの復帰を―CPTPPのアメリカにとっての価値」『フォーリンアフェアーズ・リポート』No.10、二〇二一年。

(35) ダロン・アセモグル&ジェイムズ・A・ロビンソン（鬼澤忍訳）『国家はなぜ衰退するのか　上・下』早川書房、二〇一六年。

渡部恒雄

第3章　ドイツのインド太平洋戦略分析

1　はじめに

欧州の主要国が二〇一〇年代に入り、相次いでインド太平洋地域に関わる戦略を策定し、軍事的に同地域への関与を強める姿勢が顕著である。英国は空母打撃群を米軍、オランダ軍とともに派遣し、日本、米国、オーストラリア、インド等との共同演習を実施、二〇二一年九月に横須賀に初めて寄港した。同地域に海外領土を持つフランスも日米豪各国との共同演習を日本や日本近海で実施した。

さらには、ドイツも二〇二〇年九月、「インド太平洋指針」[1]を閣議決定し、同地域への関与を強化する方針を決め、日本やオーストラリア、東南アジア諸国連合（ASEAN）との安全保障協力の強化を目指す方針を明らかにした。これを踏まえ、日本と二〇二一年四月に初の外務・防衛閣僚会合

（2プラス2）をオンラインで開催し、インド太平洋地域における安全保障協力を一層進めていくことを確認、フリゲート艦を派遣する方針を示した。同艦「バイエルン」は同年八月に出航し、インド洋からオーストラリア、グアムを経由し、同年一一月に日本に寄港した。

ドイツがこの種の公式文書に「インド太平洋」概念を用いるのは初めてで、経済や安全保障の分野で、インド太平洋地域に対する関心を示した形である。上述のように、欧州では英国とフランスがそれぞれ「インド太平洋」に対する軍事的関与を強め、フランスは二〇一八年に「インド太平洋戦略」を策定し、ドイツの指針採択はそれに続くものである。(2) その後、オランダも二〇二〇年一一月に「インド太平洋戦略」、欧州連合（EU）も二〇二一年九月、「インド太平洋協力戦略」(3) を相次いで発表し、欧州諸国の同地域への関与強化は鮮明である。EUの同戦略は、中国が軍事力を増強し同地域の緊張を高めているとの現状認識を示し、同地域の秩序が欧州の安全保障に直結することを確認、これまでより厳しい対中認識が滲む。

ドイツは近年、対アジア外交の主眼を中国に置き、経済的な依存関係を強化してきた。このため、緊密な対中関係との間で、「インド太平洋」概念との距離感を慎重に検討してきた経緯がある。インド太平洋地域に海外領土や権益を持たないドイツが描くインド太平洋戦略とはどのようなものなのか。本章はドイツの同戦略の概要や方向性を明らかにすることを目的とする。ドイツが近年進めてきた中国との経済関係に変更があるか、あるとすればどのような変更が想定されるのかを併せて検討する。(4)

2 ドイツにとっての「インド太平洋」

「インド太平洋指針」は、アンゲラ・メルケル（Angela Merkel）政権で連立与党の社会民主党（SPD）のマース（Heiko Maas）外相が率いる外務省が起草し、二〇二〇年九月に閣議決定された。策定に至った問題意識として、国際政治経済のバランスが経済成長著しいインド太平洋地域に一層シフトし、二一世紀の国際秩序を形成する鍵となりつつあるとの認識を示す。同指針では「インド洋と太平洋に特徴づけられている地域全体」(5)をインド太平洋と定義し、「グローバルなバリューチェーンが結びついている地域である」(6)と述べ、関心の源泉が経済的側面にあることを示唆する。しかし、「同地域には制度的、規範的に空白の部分がある」との認識から、ルールに基づく国際秩序の形成を支持する貿易立国のドイツとして、この地域の形成と成長のダイナミクスに関与するとともに、地域構造の中にグローバルな規範が順守されることに関心があるとの立場を示している。言い換えれば、インド太平洋地域のルールに基づく秩序形成の促進に関与しつつ、その経済成長を取り込むことを目指し、「将来のEU全体の戦略に貢献すること」(7)を目的と謳う。「将来のEU全体の戦略」が、その後に発表されたEUの「インド太平洋協力戦略」を指すのは明らかである。

(1) ASEANとの関係強化

さらには、日本、米国、オーストラリア、インド四カ国の「日米豪印協力」（クアッド）が発展して地域安全保障に重要な役割を果たすようになり、EUをともに率いるフランスのほか、ASEANなどもインド太平洋という地域概念を政策対応に使用する国や地域が増えていることも背景にある。同地域の多くの国々が中国を貿易相手国としつつ、領土紛争などの火種を抱えているとの認識に立ち、ルールに基づく国際秩序の形成を提唱してきたドイツとして、この地域で最も影響力のある地域機構であるASEANとEUとの対話を強化し、「戦略的パートナー」に発展させることを目指す。(8)具体的には、ASEANの安全保障政策対話へのEUの関与を強化し、個別のプロジェクトによりその強化を支援、日本、米国、オーストラリア、インドなど八カ国を含む拡大ASEAN国防相会議にオブザーバー参加する資格を求めていく。(9)また、アジアと欧州の五一カ国、ASEAN、EUが参加する「アジア欧州会議」(ASEM)を戦略的課題に関する対話の場として活用するほか、大洋州諸国六カ国と二地域で構成する「太平洋諸島フォーラム」の対話パートナーとして高官派遣とプロジェクト推進を図り、タイなど四カ国で構成する水資源の国際機関「メコン川委員会」の戦略計画二〇二一－二〇二五の実施を支援、多岐にわたる取り組みが盛り込まれた。(10)

(2) 高まる海洋安全保障の重要性

同指針によれば、世界の対外貿易の九〇%以上は海上で行われ、その大部分はインド洋と太平洋を経由し、世界の海上貿易の最大二五%がマラッカ海峡を通過する。一日に二千隻以上の船舶が同海峡を通ってインド洋と南シナ海を往来している。これらの海上貿易ルートや欧州との間のサプライチェーンに障害が生じれば、欧州の繁栄や供給に深刻な影響を及ぼしかねない。(11)ドイツの物品貿易における南アジア、東南アジア、東アジア、オーストラリア、ニュージーランドの国々のシェアは過去数十年間で着実に上昇し、二〇％以上、四二〇〇億ユーロ弱に達する（二〇一九年）。[12] また、ドイツの輸出はこの数年間、世界全体で三％程度伸び、同地域への輸出も年間平均七％のペースで拡大した。[13] 直接投資も長年にわたり対外投資総額に比べて増加し、何百万もの雇用がこれらの貿易・投資関係に依存しているため、この地域の開かれた市場に重大な関心を持たざるを得ないのである。ドイツ政府はルールに基づく自由貿易が双方の繁栄を促進すると確信し、世界貿易機関（ＷＴＯ）を中心とした多国間貿易システムを強化する努力、インド太平洋地域における包括的で持続可能な自由貿易協定をＥＵが締結することを支持する立場である。そのため、海運ルートの安全確保という海洋安全保障の観点がある。中国が人工島を建設し、軍事拠点化を進める南シナ海に関連して、ドイツは南シナ海に関する中国とＡＳＥＡＮ加盟国との間の実質的で法的拘束力のある「行動規範」（ＣＯＣ）の策定を支持し、第三国も関与した、紛争の平和的解決の仕組みと資源の共用に関するルールを盛り込むことに関心を寄せる。ドイツは二〇〇八年からソマリア沖の「アタランタ作戦」（ソマリアＥＵ海軍部隊）に参加し、主に共同訓練と海賊行為への対抗措置を任務として日本や韓国、インドネシア、インドと協力する。同指針に盛り込まれた取り組みは、海上貿易航路の安全確保という海洋安全保障活動の一層の強化といえる。

クランプカレンバウアー（Annegret Kramp-Karrenbauer）国防相は二〇一九年一二月開催の同指針に関わるオンライン・セミナー（防衛研究所、コンラート・アデナウアー財団共催）で、連邦軍のフリゲート艦一隻を同地域に派遣する方針を示し、出席した岸信夫防衛相も歓迎する姿勢を示した[14]のにはこうした背景があったのである。

欧州主要国のうち、英国は空母「クイーン・エリザベス」を中心とする空母打撃群を米軍、オランダ軍とともに派遣し、日米豪印各国と共同演習を実施、二〇二一年九月に横須賀に初めて寄港したほか、フランスも日米豪各国との共同演習を日本や日本近海で実施した。これに続く形で、二〇二一年八月にドイツを出航したフリゲート艦は地中海からスエズ運河を通過、インド洋に出て豪州西部のパースに寄港、その後北上しグアムを経由、同年一一月に東京へ寄港した。自衛隊とはアフリカ・ソマリア沖で護衛艦「ゆうぎり」と共同訓練を実施し、ドイツ側が贈ったビールやソーセージの写真を日独双方がツイッターで広報するなど、パブリックディプロマシーを精力的に展開した。その後、日米豪加独五カ国軍による共同演習にも参加した。ただ、同艦派遣に当たっては、日本寄港後の上海への寄港を中国側に打診し、断られた経緯が明らかになり、メルケル政権の派遣意図をめぐり関係国に不信を生んだのも事実だった。

（3）連結性（コネクティビティ）

海洋安全保障とともに、ドイツ政府が同指針で着目しているのが、インド太平洋地域の連結性（コネクティビティ）である。その礎になるのが、EU理事会が二〇一八年一〇月に採択した「欧州とアジアの連結—EU戦略の基礎的要素」[15]と題する連結性に関する戦略である。この戦略に沿って連結性の改善強化を進めるのがドイツの立場である。

同戦略によれば、EUが欧州とインド太平洋地域の連結性を改善し、持続可能性や透明性、平等の原則に則って行動するパートナーになり、輸送網の改善を通じて地域内部の連結性を強化することを目指す。欧州の連結性とは、持続可能性、ルールに基づく連結性であり、市場の効率と財政的な実現可能性を確保し、気候変動や環境破壊に対応することを意味する。[16]そのために、高水準の透明性と良質のガバナンスが必要とする。包括的な連結性は陸海空の交通網、インターネットや衛星によるデジタル通信網、LNG、電力網、再生可能エネルギーの効率化に至るエネルギーのネットワークを含む。上述の連結性のほか、人的交流、二国間・多国間協力、国際協力を打ち出し、国際機関と連携したインフラ投資を目指す。(17) 市場の効率性や透明性、国際ルールの遵守を謳う欧州のアジア戦略は、近年指摘されることが多い「債務の罠」の懸念がある中国の「一帯一路」(BRI)の戦略と対照的であり、その違いをアピールする。

興味深いのは、EUのモゲリーニ外交・安全保障上級代表が同年一〇月一六日付「台北タイムズ」に「アジア太平洋と欧州をつなぐ」と題する論説を寄稿したことである。(18) そこでは、欧州とアジアの連結性強化に取り組む中に、台湾との強化も含まれると強調された。EU加盟国と台湾を結ぶ航空便が近年増加した結果、二〇一三年から一七年の四年間に台湾からの訪問者は四倍に達し、EU加盟国で学ぶ台湾の留学生も一五・六%増え、双方の交流は急速に強化されたとみる。こうした協調と透明性のあるルールに基づく持続可能な連結性はアジア、欧州双方にとって有益であり、今後発展させていきたいと欧州側の意気込みを台湾市民にアピールする。中国が高度な科学技術を持つ欧州の企業を相次いで買収したため、欧州で急速に警戒感が広がる一方、民主主義と市場経済、人権などの価値を共有する台湾との交流強化は欧州側にとって利益であり、台湾の孤立を回避し、中国への牽制にもなるという認識があるとみられる。

連結性の重要性は二〇一四年の第一〇回ASEM首脳会合以来、経済的繁栄と持続可能な開発、ヒト、モノ、投資、エネルギー、情報、知識の自由で滞りのない移動、制度的なつながりを促進する上で強調されてきた。(19) 日本は同地域の連結性を重視し、ハード面のインフラ整備だけでなく、入管・税関手続きを含むソフト面の連結性強化を意識し、システム構築や人材育成などに取り組んできた実績があり、日欧協力の余地はあろう。[20]

3　対中関係との相克

ドイツがインド太平洋戦略を本格化させた背景には、中国が推進する「一帯一路」構想の存在が大きい。[21] 中国からユーラシア大陸を経由して欧州につながる陸路の「シルクロード経済ベルト」（一帯）と、中国沿岸部から東南アジア、南アジア、アラビア半島、アフリカ東岸を結ぶ海路の「二一世紀海上シルクロード」（一路）の二つの地域で、インフラ整備、貿易促進、資金の往来を促進する計画である。この計画は中国の台頭という文脈において、「連結性の地政学」として議論され、ＥＵや日本、オーストラリア、インドなどインド太平洋諸国が独自の戦略が必要として、地政学的な検討を開始する誘因となった。[22] ドイツ国際安全保障問題研究所（ＳＷＰ）のゴーデハルト研究員らは、「一帯一路」構想という「中国の連結性政策、連結性を政治利用しようとする中国の姿勢により、ＥＵや日本、その他の国々が独自の戦略を描こうと、古典的な地政学の教科書にあるような検討に入った。[23] 地域主義に関わる日中両国の考え方の相違、第三国における経済的影響力の欧州と中国の競争、インド太平洋という政治的概念の登場はそれらの結果」と分析する。そして、「インド太平洋」概念は、中国にとっては米国主導の封じ込め戦略と捉えられるが、学術的には「一帯一路」に対する同地域からの反応の一つであると考えられる。

「連結性」に関連して重要な意味を持つのは、交通網、通信網、エネルギー網、高速インターネット、パイプラインなどのインフラ整備による国家の枠組みを超えた「接続性」だと主張するのは、著書『接続性の地政学』[24]で知られるパラグ・カンナである。インド出身で、英国と米国で教育を受けた国際政治学者のカンナは、重要なのは地理学（ジオグラフィ）ではなく「接続性」と強調し、世界で今起きているのは市場アクセスをめぐる競争であり、とりわけ東南アジアのインフラ整備をめぐる世界的競争であるとみる。[25]

(1)「インド太平洋」概念に関する中国の認識

ドイツは一九九〇年の統一後、旧東ドイツ地域の社会資本整備や経済統合のために多額の財政支出を迫られた。とりわけ競争力に乏しい旧東ドイツの国営企業が相次いで倒産し、一九九〇年代後半から二〇〇五年にかけて旧東ドイツ地域の失業率は一四―一八％（連邦経済・エネルギー省）と高まり、一九九〇年代は「欧州の病人」とも呼ばれる景気低迷に陥った。その後、二〇〇八年の国際金融危機や二〇一〇年のユーロ危機を克服し、ドイツ経済を軌道に乗せ、欧州で一人勝ちと言われるほどの回復を見せた背景には、メルケル首相が就任後、ほぼ毎年、十二回にわたって中国を訪問し、緊密な経済関係を築き上げたことが大きい。いまや中国はドイツにとって最大の輸入相手国、米国に次ぐ二番目の輸出相手国であり、五年連続で最大の貿易相手国（二〇二一年、ドイツ連邦統計局）である。[26]

他方、ドイツが中国に対する認識を変える契機になったのは、先端技術を持つ産業ロボットメーカー「クーカ」を中国側が二〇一六年に買収したことである。中国側がドイツ企業の買収により、高度な産業技術を手に入れようとし、安全保障上の脅威になりかねないという見方が徐々に広がった。

ドイツだけでなく欧州諸国で、軍事転用が可能な高度の技術が狙われ、安全保障上の懸念があるとの見方が広がった。さらに、新型コロナウイルスへの初期対応をめぐり、中国政府が情報を隠蔽したため、ドイツを含む世界への感染拡大をもたらし、莫大な被害をもたらしたとする見方が強まり、対中感情はさらに悪化した。米調査機関ピュー・リサーチセンターが二〇二〇年一〇月に発表した日米欧など十四カ国を対象とする世論調査結果によれば、新型コロナウイルスへの対応や強硬な外交姿勢を理由に、中国に好感を持たないと回答した市民は七〇％を超え、ドイツでも七一％と対中感情が急速に悪化したことを示した。[27]

ヴァッカー（ＳＷＰ）らの「アジア太平洋からインド太平洋へ―意義、履行と課題」[28]によれば、中国政府当局者は「アジア太平洋」という表現を使用し、王毅外相が「インド太平洋」概念を「二つの海に浮かぶ泡のように短命だ」と表現したことに象徴されるように、「インド太平洋」概念に距離を置く。[29]その上で中国側は、インド太平洋構想の最大の弱点は、信頼できる経済的側面が未だないことであり、「一帯一路」を含む中国の貿易や投資の魅力には太刀打ちできないと自信を深めているはずだと分析する。とりわけ米国のインド太平洋戦略（ＦＯＩＰ）は主に安全保障に重きを置いているため関係主要国の経済利益が食い違い、構想の長期的な実行能力に懐疑的というのが中国側の見方とみる。

中国の専門家の中には、米国のインド太平洋戦略の成否の鍵を握るのは中国自身であり、もしも近隣諸国との関係が悪化すれば、対中同盟を誘発する可能性があるという見方もある。このため、中国が取るべき対応として、「クアッド」の分断を図るほか、ＡＳＥＡＮを中心とする組織（ＡＳＥＡＮ＋３、ＡＳＥＡＮ10＋１、ＥＡＳ、ＡＲＦ）に対する中国の関与を高め、「地域的な包括的経済連携

（ＲＣＥＰ）協定」をはじめとして相互依存関係を強化し、中国経済を積極的に開放することが必要であると指摘する。[30] 実際、日本とは二〇一八年の李克強首相による訪日と安倍晋三首相の訪中、インドとは二〇一八年と二〇一九年の習近平国家主席とモディ（Narendra Modi）首相による非公式首脳会談が開催され、これらは中国側による「クアッド」分断の試みの一環とみられる。こうした状況認識から、中国の主な狙いは、米国との本格的な軍事・経済対立の潜在的危険を避け、米国主導の対中包囲網の出現を防ぐため、地域諸国との関係を慎重に調整することであると分析する。

(2) ドイツ・欧州の立場

ドイツがインド太平洋指針を検討していた時点で、欧州でインド太平洋戦略をまとめていたのはフランスだけだった。フランス国防省は二〇一四年以降、「フランスとアジア太平洋の安全保障」と題する文書を刊行してきたが、これを更新する形で二〇一八年に「フランスとインド太平洋の安全保障」を刊行した。[31] この中で、フランスはインド太平洋地域に約四七万平方キロの海外領土を持ち、世界第二位の規模を誇る排他的経済水域（ＥＥＺ）約九〇〇平方キロ、海外領土と同地域の諸国に計約一八〇万人の市民が生活する地域のパワーとしてその権益を守り、地域秩序安定のため、パートナーである「インド、オーストラリア、米国、日本、そしてマレーシア、シンガポール、ニュージーランド、インドネシア、ベトナムとともに貢献する」と述べている。[32] 日本とは河野太郎外相が二〇一七年九月、ルドリアン（Jean-Yves Le Drian）外相との会談で、フランス海軍艦隊訪日や共同訓練をはじめとする安全保障協力を評価し、二〇一四年に始まった外務・防衛閣僚会合（２プラス２）を通じて両国間の安全保障協力をさらに進展させていく方針を確認した。[33] 日米豪印四カ国との共同訓練や、二〇二一年五月の離島防衛・奪還を想定した日仏米の訓練も実施した[34]。

英国も二〇一七年九月のジョンソン（Boris Johnson）外相と河野外相との会談で、インド太平洋地域における安全保障協力を進める方針を確認し、二〇一八年一二月には本州南方の太平洋沖で、ヘリコプター搭載型護衛艦「いずも」、米海軍の潜水艦や哨戒機、英海軍のフリゲート艦「アーガイル」が参加した日米英三カ国による共同訓練を実施するなど、日英両国の安全保障協力も着実に進展した[35]。英国は特に香港情勢に関連して、中国が「一国二制度」を反故にし、民主派の弾圧に踏み切ったことに不信感を深め、海洋安全保障の観点から、同地域に関心を強めている。こうした経緯を踏まえ、日英両国は二〇二一年二月にテレビ会議形式で開催した外務・防衛閣僚会合で、英国が空母及び空母打撃群を二〇二一年中に東アジア地域へ派遣し、日英防衛協力を強化することを盛り込んだ共同声明を発表した[36]。さらに、米国防総省はこの空母打撃群に米海軍と海兵隊が参加すると発表した[37]。米英両政府の共同声明によれば、ミサイル駆逐艦「ザ・サリバンズ」が参加し、米海兵隊が最新鋭ステルス戦闘機F35Bを空母艦載機として運用する計画とされた。実際、英国の空母打撃群に米軍、オランダ軍が同行し、日米豪印各国と共同演習を実施、二〇二一年九月に横須賀に寄港したのである。

このように、日米両国とフランス、英国との安全保障協力は実践的な共同訓練などの形で進展し、オーストラリアとインドを加えた「クアッド」との連携も視野に入ってきた。ところが、その最中に米英豪三カ国が秘密協議により二〇二一年九月一五日、新たな安全保障枠組み「AUKUS」の創設を発表し[38]、オーストラリアがフランスとの潜水艦建造契約を破棄したため、フランスは反発、駐米、駐豪両大使を召還する事態となった。フランスを含む欧州諸国のインド太平洋戦略が修正を迫られるのかなどは不透明である。

フランスと英国がインド太平洋への関与を強める中、ドイツやEUの政策的選択肢として何があるかが検討された。検討に当たり、「等距離」「連携」「独自」という三つの選択肢を想定し、それぞれのシミュレーションが検討された。[39]

①「等距離」

ドイツを含む欧州が意識的に「アジア太平洋」という用語を使い、「インド太平洋」という概念を使わないという選択で、この場合EUは米中両国から「等距離」を維持し、「自由で開かれたインド太平洋」と「一帯一路」両方の相乗効果を得る可能性があるが、米中の狭間で戦略を立て続ける必要があり、欧州の戦略的自立性を失う可能性が大きい。しかし、EUとして、貿易やエネルギー、投資など経済的側面から見た場合、インド洋の重要性が高まっていることを考えれば「アジア太平洋」より「インド太平洋」のほうが現実をより正確に反映すると分析した。[40]

②「連携」

「インド太平洋」に関するフランスの既存概念に従う。三つの利点があり、第一に独仏協力が機能していると誇示でき、第二に、国家安全保障戦略を「欧州化」することにより、新たな構想をまとめる必要性をなくすことでコストを下げることができ、第三に、少なくとも基本的な陸上の軍事能力は当初、フランスに頼ることができる。これが欧州で共有されれば、欧州のプレゼンスは一層可視化され、影響力を持つ可能性がある。懸念の一つは、フランスの海外権益を重視する概念のため、フランス以外の欧州市民にとって納得しにくいものになる可能性がある。第二に、フランスが安全保障分野に焦点を当てがちであるのに対し、他の多くの重要な政策分野に十分に対応できない可能性がある。第三に、「インド太平洋」の使用を、中国が対中封じ込め戦略への参加と解釈する可能性がある。

③「独自」

欧州が「インド太平洋」の独自の理解を示す。例えば、アジアにおける連結性に関するEU戦略文書は、地域におけるインフラ整備の取り組みを強化する枠組みを提示し、EU独自の貢献をできるという意味でメリットがある。二〇一九年九月にブリュッセルで開催された「欧州連結性フォーラム」で、安倍晋三首相とユンケル（Jean-Claude Juncker）欧州委員長が署名した「持続可能な連結性及び質の高いインフラに関する日EUパートナーシップ」は、同地域におけるインフラ整備の基盤となり得る。(41) 第二に、この概念が全加盟国に支持されれば、EUは世界に一貫性を示すこともできる。他方、欧州内の交渉過程で調整コストが発生し、対中封じ込め戦略に参加すると中国側が受け止める懸念がある。第二に、ドイツが同地域内では限定的な外交力しか持たず、軍事基盤も持たないことを考えれば、ドイツだけでインド太平洋構想を描く意味は乏しく、第三に、独仏両国が別々の戦略をとれば、欧州の各種共通政策を弱体化させかねない。

上記三つのうち、ドイツ政府がその後にインド太平洋指針を発表したことにより、ドイツや欧州諸国は「連携」「独自」いずれかの可能性を選択していくとみられる。その後、オランダがインド太平洋指針を発表したことも、欧州諸国がインド太平洋諸国との連結性強化に動いていることを裏付ける。(42)

4　おわりに

インド太平洋地域に海外領土を持ち市民が居住するフランスを例外として、ドイツをはじめとする欧州諸国の多くやＥＵの関係機関は現在、インド太平洋戦略をまとめたばかりであり、最近まで関心が高かったとは言えない。このため、インド太平洋戦略に関わる欧州諸国のコンセンサスはまだほとんどないと言って過言ではない。他方、中国の「一帯一路」構想については、欧州諸国が構想の主要目標であったため、ＥＵや欧州諸国で集中的に議論されてきた実績がある。中国は「一帯一路」構想という経済利益を掲げて欧州諸国の関心を引き付ける一方、南シナ海で密かに人工島の建設を開始し軍事拠点化した。東南アジア諸国や日本、オーストラリアなどが安全保障上の懸念を表明しても、欧州諸国の反応は総じて鈍かった。国際世論の分断という意味では、中国が一定の成功を収めたと言える。

インド太平洋地域での中国の一方的な行動によって莫大な損害を受け、国際秩序に深刻な影響をもたらす可能性を考えれば、欧州諸国、特にドイツは同地域への関与を強化する以外の選択肢はない、とブルースターらは指摘する。[43] 例えばインドとの輸出入総額（二〇二〇年）は約一九五億ユーロで、中国の約二一二一億ユーロの一〇分の一以下だが、[44] 今後の成長が見込まれる同地域への関与を強化しない選択は取りえなかったと分析する。

だからといって、ドイツが中国との緊密な関係を見直すとまで考えるのは早計であろう。上述のように、ドイツにとって中国は五年連続で最大の貿易相手国であり、緊密な経済関係を築き上げた。ドイツの指針は同地域との連結性を強化し、欧州との貿易ルートである海洋安全保障への関与を強化することにより欧州の利益を守り発展させていくことが主眼であって、中国との関係を根底から見直すことを必ずしも前提としているわけではない。それを裏付けるように、ドイツがＥＵ議長国としての任期切れを迎える直前の二〇二〇年一二月三〇日、ＥＵは中国との間で「包括的投資協定」（ＣＡＩ）に基本合意した。米国から投資協定を急がないよう異例の関心表明があったにもかかわらず、二〇一四年から続く同協定の協議を基本合意に持ち込むよう、メルケル首相が議長国の立場で働きかけたと言われる。[45]

他方、フランスは二〇一四年以降、ルールに基づく海上秩序を守る一環として、海軍艦船が南シナ海を定期的に航行する。二〇一六年にはルドリアン国防相が欧州諸国に対し、目に見えるプレゼンスを南シナ海で展開するよう呼び掛け、海外領土で生活する市民の利益を守る必要性にも言及した。[46]一方、中国は中国共産党傘下の英字紙 China Daily に「フランス軍に南シナ海の居場所はない」との論評を掲載し、地域を不安定にしているのは中国ではなく、フランスや「クアッド」だと反発する。[47]

一六年にわたったメルケル政権は二〇二一年九月に幕を閉じ、ＳＰＤのオラフ・ショルツ氏（Olaf Scholz）を首班とする緑の党、自由民主党との三党連立政権が同年一二月に発足した。米中対立が影を落とす中、メルケル後のドイツ・欧州はどんな方向に進むのか。ＥＵがまとめたように、民主主義の価値観を共有する友好国とともに、ルールに基づく秩序形成に貢献する方向に向かうのか。中国の寄港拒否によって航路を変更したフリゲート艦の姿は、緊密な経済関係にある中国との関係を軌道修正し、日本などの民主主義国との関係のバランスを回復するドイツの進路を象徴することになるのか。ドイツとEUの今後は同地域の秩序形成にとどまらず、米中対立を含む国際情勢に大きな影響を与えよう。

【付記】本論文は、中村登志哉「ドイツのインド太平洋戦略――米中対立と対中経済連携の狭間で」(『国際安全保障』第四八巻第四号、二〇二一年、一‐一八頁)を基に加筆修正したもので、科学研究費補助金基盤研究(B)(課題番号18KT0003)の助成を受けた研究成果の一部である。

注

(1) Auswärtiges Amt, *Leitlinien zum Indo-Pazifik*, 2020, https://www.auswaertiges-amt.de/blob/2380500/33f978a9d4f511942c241eb4602086c1/200901-indo-pazifik-leitlinien--1--data.pdf.

(2) Ministry of Armed Forces, *France and security in the Indo-Pacific*, 2019(二〇一八年刊の updated version)。それまでは *France and security in the Asia-Pacific* として刊行されていた。

(3) European Commission, *The EU strategy for cooperation in the Indo-Pacific*, September 16, 2021. https://ec.europa.eu/info/sites/default/files/jointcommunication_indo_pacific_en.pdf.

(4) 下記拙稿も参照。中村登志哉「ドイツのインド太平洋戦略:『ルールに基づく秩序形成』へ日独防衛協力を強化」、「修親」、修親刊行事務局、二〇二一年一一月号、二‐五頁。「ドイツのインド太平洋戦略‐日独外務・防衛閣僚会合を初開催」、防衛週刊紙「朝雲」、二〇二一年四月二九日付。

(5) 「インド太平洋」概念について、山本吉宣「インド太平洋概念をめぐって」日本国際問題研究所『アジア(特に南シナ海・インド洋)における安全保障秩序』二〇一三年。

（6）*Leitlinien zum Indo-Pazifik*, p. 8.

（7）bid., p. 8.

（8）bid., p. 13, p. 25.

（9）bid., p. 13, pp. 25-26.

（10）bid., p. 13, pp. 25-26.

（11）bid., pp. 9-10.

（12）bid., pp. 9-10, pp. 47-49.

（13）bid., p. 47.

（14）「ドイツ、日本にフリゲート艦を派遣へ」、『日本経済新聞』二〇二一年一月二六日。

（15）bid., p. 57.　同文書は次を参照。European Commission, *Connecting Europe and Asia - Building blocks for an EU Strategy*, 2018, https://eeas.europa.eu/sites/eeas/files/joint_communication_-_connecting_europe_and_asia_-_building_blocks_for_an_eu_strategy_2018-09-19.pdf.

（16）岡崎研究所「アジアとの『連結性』強化に向かうＥＵ」、Wedge Infinity、二〇一八年一一月七日。https://wedge.ismedia.jp/articles/-/14394.

（17）*Connecting Europe and Asia–Building blocks for an EU Strategy*, pp. 3-12.

（18）Federica Mogherini, *Connecting Asia-Pacific and Europe*, *The Taipei Times*, Oct. 16, 2018, http://www.taipeitimes.com/News/editorials/archives/2018/10/16/2003702454.

（19）駐日欧州連合代表部、「連結がさらに強まるアジア欧州会合（ＡＳＥＭ）とＥＵの対アジア新戦略」『ＥＵ ＭＡＧ』Vol. 70、二〇一八年一一・一二月号、https://eumag.jp/behind/d1118/。

（20）滝崎成樹、「インド太平洋の『成功物語』を積み重ねよ」『外交』五二号、二〇一二七頁、二〇一八年、https://www.mofa.go.jp/mofaj/files/000424310.pdf

（21）Nadine Godehardt and Karoline Postel-Vinay, *Connectivity and Geopolitics: Beware the "New Wine in Old Bottles" Approach*, SWP Comment 2020/C 35, July 2020, Stiftung Wissenschaft und Politik, https://www.swp-berlin.org/en/publication/connectivity-and-geopolitics-beware-the-new-wine-in-old-bottles-approach/

（22）bid., pp. 5-7.

（23）bid., pp. 5-7.

（24）パラグ・カンナ（尼丁千津子他訳）『「接続性」の地政学：グローバリズムの先にある世界』（上・下）、原書房、二〇一七年。Khanna, Parag, Connectography: Mapping the Future of Global Civilization, New York: Random House, 2016.

（25）中西享「なぜ『接続性』の地政学が重要なのか?」『Wedge Infinity』二〇一七年六月一六日、https://wedge.ismedia.jp/articles/-/9860

（26）*Ranking of Germany's trading partners in foreign trade 2020*, Statistisches Bundesamt, February 18, 2021, https://www.destatis.de/EN/Themes/Economy/Foreign-Trade/Tables/order-rank-germany-trading-partners.pdf?__blob=publicationFile; "China was Germany's most important trading partner in 2020 for the fifth year in a row," Statistisches Bundesamt, Press release No. 077 of 22 February 2021

（27）Pew Research Center, *Unfavorable Views of China Reach Historic Highs in Many Countries*, October 6, 2020, https://www.pewresearch.org/global/2020/10/06/unfavorable-views-of-china-reach-historic-highs-in-many-countries/

（28）Heiduk, Felix/Wacker, Gudrun, Vom *Asien-Pazifik zum Indo-Pazifik: Bedeutung*, Umsetzung und Herausforderung, SWP-Studie 9, Berlin, Stiftung Wissenschaft und Politik, Deutsches Institut für Internationale Politik und Sicherheit, 2020, https://www.swp-berlin.org/fileadmin/contents/products/studien/2020S09_indopazifik.pdf

（29）Heiduk / Wacker, p. 32.

（30）bid., pp. 34-35.

（31）The Ministry for the Armed Forces, ***France and Security in the Indo-Pacific***, 2018 Edition (updated in May 2019), https://www.defense.gouv.fr/english/dgris/international-action/regional-issues/french-defence-strategy-in-the-indo-pacific2

（32）bid., p. 1.

（33）合六強「『インド太平洋パワー』としてのフランス」『論評－RIPS' Eye』平和・安全保障研究所、二〇二一年一月二六日。

（34）「日米仏が九州で共同訓練」、『朝日新聞』二〇二一年五月一五日。https://digital.asahi.com/articles/ASP5H61W9P5CUTIL03M.html

（35）外務省、「日英外相会談」、二〇一七年九月一九日、https://www.mofa.go.jp/mofaj/erp/we/gb/page1_000404.html：「日仏外相会談」、二〇一七年九月二〇日、https://www.mofa.go.jp/mofaj/erp/we/fr/page3_002236.html

（36）外務省、「日英外務・防衛閣僚会合 共同声明（仮訳）」二〇二一年二月三日、https://www.mofa.go.jp/mofaj/files/100145304.pdf

（37）時事通信社、「米英、空母打撃群で協力」、二〇二一年一月二〇日、https://www.jiji.com/jc/article?k=2021012000189&g=int

（38）米英豪三国政府の共同声明。The White House, 'Joint Leaders Statement on AUKUS', https://www.whitehouse.gov/briefing-room/statements-releases/2021/09/15/joint-leaders-statement-on-aukus/

（39）Heiduk / Wacker, pp. 42-44.

（40）Heiduk / Wacker, pp. 42-43.

（41）https://eeas.europa.eu/headquarters/headquarters-homepage/68018/partnership-sustainable-connectivity-and-quality-infrastructure-between-european-union-and_en.

（42）Sebastian Strangio, 'Following France and Germany, the Netherlands Pivots to the Indo-Pacific', *The Diplomat*, November 18, 2020, https://thediplomat.com/2020/11/following-france-and-germany-the-netherlands-pivots-to-the-indo-pacific/.

（43）David Brewster and C. Raja Mohan, 'Germany in the Indo-Pacific: Securing Interests Through Partnerships', International Reports, March 2019, Berlin: Konrad-Adenauer-Stiftung, https://www.kas.de/en/web/auslandsinformationen/artikel/detail/-/content/deutschland-im-indo-pazifik-1.

（44）Statistisches Bundesamt, *Ranking of Germany's trading partners in foreign trade 2020*, February 18, 2021, https://www.destatis.de/EN/Themes/Economy/Foreign-Trade/Tables/order-rank-germany-trading-partners.pdf?__blob=publicationFile.

（45）'EU, China Agree on Terms of Investment Pact Despite U.S. Wariness', *Wall Street Journal*, December 30, 2020, https://www.wsj.com/articles/eu-china-agree-on-terms-of-investment-pact-despite-u-s-wariness-11609334398.

（46）「南シナ海でフランスが軍事プレゼンス強化、中国に対抗」『AFPBB News』二〇一八年六月一五日。

（47）Andrew Korybko, 'French military has no place in the South China Sea', China Daily, February 22, 2021, https://

www.chinadaily.com.cn/a/202102/22/WS6032fe84a31024ad0baaa0f5.html.

中村登志哉

第4章　中国人民元のドル覇権への挑戦

1　はじめに

二〇一八年に勃発した米中貿易戦争は、その後単なる通商摩擦でなく、米中の覇権争いという様相を呈し、米国陣営と中国陣営に世界が分断される「デカップリング（分断）」現象が進んでいる。その現象は「新冷戦」とも言われる。二〇二〇年からの世界的なコロナ禍でも、世界は一致団結してこの苦境に立ち向かうどころか、分断はむしろ深まっている。

中国は、米国でコロナが蔓延し世界最多の死者数を出したのは、民主的な政治経済体制であるがゆえであり、専制的な政治経済体制（「国家資本主義」とも言われる）の方が優れていることを声高に周辺の同盟国などに喧伝している。一方米国は、コロナの発生源が武漢であることの責任に触れずに、感染拡大国を批判する中国に対する憎悪を露わにしている。

このデカップリング状況を深める対立の最前線は、地政学的には新疆ウイグル自治区や香港、台湾であり、経済分野的には半導体やＡＩなどの最先端分野である。その中で、今後も覇権争いとデカップリングを深めるかもしれない重要分野が、「通貨覇権争い」である。米国ドルの絶対的な優位性、すなわち「ドル覇権」が戦後から長きに渡り続いてきたが、二〇一九年に中国が発表し実験を続けてきた中国人民銀行（中国の中央銀行）発行の「デジタル人民元」の狙いは何であり、はたしてドル覇権を脅かす存在になるのかを本章では考察していく。

2　中国政府の為替管理──人民元の特殊性

中国人民元の特殊性は、経済発展の段階の割には規制が多いことである。主には国外への持ち出し規制、為替レートの規制（管理）。その目的は、国家が為替レートを管理し、貿易での利益を大きくしようとすることにある。もっと明確に言うと、人民元安に誘導し、輸出を増やし貿易黒字にしようとするということである。人民元が多く国外に持ち出されたり、貿易決済で人民元取引が盛んになると、外国に人民元が多く流れ、為替レートの管理を中国政府がしにくくなる。よって、中国政府は人民元の国外流出を制限している。

ここで、人民元の対ドルレートの推移を図４－１で見てみよう。一九九四年から公定レートと市場レートの併存が市場レートに一本化されているが、時期によりペッグ制（固定相場制）と管理フロー

図4−1　人民元の対ドルレート推移

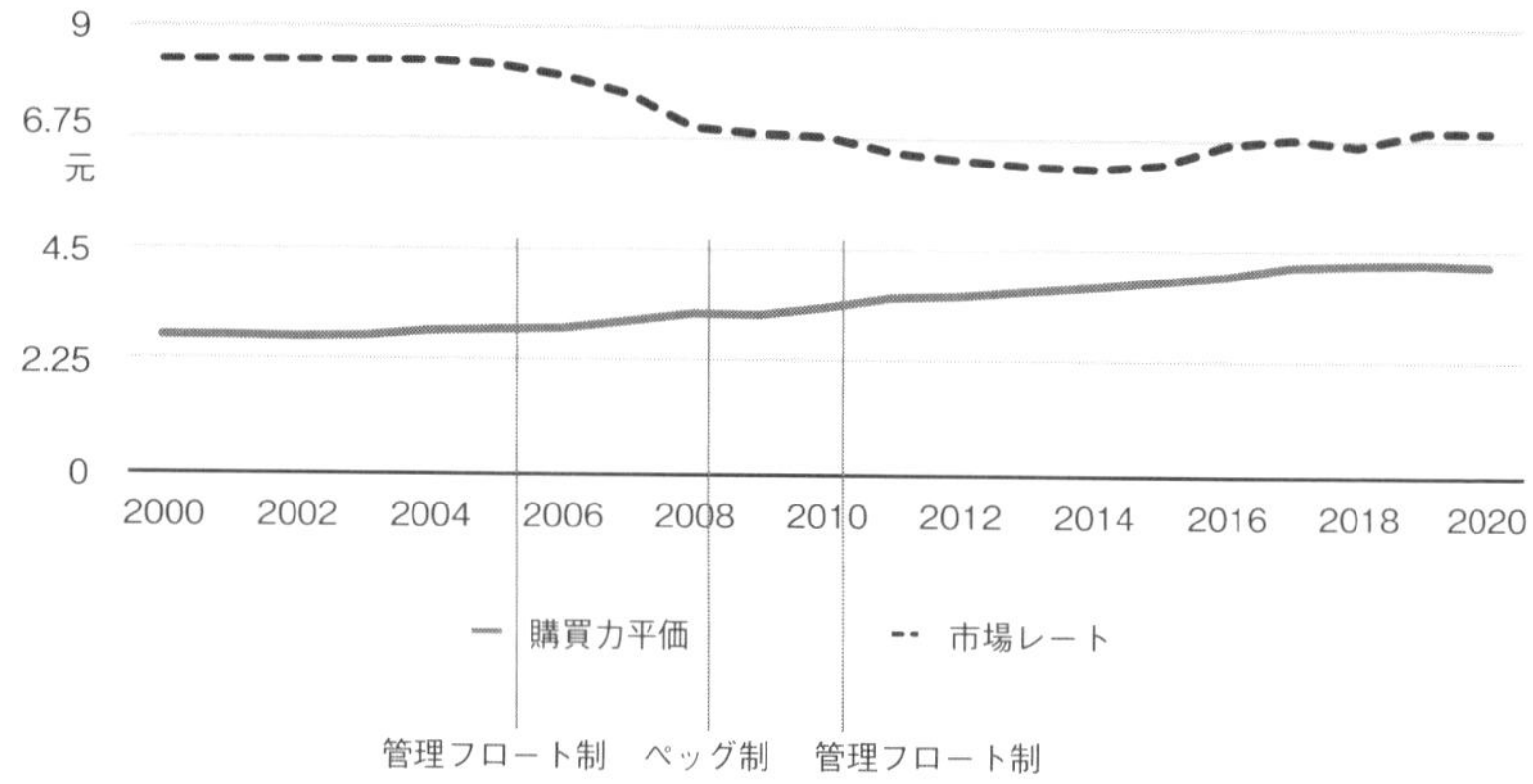

（出所）IMFデータから作成

ト制を採用している。フロート制とは変動相場制のことなので、管理フロート制とは、一定の変動幅の範囲内での変動を許容するという管理の仕方である。ここで分かるように、中国ではどの時点をとっても完全な変動相場制（フロート制）にはしてないということである。

よって、二〇年間の長期で見ても市場レートは大きくは変動してない。これがもし変動相場制ならば相場はどのぐらいが妥当なのだろうか。一つの指標が「購買力平価（ＰＰＰ）」である。購買力平価とは、物を買う力（購買力）で計った為替レートのことで、ＩＭＦや世界銀行などの国際機関が二カ国の広範な物価を比較して推計値として出しているものである。為替レートの推移は、長期的に見れば、購買力平価の推移に寄っていくというのが、経済学における長期的な為替レート変動の一つの説明（理論）である。

図４−１で、二〇二〇年通期の購買力平価は一ドル＝四・二元であるが、市場レートは一ドル＝

六・九ドルである。この場合、いわば理論値である購買力平価に比べて実際のレート（市場レート）は「だいぶ元安」ということになる。通期で見ても、購買力平価に比べずっと元安状態で推移してきたことが分かる。つまりこれは、中国政府が輸出で稼ぎたいために人為的に為替相場に介入して元安を維持してきたことを示している。中国の高度経済成長の仕方は、輸出と投資の両輪に支えられてきたものであり、「世界の工場」である中国の輸出にとって大きな武器の一つがこの「人民元安」であった。たしかに、二〇〇〇年代前半の市場レートと購買力平価の乖離《かいり》に比べれば、現在の乖離は小さくなってはいるものの、依然として大きく、近年も縮小する傾向は見られない。為替レートの長期の変動を見る際、購買力平価以外にも有力な説明がある。それは、為替レートがその国の経済力を反映して変動するというものである。つまり、中国の経済発展発展は目覚ましいので、それに比例して人民元高になるというものである。二〇一〇年に名目GDPで日本を抜いて世界第二位の経済大国になった中国は、二〇二〇年では何と日本の約三倍の名目GDPになっている。米国の名目GDPと比べても七〇％の水準までできている。そこまで急速に発展していながら、一〇年前の人民元－ドルの為替レートと変わっていない。中国の輸出競争力の一つである低廉な人件費はこの間急激に上昇し、もはや強みではなくなっているが、割安な人民元が輸出競争力の強みである状況は変わっていない。

こうして中国は長年貿易黒字を計上したため、外貨準備高でも日本を抜き世界断トツ一位となっている。しかし、実は中国の外貨準備の急激な増加は、貿易黒字だけによるものでなく、元安誘導のための「元売りドル買い」介入自体もその要因である。(1)

3　人民元の「準基軸通貨」入り――SDRの構成通貨入り

(1) 人民元のSDR構成通貨入りとは?

二〇一五年一一月、中国人民元がIMFのSDR(特別引き出し権)構成通貨入りしたことが発表され、中国はこれを経済発展の反映ゆえの人民元の「準基軸通貨の仲間入り」として内外に誇示した。SDRは複数の通貨から構成されており、その構成通貨は、米ドル、ユーロ、日本円、英ポンドであったが、そこに中国人民元が加わったわけである。SDRの構成通貨入りをすることは、その通貨が国際的に広い汎用性と信用を持つ証しとなることから、準基軸通貨の仲間入りを果たしたと見なされる。

SDRとは、第二次世界大戦後の国際通貨体制である「ブレトンウッズ体制(2)」時の一九六九年に、IMF(国際通貨基金)によって生み出されたいわば「国際準備資産」のようなものである。通常の国際準備資産としては主に金(gold)や外貨準備があるが、それが不足した際に補完するものとして考案された。経済危機や通貨危機時に外貨不足を補うものとして機能する役割が期待されている。IMF自体が加盟国からの出資金で成り立ち、資金量は無限ではないため、危機に陥った国にいくらでも融資できるわではない。そこでSDRが考案されたわけだが、「特別引き出し権」といっても、IMFから直接外貨を引き出せるわけではない。IMF加盟国に買ってもらうことにより現金化できる。よって、SDRは現金化可能な「請求権」みたいなもの、あるいは現金と時価で交換できることから「暗号資産（仮想通貨）」のようなものと考えてよい。SDRを現金化する際は、SDRの構成通貨（通貨バスケット）をその時の時価（為替レート）で通常はドル換算することで額面が決まる。このように、SDR自体は時価で価値が変動するものであり、買う側としては価値が上昇する可能性があるため購入するわけである。

二〇一六年一〇月からのSDRの構成比は、米ドル五八・二％、ユーロ三八・六％、日本円一一・九％、人民元一〇・一％、英ポンド八・五％であり、その後も変わっていない。

(2) 人民元のSDR構成通貨入りは政治的な打算の産物

しかし、人民元のSDR構成通貨入りを中国が誇示した一方、世界の反応は戸惑いに近いものや懐疑的なものが多かった。不可解に思った有識者も多いだろう。なぜなら、中国はたしかに外貨と自国の通貨交換が可能な「SDR8条国」入りを一九九六年に果たしているものの、人民元には規制が多く、持ち出しを特に厳しく規制しているため、「資本の自由な移動」は実現してないからである。SDRの構成通貨入りの要件は、①貿易量が多いこと、②通貨の利用における自由度の高さ、であるが、明らかに人民元は後者の方を満たしていない。「資本の自由な移動」ができない一方で、中国は「為替の安定」と「国内の金融政策の独立性」は保っている。この「　」付きの三つは同時には成り立たないとするのが、経済学でいうところの「国際金融のトリレンマ」という命題である。トリレンマは「三重苦」と訳されることが多いが、ここでは、犠牲にするものを一つ選ばないといけないという意味での「三者択一の窮状」ぐらいの意味である。中国では、「自由な資本移動」を放棄せざるを得ない状況になっている。ちなみに、日本や米国が放棄しているのは、「為替の安定」である。なぜなら、変動相場制を採用しているからである。ただし、米ドルは基軸通貨であり、価値が落ちにくい。

では、なぜ中国の人民元は条件を満たさないままSDRの構成通貨入りを果たせたのだろうか。そこには、政治的な打算があったと考えられる。SDRの構成通貨入りを決めたのは他ならぬIMFであるが、実はそれより少し前に中国の要求を突っぱねる事態がIMFで起きている。メンツを潰された中国への懐柔策として、このSDR構成通貨入りが認められたと考えられる。

中国のメンツを潰したIMFでの出来事とは、二〇一〇年の「IMF改革」である。二〇一〇年当時、IMFの出資金は三二七〇億ドルで、出資比率順に1米国一七・六七%、2日本六・五九%、3ドイツ六・一一%、4英国四・五一%、5フランス四・五一%、6中国四・〇%であった。IMFでは出資比率に応じて議決権が付与されることから、改革として途上国の出資比率を高める方針であった。この時期は、リーマンショック後で先進国よりもBRICSを中心に新興国が世界経済の成長エンジン役を担い発言権も強まっていた。当初の予定では、中国の出資比率を四%から六・四九%にまで上げ、単独三位となるはずであった。ところが、米国議会がこれを拒否したため実現しなかった。

IMFの理事会では八五%以上の賛成が得られないと案は通らない仕組みになっている。米国単独で一七・六七%の議決権を持っているため、米国が反対にまわれば案は通らない。つまり、事実上米国は唯一「拒否権」を持っているのである。このこと一つとっても、IMFという組織がいかに米国色の強い組織であるかが分かるであろう。世界銀行でも同様で、中国は経済力の割に出資比率を低く抑えられていた。

こうして、IMF改革は頓挫し、中国のメンツは潰された恰好となった。この当時、米中対立は起こっておらず、むしろ米中は「蜜月」に近い状態であり、米国では中国懐柔策が主流であった。中国といい関係を築き協力していけば、やがては中国の政治経済体制は米国のような民主的なものに寄ってくると米国は考えていた。よって、ＩＭＦ改革で中国の頭を押さえつけた代わりに、懐柔策として中国のメンツを潰さないようにＳＤＲ構成通貨入りを認めたのである。中国が庶民レベルでもメンツを重んじる国であることはよく知られている。このように、人民元のＳＤＲ構成通貨入りは極めて政治的な打算の産物である。

中国は人民元のＳＤＲ構成通貨入りで溜飲を下げただけでなく、米国の影響力が強いＩＭＦでの発言権を強めようとせずに、中国主導の国際金融機関であるＡＩＩＢ（アジアインフラ投資銀行）を二〇一五年に創設している。主要なヨーロッパ諸国も加盟したが、日米だけはこれに参加していない。

（３）ＳＤＲ構成通貨入りしても変わらない人民元の国際的ポジション

実際にここでは、人民元のＳＤＲ構成通貨入りした後の国際的なポジションを見てみよう。準基軸通貨の仲間入りを果たしたのならば、人民元の国際的ポジションは変わってくるはずである。表４－１は、近年の主要通貨の各項目におけるシェアを表している。いずれかの項目によって上から国を並べているのでなく、総合的な力により上から国を並べている。一般的に世界の「三大通貨」と呼ばれるのは、米ドル、ユーロ、日本円である。この表によると、外国為替市場における取引シェアでは、米ドルが八八・三％だったのに対して人民元は四・三％でしかない。公的外貨準備のシェアとしても米ドル五九・二％に対して人民元は二・六％にすぎない。ＳＤＲの構成通貨入り前はほとんどシェアがなかったが、ＳＤＲ自体が外貨準備と見なされることから、ＳＤＲ構成通貨入り後の二〇一六年第

表4-1　主要通貨の国際的ポジション1　人民元の対ドルレート推移

	国際取引決済シェア 2020年12月	外国為替市場取引シェア 2019年4月	公的外貨準備シェア 2021年Q2
米ドル	38.7%	88.3%	59.2%
ユーロ	36.7%	32.3%	20.5%
日本円	3.6%	16.8%	5.8%
英ポンド	6.5%	12.8%	4.8%
中国人民元	1.9%	4.3%	2.6%
豪ドル	1.4%	6.8%	1.8%
カナダドル	1.8%	5.0%	2.2%

（出所）IMF COFERデータ、BIS（国際決済銀行）データ、SWIFT（国際銀行間通信協会）データから作成。

4四半期以降に初めてシェアがデータ上記録されている。つまり、人民元単独としての外貨準備シェアはほとんどないということである。国際取引における決済シェアも米ドルの三八・七%、ユーロの三六・七%に対して人民元は一・九%にすぎず、SDR構成通貨入りしてから伸びていない。どの指標を見ても、現在の人民元の国際的ポジションはドルに挑戦するどころか、準基軸通貨であるユーロ、円、ポンドと比べても下であり、五番目のポジションである。もちろん、これは人民元が弱いということでなく、中国政府の規制により人民元が海外に多く出回っていないことの表れである。それならば、人民元の「準基軸通貨入り」というお祭り騒ぎは、実のないプロパガンダにすぎなかったということになる。

しかし、このまま人民元は名目上の準基軸通貨であり続けるのかというと、そうは言えない状況変化が近年あり、複数の視角からいよいよ人民元の国際化に向けて「機は熟しつつある」と思われる。次節ではそれについて考察する。

4　人民元の国際化に向けた状況変化

(1) 自立色を強める中国経済

人民元の国際的ポジションは、SDR構成通貨入り後もほとんど上昇していないことを前節で述べた。しかし、それは人民元の実力不足あるいは中国経済の実力不足を反映したものでなく、国際的に流通すると人民元高を招くリスクがあり、それを中国政府が警戒し、人民元の国外流出を防いできたことが大きな要因である。すなわち、中国自らが人民元の国際通貨として力を自制してきたということである。なぜなら人民元安を保つことによる輸出競争力が中国経済の高度成長の一つの原動力だったからである。

しかし、その状況は大きく変わりつつある。中国の高度成長を牽引してきた輸出と投資の二つの柱のうち、輸出への依存度は大きく下がりつつあり、もはや中国は輸出依存度の高い国とさえ言えない。それどころか、輸出依存度の低い国へと急激に変化している。図4－2は、中国の輸出入額と輸出依存度（輸出額÷名目GDP×100）の推移を表している。輸出入額自体は二〇一五、一六年にかけて一時的に減少したものの、それ以外は基本的に増加傾向である。しかし、輸出依存度は二〇〇六年

図4-2　中国の輸出入額と貿易依存度の推移

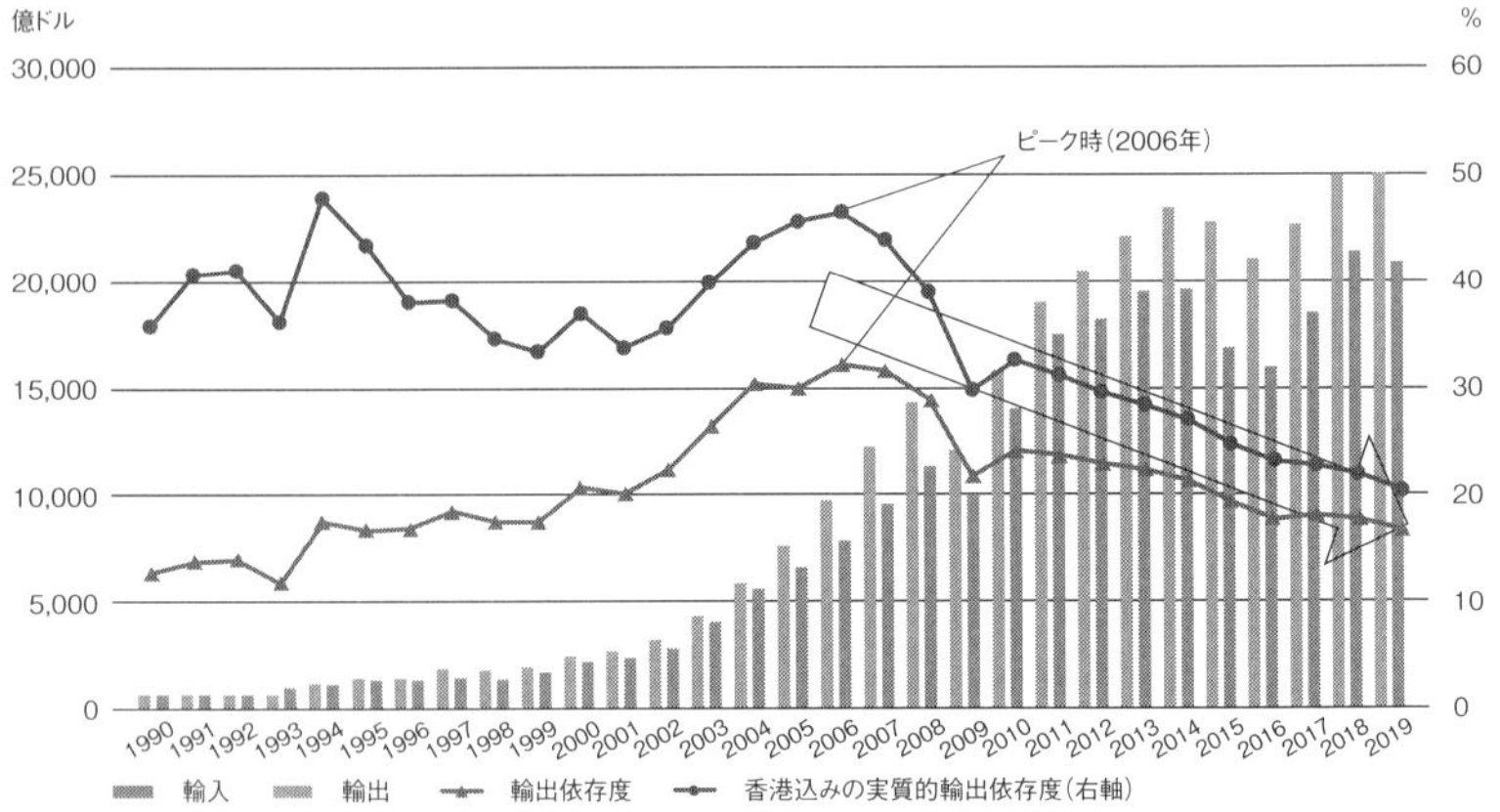

（注）香港の輸出額の98%を中国の輸出とみなして計算。
（出所）UNCTAD STATより作成。

の三二・三%をピークに、リーマンショック後まで急激に低下し、その後も下落傾向が続き、二〇一九年には一六・八%でピーク時の半分近くになっている。一六・八%という輸出依存度は、世界において一二七番目で、日本の一三・六%より少し高い程度であり、台湾の五四%や韓国の三三・七%と比べてもだいぶ低い。輸出依存度が高いＡＳＥＡＮ諸国は一〇〇%超の国が多いので、それと比べるとさらに中国の数値は大幅に低い。

図4-2では、再輸出、再輸入を通じて大半が事実上中国の貿易[3]である香港の統計も含めた輸出依存度も記している。香港の輸出額の九八%を中国による再輸出（迂回輸出）として中国の輸出に計上した場合、二〇一九年の中国の輸出依存度は二〇・五%まで上がるが、それでも工業品の輸出が盛んな台湾や韓国、ＡＳＥＡＮ諸国などと比べて低い数値である。よって、香港込みで考えても、中国の

図4−3　中国の経常収支内訳とその推移

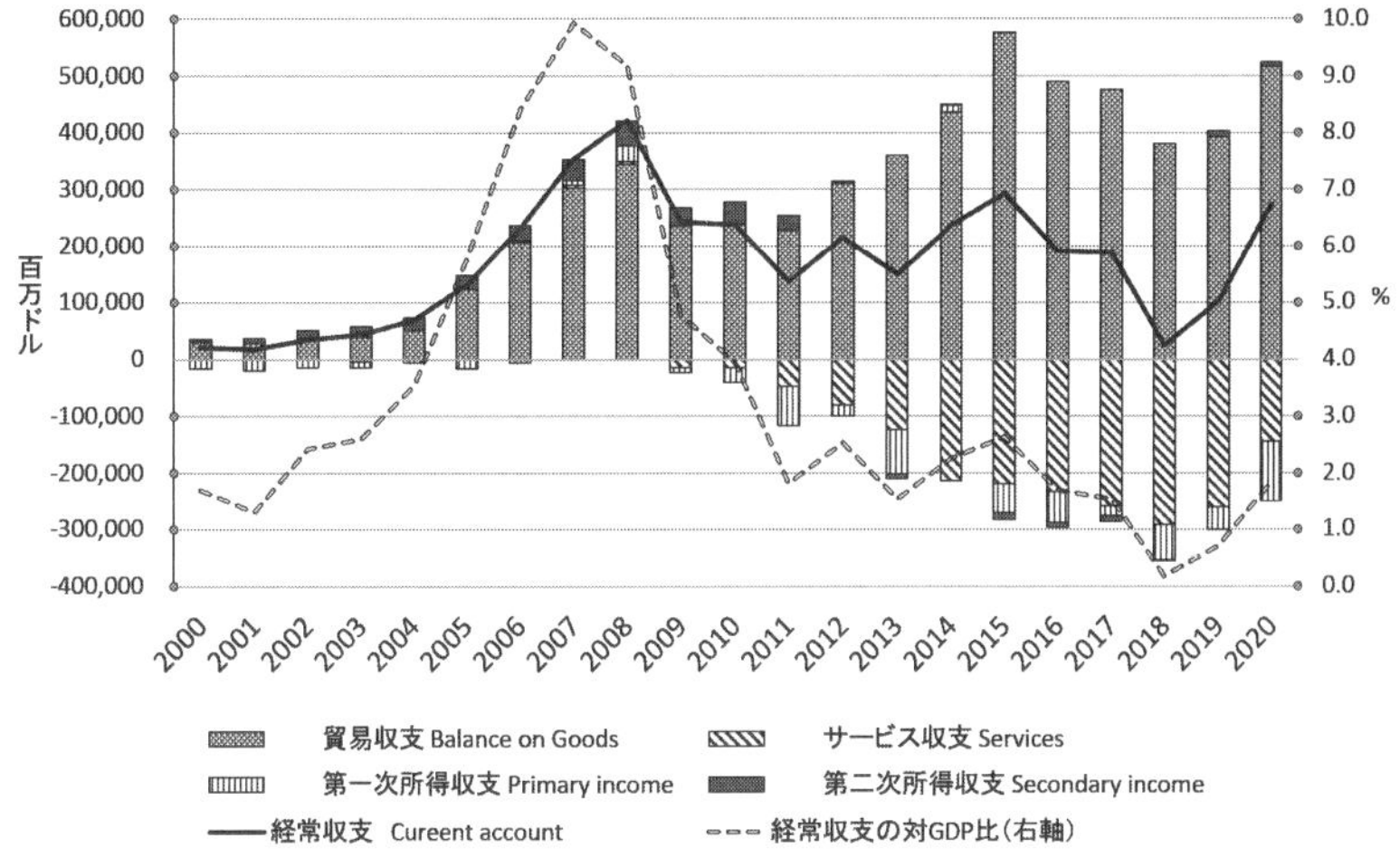

（注）経常収支の対 GDP 比のみ右軸であるが、0 の位置が左軸と違うことに注意。
（出所）ADB Keyindicatoros 2021、IMF Economic Outlook Database 2021 年 10 月版より作成。

輸出依存度は国際的にもはや決して高くなく、輸出が投資と並んで経済成長の二大牽引役であった時代は既に終わっていると言える。しかもそれは、二〇一八年勃発の米中貿易戦争の前から言えることであり、米中貿易戦争の影響により、貿易が滞ったことによる一時的な現象ではない。そもそも、米中貿易戦争勃発後も中国の輸出は減っていない。

輸出依存度の低下だけでなく、中国の海外依存度全体を見るために、経常収支の推移を見てみよう。図４−３は、中国の経常収支の項目別も含めた推移である。経常収支とは、ざっくり言えば、その国の海外との財やサービスの取引収支のことである。貿易収支、サービス収支（保険や運送など形のないものの収支）、第一次所得収支（対外資産から得られる所得で利子や配当など）、第二次所得収支（出稼ぎ労働者からの送金や国際機関への拠出金など）の四つの項目からなる。現段階の中国にとっては、貿易収支とサービス収支のシェアが大きく重要である。(4) 趨勢としては、貿易収支が大幅に黒字であり、二〇一〇年代からはサービス収支の赤字が目立ってきている。サービス収支赤字拡大の大きな要因は、中国人が海外旅行に出かけることになったことによる旅行収支の大幅な赤字である。日本との関係で考えてもそのことは容易に理解できる。訪日中国人観光客はとても多いが、逆に訪中日本人観光客はとても少ない。よって、対日では旅行収支は大幅な中国側の赤字、日本側の黒字となっている。中国では近年、その年の経常収支の赤字額と旅行収支の赤字額が近い。つまり、旅行収支を除いたサービス収支ではプラスマイナスゼロ（トントン）ということである。ちなみに、二〇二〇年はコロナ禍による異常値である。旅行収支赤字が大幅に減少し、一方で貿易黒字はむしろ少し増加しているため、経常収支としては大幅な黒字（世界一位）であり、あたかも二〇一八年の落ち込みから急回復するという結果になっている。しかし、経常収支としては二〇〇八年のピーク時から二〇一八年まで趨勢的に低下してきており、二〇一八年にはプラスマイナスゼロに近づいた。皮肉なことに、米中貿易戦争勃発後、中国の経常収支黒字は急回復している。なぜなら米中貿易戦争後も対米貿易黒字は殆ど減っていないし、コロナ禍で海外旅行に行く人が大幅に減り旅行収支の赤字が大幅に減っているからである。

しかし、ここでもっと大事なことは、グラフの右軸で見る経常収支の対ＧＤＰ比である。ピーク時は二〇〇七年であり一〇％に近い数字であったが、直近の経常収支黒字が急回復した二〇二〇年を見ても一・八％でしかない。しかもこの数字はコロナ禍による異常値であるため、その前の経常収支黒字幅が最も縮小した二〇一八年を見ると、わずか〇・二％しかない。このことは、経常収支の黒字幅の大きさ如何にかかわらず、それ自体（経常収支黒字）は中国の経済規模からすれば、大きな意味をなさなくなっているということである。つまり、中国は外国との財やサービスのやり取りよりも、国内での経済活動の割合の方が圧倒的に大きくなっており、外需依存は後退し「自立色」を強めているということである。

ここまで、中国の輸出依存度が急激に低下し、外国とのやり取りを示す経常収支の対ＧＤＰ比も急激に下がってきているというのが現状であることを考察した。そうなると、輸出で儲けるために人民元安を維持してきたが、その必要性が急激に薄まっているということであるので、管理フロート制から フロート制（変動相場制）へと転換し、人民元の国外流出とそれに伴う人民元高を容認するＸデーは近づいていると言える。もしそうなった場合、表４－１で見た人民元の国際的なポジションは必然的に大きく上がってくるだろう。

(2)「デジタル人民元」導入のインパクト

前節では、「世界の工場」として名高い中国が、輸出依存度を急激に下げ、経常収支の対ＧＤＰ比でも大幅に低下していることから、外需に依存しない自立的な経済へと変化してきていることを考察した。それに伴い、人民元安に人為的に誘導するインセンティブが薄れていることから、変動相場制への移行、またはその前段階として管理フロート制における変動幅の許容範囲を拡げていくことが予想される。それに伴い、人民元の中国国外での使用が拡がることで国際的ポジションが上がり、いよいよ人民元の米ドル覇権への挑戦という見方が出てきている。

米中覇権争いの中で、通貨覇権の争いというのは覇権争いの中でもコアな分野であり、重要度が極めて高い。

ここではまず、「通貨覇権」ということに関して考えてみよう。現在の基軸通貨は疑いようもなく米ドルであり、表4-1からもそのポジションは揺るがないように思われる。では、自国の通貨が基軸通貨であることのメリット、アドバンテージとはどんなことだろうか。四つ挙げよう。一つは、国内需要だけでなく国外需要も大きいことから多く発行できることである。しかも、貿易などで海外に支払われたドルは、ドル資産としての運用のため、ドル預金や米国債購入という形で一部は米国に還流する。二つは、貿易における為替変動リスクが少ないことだ。決済が自国通貨でなされるからだ。日系企業が貿易において円高円安を気にかけるような心配が米国企業側にはない。為替取引のコストもかからない。三つは、金融制裁での政治・外交力の行使である。ドル資産の凍結などで敵対する国にダメージを与えたり、牽制することができる。四つは、国際的な取引決済や安定した資産としての需要が大きいため、大きく価値が落ちることがない「安定性」である。これに関しては、因果関係を逆に捉えることもできる。この「安定性」ゆえに国外からも需要が大きいということだ。ブレトンウッズ体制の終焉時やリーマンショック（あるいは世界金融危機）時に一時的にドルの信用が落ちた時期もあるが、上記のような強みがある米ドルは疑いもなく世界の基軸通貨であり続けており、そのこと自体が米国の強い政治経済力を支える構図となっている。

二〇一五年のSDR入り後の人民元の国際的ポジションは上がらず、名目上「準基軸通貨」になったものの、基軸通貨ドルの覇権への挑戦などは絵空事で非現実的と思われてきた。しかし、ここにきて、デカップリングの状況下、中国人民元の米ドル覇権への挑戦がいよいよ始まるのかと思える動きが出てきている。それは、中国が二〇一九年に発表した「デジタル人民元」の導入である。それは、ちょうどフェイスブック主導の暗号資産（仮想通貨）であるリブラに米国政府が「ＮＯ」を突き付けたタイミングであった。ドル覇権を握る米国がそのドル覇権の牙城を突き崩すかもしれない民間主導のリブラの流通を抑えようとしているタイミングで、導入されれば主要国としては初となる中央銀行発行のデジタル通貨（ＣＢＤＣ）の導入を急ピッチで進めている。[5]

中国政府はこのデジタル人民元の導入により、ゆくゆくは米ドル覇権に挑戦することを明言している。まずは、「一帯一路」経済圏での貿易取引や金融取引でデジタル人民元を決済通貨として使用し広めていく方針だ。それには、一帯一路経済圏の国の協力が必要になる。国際的な送金システムとして、世界標準であるＳＷＩＦＴ（国際銀国間通信協会）から二〇一五年に導入した中国独自のＣＩＰＳ（国際銀行間決済システム）への移行を進めている中国は、手数料が低く時間もかからないデジタル通貨のメリットを生かし、周辺国にデジタル人民元を使うメリットを示し、国際決済におけるドルの牙城を崩していく算段である。

しかし、目下のデジタル人民元導入の狙いは、米ドル覇権への挑戦ではなく、「国内統制」の手段や、ＤＸ（Digital Transformation）における世界的な競争で「先行者利益」を得ていくことにあると考えられる。

国内統制の観点からは、デジタル通貨であるがゆえに、誰がいつ何に使ったか記録が残ることで、中国政府が国民を統制しやすくなるということである。今現在でも大都市部ではＱＲコード決済によるキャッシュレス化が日本よりはるかに進んでいて、この分野での二大プラットフォーム企業（プラットフォーマー）[6]のアリペイとウィーチャットペイの使用履歴は、国家資本主義である中国政府が入手しようと思えば容易にできる状況である。デジタル人民元は、この状況を更に国家が管理しやすいように国家自らが独占的にプラットフォーマーになろうとする試みである。誰が何を買ったかなどの履歴が分かるので思想統制にも使われるかもしれない。こうした国民の不安を和らげるためか、個人同士や一部の店舗での買い物はネットを介さずに赤外線通信で行える仕様にしている。国民の監視でいえば、思想統制よりも、人民元建ての資産が国外流出するのを防ぐ目的が大きいと推測される。また、思想統制よりも大きなメリットは、デジタルであるがゆえに、取引履歴からビッグデータが得られることである。これは、経済的な利益である。中国で無料のレンタルサイクルビジネスが大流行したのも、GPS付きの自転車から得られる使用者の移動に関するビッグデータを入手し、それを欲しがる企業に売って利益を出すというビジネスモデルが成立するからであった。中国のDXは日本のそれよりもずっと進んでいる分野が多い。

GAFAの市場独占とそれを利用した競争阻害や節税が世界的に問題になっているが、GAFAへの規制を強めすぎると、ライバルである中国企業で同じ業態のBATH（Baidu, Alibaba, Tencent, Huawei）を利する結果になるという懸念もある。それだけ、世界ではデジタル分野でも米中の覇権争いが熾烈になってきている。ここにデジタル人民元の導入で中国政府自らが参入し、先行者利益を確保しようとしている。この動きに日米欧は危機感を募らせ、欧州では近い将来デジタルユーロの導入を目指すことが決まった。欧州のデジタルユーロ導入は対中脅威論からだけではなく、米ドル覇権への挑戦という側面もある。日米はまだそこまでは踏み込んでいない。特に日本ではデジタル円の導入に関して勉強会が始まったばかりである。

当面、中国はデジタル人民元の試験的運用を繰り返しながら、「国内統制」とデジタル分野での先行者利益を追求し、それがうまくいけば、一帯一路経済圏を「デジタル人民元経済圏」にしていき、ドル覇権への挑戦をしていくだろう。それは、現在のデカップリング状態という米中の政治・外交的対立が緩和したとしても、「経済覇権」争いとして続いていくだろう。

5　おわりに

これまで人民元のドル覇権への挑戦に関して考察してきた。それは決して絵空事ではなく既に始まっている。米中覇権争いの状況次第ということはあるが、仮に両国の外交上の対立が緩和したとしても、最重要の経済分野での競争という観点から通貨覇権争いは避けられないだろう。

本章で考察してきたように、人民元のドル覇権への挑戦に関して、機は熟しつつある。デカップリング前から外需依存度を弱め自立志向を強めてきた中国であるが、同時に「同盟国」を増やし米国陣営に対抗しようとする動きを強め、それが一帯一路経済圏形成のような形で現れている。その中国陣営の経済圏を大きくする際に、米ドル覇権は大きな障害であり、そこを切り崩す必要がある。その際の中国側への追い風は、世界的なＤＸの流れである。デジタル人民元の導入により、米国ドルとの国際的ポジションの大きな隔たりを短期間で縮める大きなチャンスが訪れているといえよう。

日本は米中覇権争いの中で、新疆綿の扱いのようなセンシティブな問題に対して、現実的にはどっちつかずの対応をとらざるを得ない状況である。また、ＤＸの進行においても周回遅れの感が強い日本は、米中覇権争いを政治面として慎重に扱うだけでなく、経済面でも注意深く分析し、場合によっては両国を出し抜けるように競争相手として見なさなければならない。米中通貨覇権争いの中でも、EUが米ドルの覇権弱体化を虎視眈々と狙っているように。そのためにはデジタル庁創設のような政府の動きよりも民間主導でのイノベーションがカギとなるだろう。

注

（1）一方で、二〇一四年から一六年にかけて中国の外貨準備高は八〇〇〇億ドルも減少したことが話題になった。一ドル＝一一〇円で考えると八八兆円分の減少である。これには二つの要因がある。一つは資本逃避である。習近平政権の汚職取り締まりにより、富裕層中心に国外逃亡を図る動きがあり、資本が国外流失したというものである。二つ目は、景気減速と資本逃避に伴う元安圧力に対して、人民銀行が外貨準備を使って「ドル売り元買い」介入したためにドルが減ったということである。つまり、長期で見れば「元売りドル買い」介入を続けているが、この時期に限っては逆の介入をしたということである。

（2）ブレトンウッズ体制とは、一九四四年締結のブレトンウッズ協定に基づく戦後の国際通貨体制のことである。戦前のような為替ダンピング競争（通貨の切り下げ競争）による混乱を防ぎ、国際通貨体制の安定を図るものである。それを実現すべく、ＩＭＦ（国際通貨基金）とＩＢＲＤ（国際復興開発銀行。いわゆる「世界銀行」）が創設された。

（3）再輸出、再輸入とは、自由貿易港としての歴史がある香港を経由（迂回）しての実質的な中国本土の貿易のことを指す。なぜ、香港を迂回するのかというと、香港は他国との貿易においてほとんど関税がかからないからである。よって、貿易統計などでは、中国と別に国であるかのように香港の統計が記されている。

（4）日本にとっては、第一次所得収支が重要であり、日本の経常収支が黒字なのは、第一次所得収支の大幅黒字によるところが大きい。東日本大震災前までは貿易収支黒字も大きかったが、原発を止めて化石燃料（石炭、石油、天然ガス）による火力発電が多くなることに伴い、貿易収支での大幅黒字は見込めなくなった（赤字の年もあるし、黒字の年でも黒字幅は小さい）。

（5）主要国でない場合は、既に中央銀行発行のデジタル通貨は存在する。カンボジアの「バコン」やバハマの「サンドダラー」で、いずれも二〇二〇年一〇月から運用を開始している。他にもいくつかの小さい国が試験的に運用を開始している。

（6）プラットフォーマーとは、その分野における業界標準のビジネスシステムを構築・提供する企業のことである。例えば、日本のネット通販業界でいえば、アマゾンジャパンや楽天がそれにあたる。デジタル分野ではいかに早くこのプラットフォーマになるかが競争上極めて重要であり、GAFAという巨大プラットフォーマーが世界を席巻しているのは周知の事実である。日本のヤフージャパンとLINEが経営統合したのも、こうしたGAFAのような巨大プラットフォーマーに単独では太刀打ちできないという危機感からである。

参考文献

石川淳一『習近平の中国経済――富強と効率と公正のトリレンマ』ちくま新書、二〇一九年。

遠藤誉『米中貿易戦争の裏側――東アジアの地殻変動を読み解く』毎日新聞出版、二〇一九年。

遠藤誉、白井一成『ポストコロナの米中覇権とデジタル人民元』実業之日本社、二〇二〇年。

木内登英『トランプ貿易戦争――日本を揺るがす米中衝突』日本経済新聞社、二〇一八年。

木内登英『決定版　デジタル人民元――世界金融の覇権を狙う中国』東洋経済新報社、二〇二〇年。

胡鞍鋼・鄢一龍・唐嘯・劉生龍・段景子『2050年の中国――習近平政権が描く超大国100年の設計図』日本僑報社、二〇一八年。

榊原英資『世界を震撼させる中国経済の真実』ビジネス社、二〇一五年。

戸田裕太『米中金融戦争――香港情勢と通貨覇権争いの行方』扶桑社新書、二〇二〇年。

田中道昭『GAFA×BATH　米中メガテック競争戦略』日本経済新聞出版社、二〇一九年。

田村秀男『検証　米中貿易戦争――揺らぐ人民元帝国』マガジンランド、二〇一八年。

中川コージ『デジタル人民元――紅いチャイナのマネー覇権構想』ワニブックスPLUS新書、二〇二一年。

中條誠一『ドル・人民元・リブラ――通貨でわかる世界経済』新潮社、二〇一九年。

日本経済新聞社『習近平の支配』日本経済新聞出版社、二〇一七年。

平川均・町田一兵・真家陽一・石川幸一編著『一帯一路の政治経済学：中国は新たなフロンティアを創出するか』文眞堂、二〇一九年。

益尾知佐子『中国の行動原理――国内潮流が決める国際関係』中公新書、二〇一九年。

参考WEB

ADB *Keyindicators for Asia and the Pacific Series*
https://www.adb.org/publications/series/key-indicators-for-asia-and-the-pacific
BIS Statistics
https://www.bis.org/
IMF Balance of Payments Statistics(BOPS)
https://data.imf.org/?sk=7A51304B-6426-40C0-83DD-CA473CA1FD52
World Economic Outlook Databases
https://www.imf.org/en/Publications/SPROLLS/world-economic-outlook-databases#sort=%40imfdate%

20descending
COFER（Currency Composition of Official Foreign Exchange Reserves）
https://data.IMF.org/?sk=E6A5F467-C14B-4AA8-9F6D-5A09EC4E62A4
SWIFT News and Events
https://www.swift.com/news-events
UNCTAD UNCTADSTAT
https://unctadstat.unctad.org/EN/

松石達彦

第5章　ギグ・エコノミーの拡大は労働生産性を下げるのか——中国の事例

1　はじめに

本章では、中国で急拡大しているギグ・エコノミー（中国語で「零工経済」、以下「零工経済」と表記する）が労働市場にもたらす影響について検討する。その際、「零工経済」を概観する統計データは公開されていないので、これを多く含む第三次産業部門に着目し、その拡大と労働生産性を検証する。さらに「零工経済」の実態について先行研究を整理しながら考察する。

中国では近年、第三次産業部門の就業者数が急増している。この急増は世界的な傾向と比較してもとりわけ早い増加のペースである。図5－1に、中国と同程度の東アジアの中所得国に属する国の中でも比較的経済規模の大きいマレーシア、タイ、インドネシアを選び、各国の第三次産業部門就業者

図5–1　アジア主要四カ国の第三次産業就業者数が占める割合

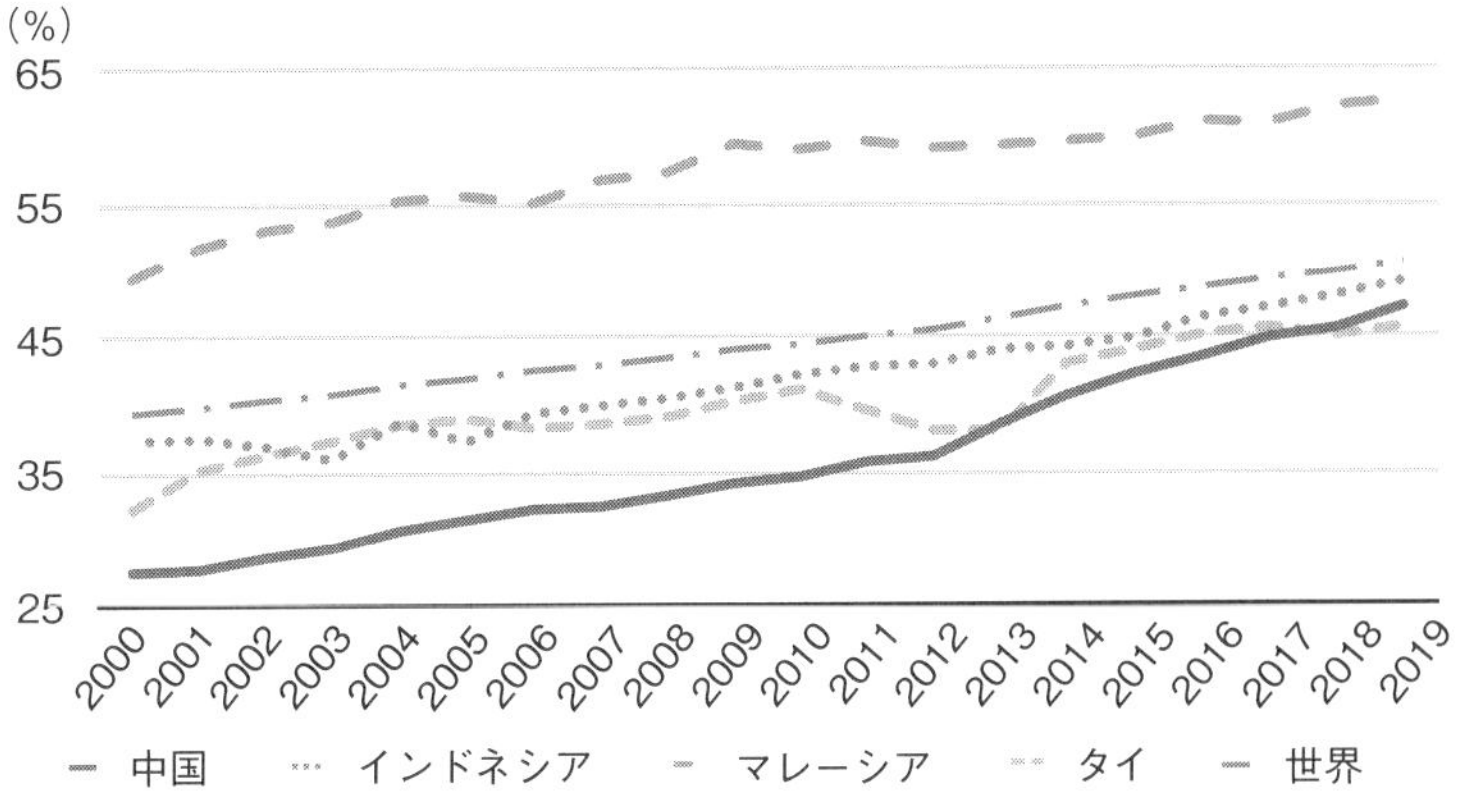

（出所）World Bank Open Data を用いて作成。

数割合の変化をみたものである。これによると、サービス業の割合は各国で上昇する発展段階にある。マレーシアは人口規模が三〇〇〇万人程度であるが、外資受け入れに早くから積極的であったため、第三次産業部門の発展も早かった。一方中国は、工業化は改革・開放以降一九八〇年代から本格的に開始し、その後「世界の工場」と呼ばれるまでに成長したものの、マレーシアとは異なり、第三次産業部門の就業者数は世界平均を下回り、四カ国の中で最も低いレベルを推移した。ただし二〇一二年以降急上昇し、二〇一九年には四五・七%のタイを追い抜き、世界平均に迫っている。

中国の第三次産業部門では何が起きているのか。それは、非正規就業の拡大と就業形態の多様化である。これは世界的潮流と合致するが、中国の経験を議論する際には、以下の三つの視点を踏まえておくべきだろう。

第一に、中国は近年賃金水準が上がり続けており、もはや余剰労働力を豊富に蓄えている国ではない。二〇二〇年に出稼ぎ労働者数が初めて前年比で減少したほか、同年の出稼ぎ労働者の平均年齢が四一・一歳に達しており、今後も減少傾向が続くとみられている。[1] また就業者の賃金水準は、上昇しながら、都市部と農村部の間、異なる産業間、異なる地域間、そして異なるグループ間の格差が縮小しており、建国以降制度的に形成されてきた都市と農村の伝統的な二元経済構造が解消されつつあると指摘されている（Cai and Du 2011）。

第二に、中国の人口構造は、「未富先老」（豊かになる前に老いる）とよばれる、経済発展には不利な状況にある。中国は二〇〇〇年にはすでに高齢化社会（六五歳上の人口比率が七％以上）に突入した。また二〇二一年には高齢社会（六五歳以上の人口比率が一四％以上）となると予測されている。一般に、高齢化社会の段階では、すでに比較的高い経済発展水準に到達する国が多いなか、高い経済成長率を近年維持してきたとはいえ、中国の一人当たりＧＤＰは二〇二〇年に一万五〇〇〇ドルで、世界銀行による位置づけは上位中所得国の段階である。このまま「未富先老」が進めば、消費の低迷や設備投資の減少を通じた経済成長への打撃は免れない。回避の鍵は、生産年齢人口とりわけ中高年層の生産性の向上である（大泉二〇二一年）。

第三に、以上の現状を踏まえて、中国政府は、需要の側面では投資や輸出主導の成長パターンから消費主導への転換、供給の側面では、労働集約的産業による成長から資本・技術集約的産業による成長への転換、産業構造の側面では、重厚長大の第二次産業からサービス業を中心とする第三次産業への転換を加速する方針を示している。

こうした経済構造の転換期に直面するなかで、中国の第三次産業にはいかなる変化がみられるのか。本章では、（1）二〇〇〇年以降の産業構造についてＧＤＰおよび就業者数の変化の双方から確

図5-2　GDP供給項目別寄与度と工業サービス業の寄与度差

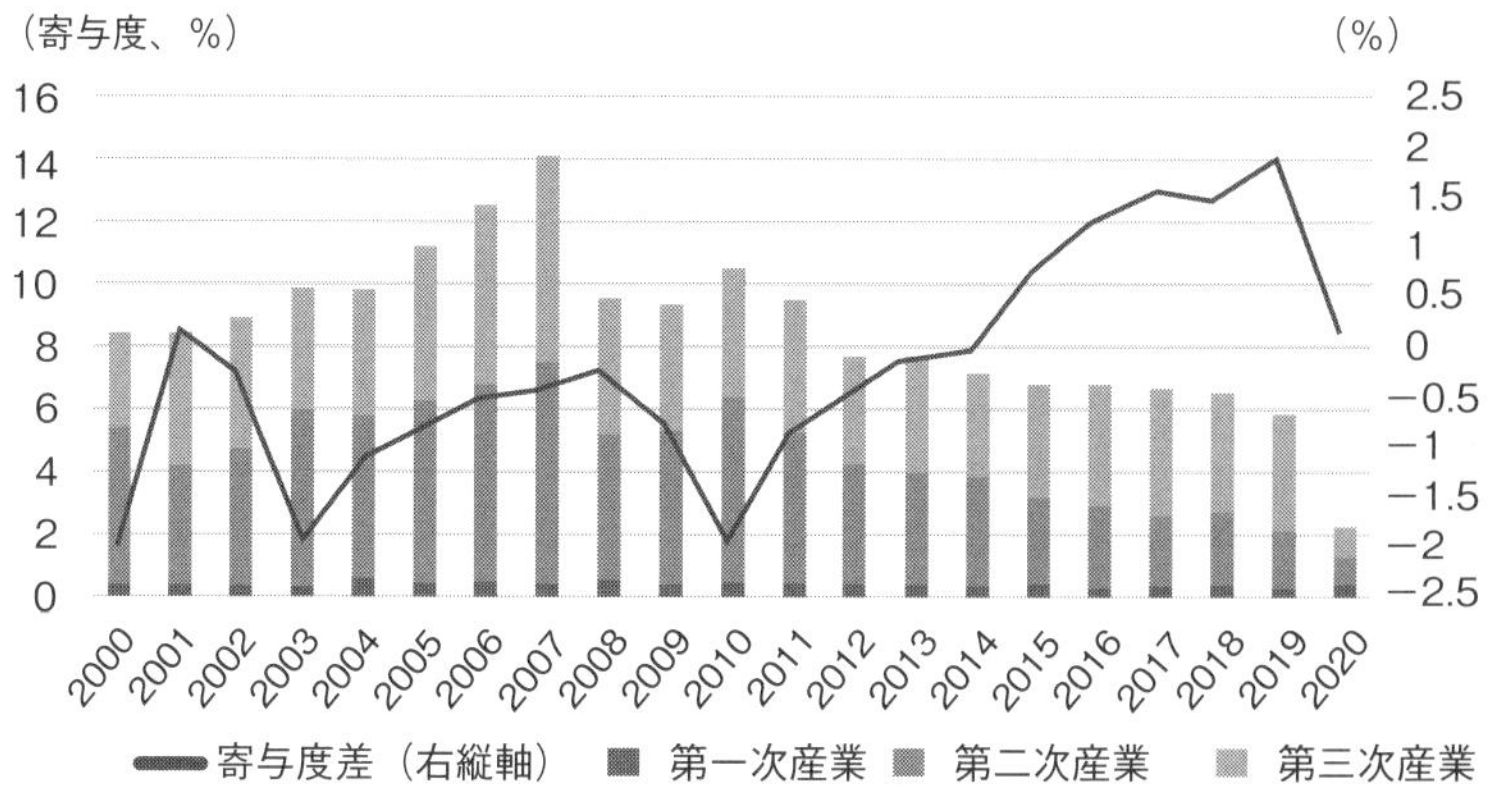

（出所）三浦（2016）を参考に作成。

認したうえで、（２）第三次産業部門の生産性の変化を分析する。さらに（３）第三次産業部門において急拡大している「零工経済」が、中国の労働市場にどのような影響を与えているのか、先行研究を整理しながら考察する。

2　第三次産業の拡大

中国では、ＧＤＰと就業構造の双方で大きな変化が起きている。まずＧＤＰによる産業構造の動向を確認しよう。図５－２にＧＤＰ成長率に対する産業別寄与度、工業とサービス業の寄与度の差をとって、どちらが成長をけん引しているかを示す。図の棒グラフは実質ＧＤＰ成長率を表す（左縦軸）。二〇〇八年に実質ＧＤＰ成長率がリーマン・ショックの影響で急落するが、この年サービス業の寄与度が工業に接近している。これは投資や工業がサービス業に比べて外的環境の変化や政

図5−3　産業別就業者構成比の推移（2000-2020 年）

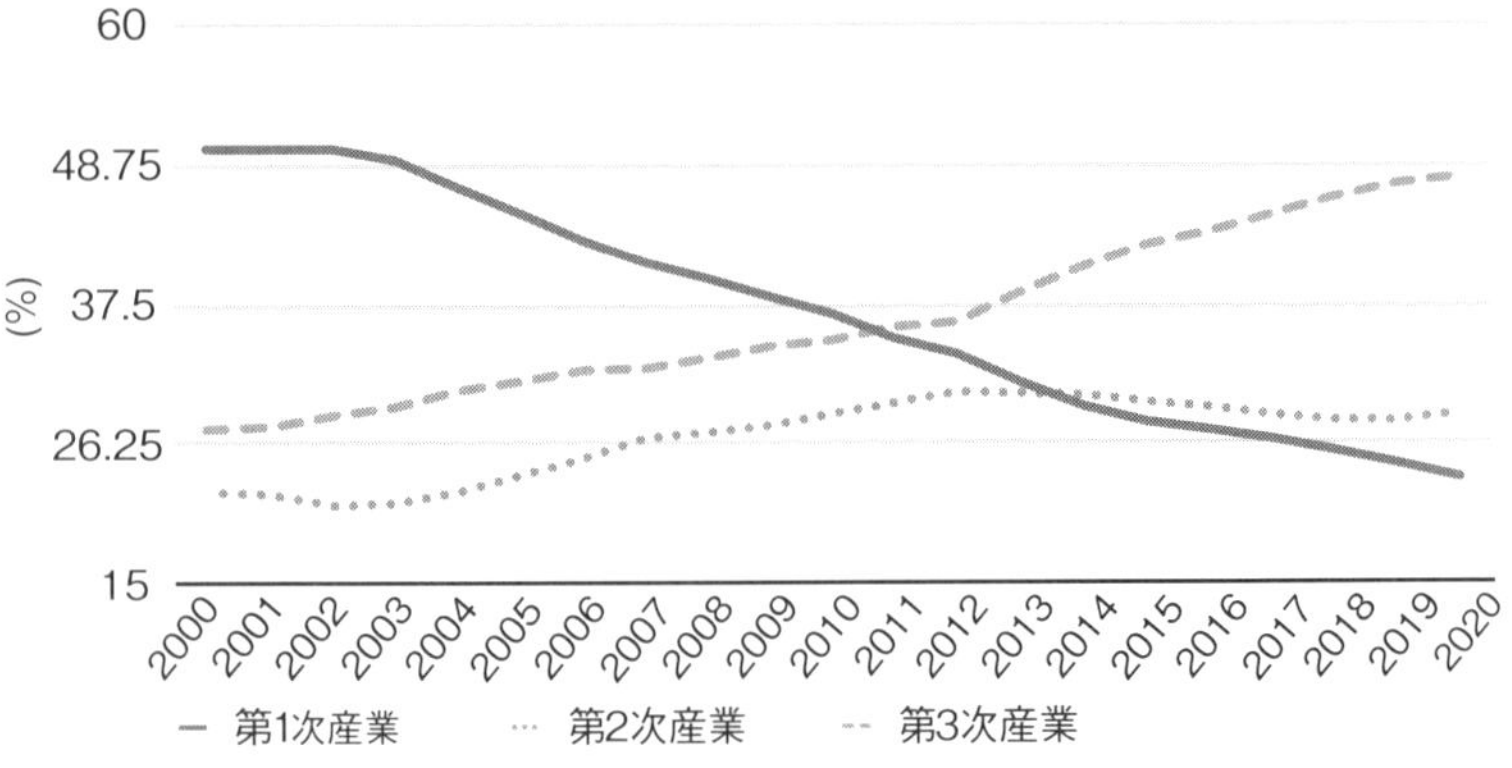

（出所）『中国統計年鑑』（2020 年版）を用いて作成。

策の影響を受けやすいことを示している（三浦二〇一六年）。二〇一〇年以降、第三次産業の寄与度は右肩上がりに上昇し、二〇一四年には工業の寄与度を上回り、さらに上昇していることは注目に値する。二〇一九年には新型コロナウイルス感染拡大の影響でサービス業も大きな打撃を受けたことが見てとれるが、この急落を一時的な現象と考えれば、中国経済は第三次産業がけん引する経済に転換したように見える。

次に、就業構造の動向である。ペティー・クラークの法則によると、経済発展に伴って就業人口は、第一次産業から第二次産業へ、さらに第三次産業へと移動する。図5－3に二〇〇〇年から二〇二〇年までの産業別就業者構成比の推移を示した。二〇〇〇年には五割を占めた第一次産業人口は、二〇二〇年までの二〇年間で一貫して低下し、第二次産業は二割強から三割弱へと約一割程度増加した。ただし、二〇一三年以降ゆるやかに低下している。第三次産業人口の割合は、同期間

図5–4　産業別就業人口の伸び率

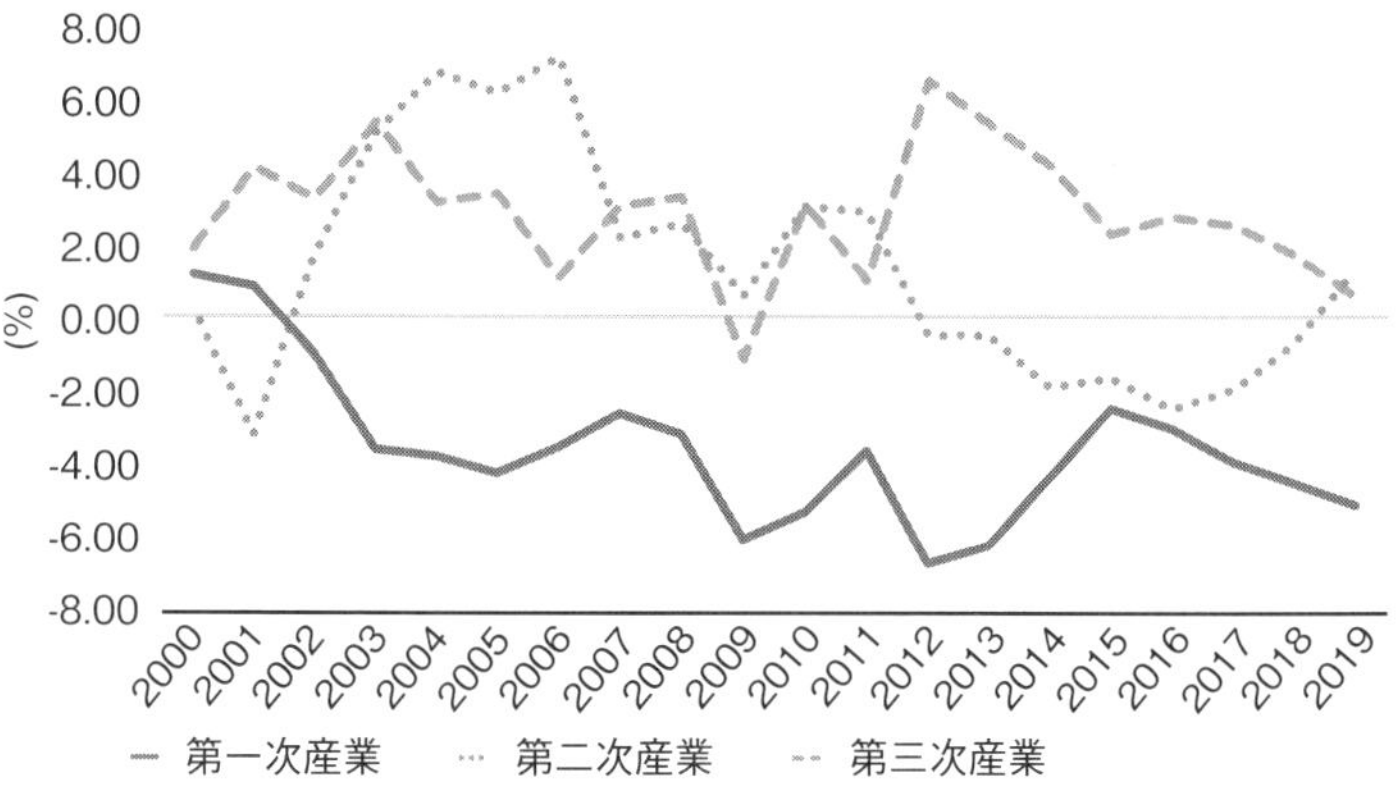

（出所）『中国統計年鑑』（2020 年版）を用いて作成。

のうちに三割弱から五割弱へと急増している。

図5－4に産業別就業人口の伸び率を示した。これによると、①第三次産業の就業人口の伸び率は一貫してプラスを維持している、②とりわけ二〇〇八年のリーマン・ショック後の数年間で伸び率は急速に高まり、その後次第に低下していることから、この期間に第三次産業は労働市場にあふれた失業者を吸収する調整弁的役割を果たしていたといえる、③一方で第二次産業は、二〇〇一年以降急速に伸び率が上昇し、二〇〇三年から二〇〇七年までは第三次産業のそれよりも高い伸び率を維持している。二〇〇一年に中国がＷＴＯ加盟を果たし、輸出工業化戦略を軌道に乗せて世界の工場として成長した時代である、④しかし二〇〇六年から第二次産業人口の伸び率は低下し、二〇一二年以降は第一次産業人口の伸び率とともにマイナス基調にある。

3　労働生産性の変化と類型化

生産性の低い第一次産業から生産性の高い第二次と第三次産業への労働力の移転は、経済全体の生産性を押し上げる。中国はこれまで、余剰労働力が多く生産性の低い農業部門から生産性の高い非農業部門への移転を通じて生産性を上昇させ、高い経済成長を実現してきた（蔡昉等一九九九年）。近年は中国もルイスの転換点を超えたとされており、労働移動や労働力の適正配置による生産性の向上には限界があることから、産業の高度化が急がれている（都阳二〇一四年）。

一般に、第一次産業の労働生産性は第二次産業、第三次産業のそれよりも低く、また第三次産業の労働生産性は第二次産業とりわけ製造業のそれよりも低い。前述のとおり中国では、第二次産業の労働力の割合は低下し、第三次産業のそれは急速に上昇している。これによって、サービス業の労働生産性はさらに低下するはずである。もともと生産性が高かった部門の生産性が向上し、生産性が低い部門の生産性が低下する可能性がある。以下確認していこう。

（1）労働生産性の変化

労働生産性とは、各産業が生み出した付加価値（実質ＧＤＰ）を当該産業の就業者数で除したものである。三浦（二〇一六年）は、労働生産性の伸び率の分析を通して、第二次産業の労働生産性は二〇〇〇年代半ばに人的資本の投入量の増加によって低下したことをデータで示した。その背景とし

図5–5　産業別にみた労働生産性の推移

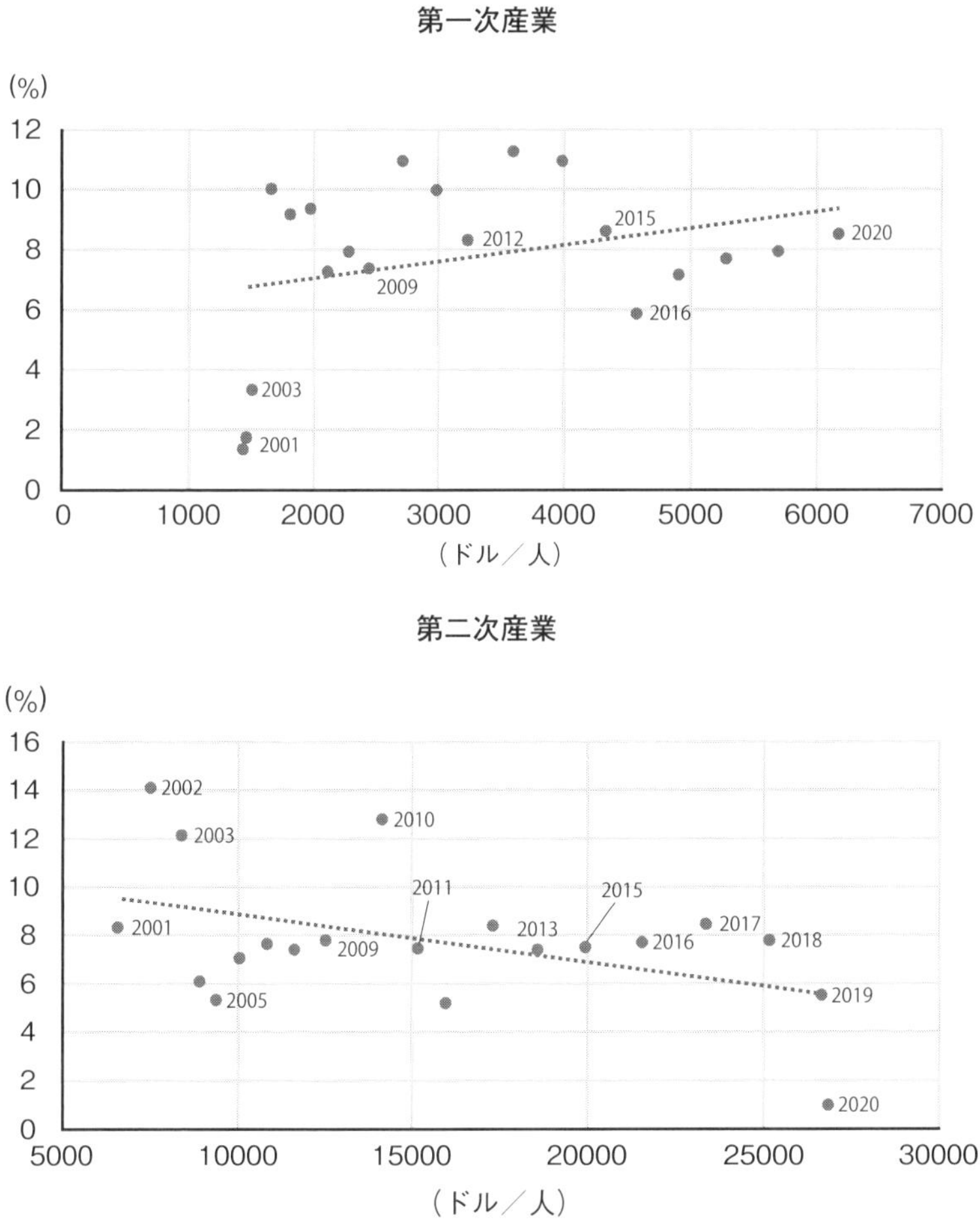

第三次産業

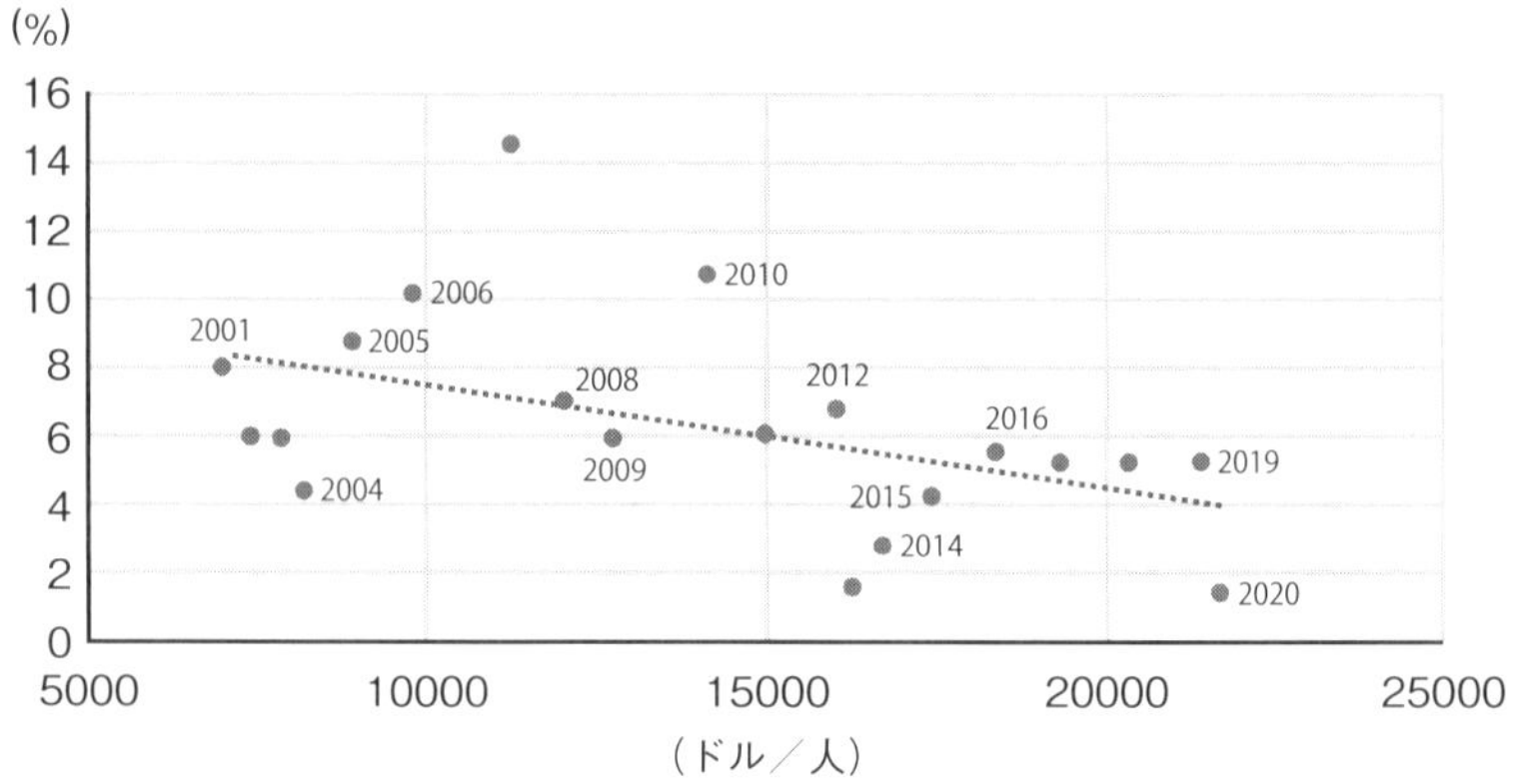

（出所）『中国統計年鑑』2020 年版、2000 年版を用いて作成。

て、第三次産業が雇用の調節弁として二億人超を吸収したためと指摘している。

ここでは、二〇〇〇年から二〇二〇年までの労働生産性の変化を明らかにする。図5－5は産業別にみた労働生産性の推移である。横軸に労働生産性を、縦軸にその伸び率をとり、各産業の成長軌道をみる。図のプロットは基本的に時間の経過に従って左から右に読んでいく。

これらの図によると、第二次産業、第三次産業の労働生産性の水準は第一次産業に比べて高いものの、伸び率はゆるやかに低下している。特に二〇二〇年には新型コロナウイルス感染症の拡大によって、第二次産業、第三次産業ともに伸び率は急低下している。一方、第一次産業の労働生産性の水準は低いものの、二〇年間を通して伸び率は次第に増加しており、二〇二〇年には八％強と、第二次産業、第三次産業のそれの八倍程度に達している。

図5–6　労働生産性の分母・分子の変化パターン

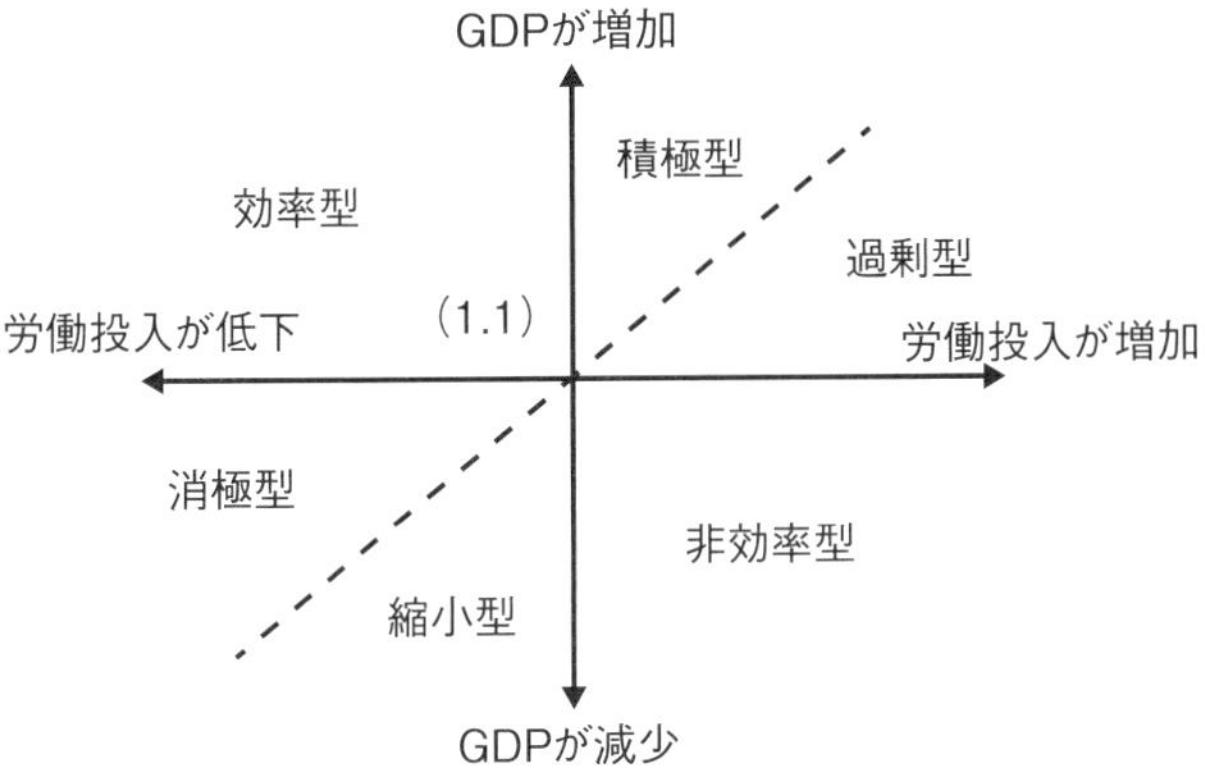

（出所）滝澤・宮川（2018年）。

(2) 労働生産性低下の類型化

労働生産性の低下について、もう少し詳しくみていこう。第三次産業のいかなる業種が労働生産性を低下させているのか。ここでは労働生産性の分母と分子の変化パターンを六種類に分類してその変化の特徴整理した滝澤・宮川（二〇一八年）を援用して、業種別の動向を考察する。滝澤・宮川（二〇一八年）によると、労働生産性の分母と分子の変化のパターンは効率型（労働投入量を減らしつつもＧＤＰ産出量の増加を実現した結果生産性が向上）、積極型（労働投入量を増やしつつ、それ以上にＧＤＰ産出量が増加する）、消極型（ＧＤＰ産出量が減少しているがそれ以上に労働投入量が減少しているために生産性が向上）、過剰型（ＧＤＰ産出量の増加を労働投入量の増加が上回る結果生産性が低下）、非効率型（労働投入量の増加がＧＤＰ産出量の増加につながらず生産性が低下）、縮小型（労働投入量の減少によってＧＤＰ産出量の減少をカバーできず生産性が低下）に

図5–7　労働生産性の分母と分子の変化による類型

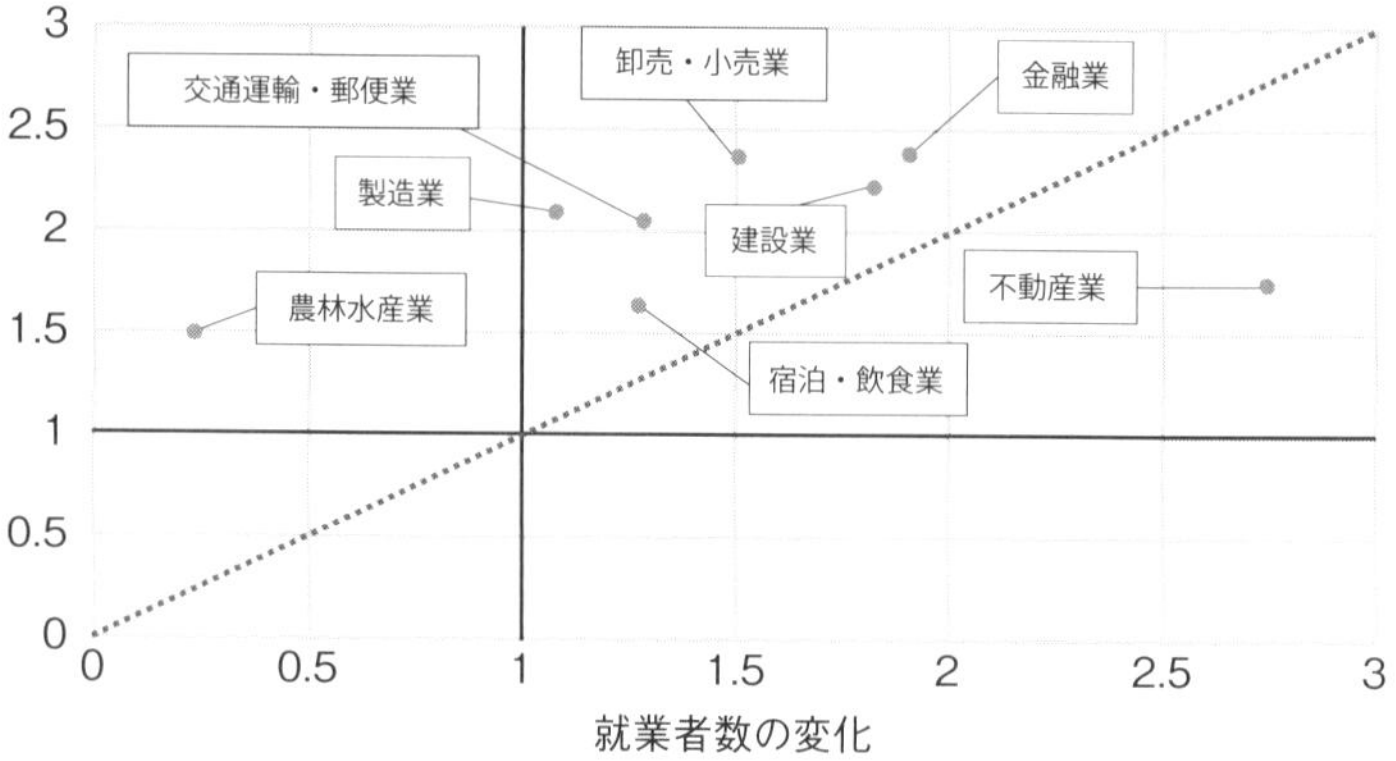

（出所）『中国統計年鑑』（2020年）を利用して作成。

分けられる。データの制約上、分析基準年を二〇〇九年とし、二〇〇九年の労働投入（分母）とGDP（分子）を一とすると、分析対象年である二〇一九年の労働投入とGDPは、基準年に対する割合として図5－6のように示される。労働生産性はGDP産出量÷労働投入量で産出されることから、四五度線より上にあるとGDP産出量の伸び率が労働投入量を上回り、生産性が向上したことになる。

以上の枠組みを援用して『中国統計年鑑』に記載されている都市部の業種別実質GDPと都市部の業種別就業人員数を利用して分子の実質GDPの変化（二〇一九年÷二〇〇九年）を縦軸に、分母の就業者数の変化（二〇一九年÷二〇〇九年）を横軸にとる形でプロットした（図5－7）。これによると卸売・小売業や製造業などの業種では、労働投入量（ここでは都市就業者数）を増やしつつ、それ以上の割合での実質GDPの増加によって、「積極的に」生産性を向上させている。

また農林水産業は、労働投入量を削減しつつも、実質GDPの伸びを実現した「効率的」な生産性向上を果たしている。唯一、増加させた労働投入に見合わないGDPの伸びを経験したのは不動産業である。これは、不動産が他の消費財に比べて実態経済を反映しにくい特徴をもつこと、二〇〇七年に物権法が制定されて都市化にともなった農地（使用権）の市場化が本格化したこと、そして農村戸籍者の都市移転政策による住宅市場の活況が多くの就業者を引き寄せたことが背景として指摘できる。

これらの結果は、二〇〇九年からの一〇年間においては、不動産業以外の業種では、労働投入以上の実質GDP産出が存在したことを示唆している。就業者数の増加という面では共通しているが、業種によって生産性は異なる状況を示しており、とりわけ出稼ぎ労働者や失業者等を多く吸収していると思われる卸売・小売業や宿泊・飲食業の生産性が「積極的な」生産性向上を達成している事実は注目に値する。その背景には、いかなる取り組みがあるのだろうか。

4 「零工経済」の拡大と労働生産性の関係

第三次産業の就業者数増加と、近年中国で急速に拡大している「零工経済」（ギグ・エコノミー）は切り離せない関係にある。ギグ（Gig）とは、そもそも、九二〇年代における米国のジャズ等のライブ・ハウスで、即席でその場限りの演奏者を求めて一緒に共演することを意味した。近年は、「単発の仕事や日雇い」を指す言葉として使われることが多く、さらにインターネットのプラットフォームを通じて単発の仕事を依頼したり請け負ったりする働き方の総称として用いられている。(3) 中国にお

表5-1　ILO 調査結果（2018 年）

性別	男性 7 割程度
年齢層	25 ～ 27 歳の層に集中している。未婚者が 6 割を占める
教育水準	中学校未満が 1 %弱、中学校卒が 6 %、高校・専門学校卒が 6 %、大学卒業が 30%以上
本業の有無	8 割弱が本業あり
副業の業種	プラットフォームを利用しない業種が 8 割弱
戸籍	農村戸籍者が 25% を占める
参入の動機	経済的動機。高収入が得られるから

（出所）Chen（2021）を参考に作成。

いてはＱＲコードを利用したオンライン決算サービスの爆発的な普及も、これを後押しした。具体的な職業には、それまで存在していた運搬屋、家政婦、修理屋がモバイルアプリ通じてサービスを提供するようになった従来型もあれば、配車サービスなどのようにこれまで存在しなかった単発の新規型の仕事もある。以下では、「零工経済」に関する先行研究を用いて第三次産業の労働生産性との関係を考える。

（1）「零工経済」の実態

「零工経済」の就業者数に関する体系的な公式統計はないが、中国政府による関連報告では約二億人に達している（中国政府網二〇二一年五月一三日）。二〇二〇年の中国の就業人口は約七億五〇〇〇万人であることから、就業者の三・五人に一人がギグ・ワーカー（中国語で「零工」、以下「零工」と表記する）である。

中国では「零工」の就業実態を明らかにするために、多くの調査研究が実施されている。ここではＩＬＯが二〇一八年に都市部で実施した調査結果を整理しよう（表

表5－2　美団配達員フェイスシート（2019年）

性別	男性が9割程度
年齢層	20～40歳が83.7%を占める
就業時間	約60%が4時間以内
学歴	中卒37.5%、専門学校卒24.3%、高卒18.6%
収入	30%が5000元以上、50%は家計の主要な収入
前職	工場労働者18.6%、販売員14.3%、自営業14%

（出所）人力資源社会保障部網（2020年）より作成。

5－1）。

表5－1から以下の点が指摘できる。第一に、「零工」は農村戸籍者が四分の一を占めており、「農民工」（出稼ぎ労働者）を多く含む。第二に、一方で、大卒以上が三〇％以上をしめており学歴が極めて高い。すなわち高度な技術を持った専門職の参入も少なくないと考えられる。第三に、興味深いことに、八割程度が副業として「零工」に従事している。三浦（二〇一六年）においてインフォーマル就業は失業者の調節弁の役割を果たす点が示されているが、ILOによる上述の調査では失業による調節弁というよりは、本業の収入不足分を補填するためという意味合いが強い。失業者の最後の砦というよりは、就業者が広く手軽に参入している様子が見てとれる。

一方で、オンライン食品デリバリー大手である美団の配達員は、上述の「零工」のフェイスシートとは、学歴や副業の点で異なる。美団が行った配達員調査結果（以下、美団レポートと表記する）によると、配達員の学歴は低く、若年層が八割以上を占める。工場労働者、販売員、自営業者からの転職が多い。また、比較的に高い収入を得ており、家計の主要な収入源すなわち本業とする者が半数を占める（表5－2）。

美団レポートでは、美団プラットフォームを通じた就労による貧困緩和への貢献が強調されている。美団プラットフォームを通じて収入を得た配達員総数は二〇一九年に三九八万人に達し、前年比で二三・三％増加した。そのうち、六・四％を占める二五・七万人が貧困ライン以下の貧困者であった。このうち二五・三万人が美団配達員としての就労によって貧困から脱却したという（人力資源社会保障部網二〇二〇年）。

これらの二つの調査結果から浮かび上がる「零工」の像は全く異なる。この違いはどのように理解するべきだろうか。参入障壁に着目するならば、「零工経済」は、配達員に代表されるような参入障壁の低い仕事の従事者と、専門的な技術を必要とする比較的高い参入障壁をもつ仕事の従事者との双方を含んでいるといえる。ここで前者の仕事の代表例であるフードデリバリーが飲食業従事者に含まれると仮定すると、図5－7の分析からフードデリバリーも「積極的な」生産性の向上に貢献したといえる。フードデリバリーはどのようにして労働生産性の向上をもたらすのか。フードデリバリーが市場に出現する前には、竹の棒などを使う担ぎ屋や店舗による出前は存在した。しかし、デリバリー専業の配達員はバイクを用いて待機し、スマホアプリなどＩＣＴプラットフォームを用いて稼働率を高め、店舗側は料理の提供に専念できることから、配達員と店舗は分業によって生産性を高められる。ちなみに顧客は、外食や自炊に比べて食事にかける時間を最小限にし、生産活動時間を増やすことも可能である。

こうしたメカニズムによって、二〇〇九年以降フードデリバリーに多くの労働力が流入したにもかかわらず、余剰労働力となることなく、むしろ飲食業全体の生産性向上に貢献した。

(2) なぜ今「零工経済」か

中国では、近年幅広い学術分野で議論が活発に展開されている「零工経済」であるが、単発で仕事を請け負う就業形態は古くから見られた(郑・杨二〇一九年)。なぜ今「零工経済」に注目が集まるのか。背景には以下の三つの理由が挙げられよう。

第一に、インターネットとモバイル技術が目覚ましい進展を遂げた。様々なアプリを通じて単発で仕事を提供する需要側と、労働力を提供する供給側を素早くマッチングさせるという点で、インターネットとモバイル技術の進展は、「零工経済」にとって極めて有用であった(『人民日報』二〇一五年八月二一日)。二〇二一年六月までに、中国のインターネットユーザー数は一〇億一一〇〇万人に達し、そのうち九九・六%がモバイルインターネットユーザーである。デジタル経済分野で働く就業者は一億九一〇〇万人で、総雇用人口の二四・六%を占める。中国のデジタル経済規模は二〇二〇年末に三九・二兆元に達しており、GDPの約四〇%を占め経済成長の重要なエンジンになっている(『人民日報海外版』二〇二一年一一月一九日)。中国政府も積極的に関与している。二〇一五年に「〃互聯網+(インターネットプラス)〃行動を積極的に推進することに関する指導意見」、「電子商取引の大いなる発展による経済の新原動力の育成加速に関する意見」など電子商取引の強化と発展のための方針を相次いで示し、モバイルインターネットを利用した「零工経済」やシェアリングエコノミーの健全な発展を促している。

第二に、二〇〇八年のリーマン・ショックによって、また二〇二〇年には新型コロナウイルス感染症の拡大によって失業者が急増した。失業者の多くは専門的な技術や学歴を必要としない「零工経済」

に参入し現金収入を得ている。失業者が配車サービスの運転手に転職した事例や、新型コロナウイルス感染症拡大による移動制限に直面した旅行者が、旅行先で美団のデリバリーライダーとして働き始めたというような事例は、様々な媒体で多数紹介されている（『工人日報』二〇二〇年七月一七日）。

第三に、二〇一四年から本格的に実施されている「新型都市化政策」により増え続ける都市就業者の就業対策の側面もある。李克強首相は二〇二〇年七月二二日の国務院の会議で、都市化を進展させるためにも、インターネットのプラットフォームを利用した「零工経済」の空間の拡大を強調している。中国政府は二〇一四年三月一六日に「国家新型都市化計画（二〇一四〜二〇二〇年）」を発表し、都市化率の引き上げを目指した。都市インフラの建設や戸籍制度の改革を通じて、農村戸籍者の希望者には都市戸籍を与えて都市への移転を認めるというものである。実際に戸籍が開放されたのは、主に中西部地域の中小都市と限定的であったが、二〇二〇年末までに一億人が農村から都市へと移転したという（『中国社会科学報』二〇二一年四月二〇日）。都市への移転者に十分な仕事を与えるためにも、政府は「零工経済」の就業環境の整備を積極的に打ち出すのである。

5　おわりに——第三次産業の労働生産性の今後

一般に、第三次産業の労働生産性は就業者の増加にともなって低下するが、中国では二〇〇九年から二〇一九年の一〇年間に限定する限り、就業者は増加の一途をたどったにもかかわらず、不動産業以外の業種で生産性の向上が認められた。これは中国でこの時期に浸透したＩＣＴプラットフォームを利用した「零工経済」の拡大が背景にある。

中国において、第三次産業の「零工経済」は、都市化の過程で急増する都市住民の就業先として一定の役割を果たしてきた。近年のインターネットやモバイル技術の発達は、「零工経済」の拡大を後押し、多様な就業先を提供した。「零工」は、失業者を吸収する労働市場の調節弁としての役割を果たすだけではなく、本業の収入不足分を補うための副業としての場であり、専門的な技術をもつ高学歴の就業者が収入を追求できる機会をも提供している。

目下増加しているのは参入障壁の低い仕事の従事者である。例えば、フードデリバリーは、従来運び屋として出稼ぎ労働者が従事してきた仕事が形を変えたものである。ICTプラットフォームの利用によって稼働率を上げて生産性の向上を実現した。

高齢化の進展によって生産年齢人口が減少しつつある中国が経済成長を持続させるには、労働生産性の向上が不可欠である。ICTプラットフォームの浸透は、飲食業の労働生産性をも向上させたが、必ずしも持続的とは言えない。本章で例としてとり上げたフードデリバリーは、たとえ仕事の効率化が進んだとしても、一人が一日当たりの食事に費やす金額が大きく変わらない限り、市場規模のパイは今以上に増えることはないのである。

注

(1) 国家統計局「2020年農民工観測調査報告」より。

(2) 世界銀行は、世界一四六カ国・地域を所得水準に応じて以下の四つのグループに分類している。低所得国（二〇二〇年の一人当たりGNIが一〇四五ドル以下の国・地域）、下位中所得国（二〇二〇年の一人当たり

ＧＮＩが一〇四六～四〇九五ドル以下の国・地域）、上位中所得国（二〇二〇年の一人当たりＧＮＩが四〇九六～一万二六九五ドル以下の国・地域）、高所得国（二〇二一年の一人当たりＧＮＩが一万二六九六ドル以上の国・地域）。

（3）「零工経済」の含意について、郑・杨（二〇一九年）は以下の六点を指摘している。①分業が進展する、②インターネットを通じてアクセス可能な人々が仕事を発注・受注できるので、物理的距離の制約がない、③就業者側は、就業時間を固定せず、柔軟に就業できる、④企業内の組織管理がフラット化・社会化する、⑤企業は、柔軟に外部の人材を利用できるので利益の最大化を追求できる、⑥「零工」は高度な専門的技術を強みにその付加価値を高めるようになる。

（4）二〇一九年に**ZBJ.com**（猪八戒威客网）、**EPWK.com**（一品威客网）、680.com（时间财富网）の三プラットフォームを利用する就業者に対して「问卷星」（オンラインサーベイプラットフォーム）を用いてサンプリング調査を実施した。サンプルサイズ１０７４。

参考文献

・日本語

大泉啓一郎「中国に迫る「未富先老」　加速する少子化」『日経新聞』二〇二一年七月二九日。

関志雄「始動する中国における第14次五ヵ年計画」https://www.rieti.go.jp/users/china-tr/jp/210415kaikaku.html、二〇二一年一一月一日参照。

滝澤美帆・宮川大介「産業別労働生産性の国際比較：水準とダイナミクス」RIETI Policy Discussion Paper Series、二〇一八年四月。

三浦有史「サービス業は中国経済を救うか」『環太平洋ビジネス情報ＲＩＭ』二〇一六年、16（61）、九五－一一九頁。

・中国語

美团研究院「2019年及2020年疫情期间美团骑手就业报告」二〇二〇年五月一六日。https://www.docin.com/p-2356898556.html、二〇二一年一一月二〇日参照。

蔡昉「人口转变、人口红利与刘易斯转折点」『经济研究』二〇一〇年第四期、四－一三頁。

蔡昉「谨防数字经济时代的劳动力〝内卷〟」『上海企业』二〇二一年第八期、六一－六二頁。

蔡昉・王德文「中国经济增长可持续性与劳动贡献」『经济研究』一九九九年第十期、六二－六八頁。

陈君「零工经济〝时代已来〟」『今日中国』二〇二一年第四期、四九－五一頁。

都阳「劳动力市场转折、新技术变革与城乡融合发展」『人民论坛・学术前沿』二〇二一年第二期、二八－三五頁。

都阳「劳动力市场变化与经济增长新源泉」『开放导报』二〇一四年第三期、三一－三五頁。

曲欣悦「特殊时期、一批农民工选择打零工救急」『工人日报』二〇二〇年七月一七日。

郑祁・张书琬・杨伟国「零工经济中个体就业动机探析－以北京市外卖骑手为例」『中国劳动关系学院学报』二〇二〇年第五期、五三－六六頁。

郑祁・杨伟国「零工经济前沿研究述评」『中国人力资源开发』二〇一九年第五期、一〇六－一一五頁。

中国政府网「李克强主持召开国务院常务会议 决定将部分减负稳岗扩就业政策期限延长到今年底 确定进一步支持灵活就业的措施等」二〇二一年五月一三日。http://www.mohrss.gov.cn/SYrlzyhshbzb/rdzt/zyjntsxd/zyjntsxd_xdjz/202105/t20210513_414519.html、二〇二一年一一月一日参照。

中国政府网「发展零工市场、高校毕业生等群体从事个体经营给予创业补贴」二〇二〇年七月二三日、http://www.gov.cn/zhengce/2020-07/23/content_5529404.htm、二〇二一年一一月一〇日参照。

人力资源社会保障部网站「新职业——网约配送员就业景气现状分析报告」二〇二〇年八月二六日。http://www.gov.cn/xinwen/2020-08/26/content_5537493.htm、二〇二一年一一月二〇日参照。

人力资源和社会保障部「新职业——网约配送员就业景气现状分析报告」二〇二〇年八月二五日。http://www.mo-hrss.gov.cn/SYrlzyhshbzb/dongtaixinwen/buneiyaowen/202008/t20200825_383722.html、二〇二一年一一月一日参照。

新华网「中国数字经济规模达39・2万亿元」二〇二一年九月二六日。http://www.gov.cn/xinwen/2021-09/26/content_5639469.htm、二〇二一年一一月二〇日参照。

「深入推进以人为核心的新型城镇化」『中国社会科学报』二〇二一年四月三〇日。

「数字经济打开就业新空间」『人民日报海外版』二〇二一年一一月一九日。

・英語

Cai,Fang & Yang,Du（2011）,Wage increase, wage convergence, and the Lewis turning point in China, China Economic Review 22(4),601-610.

Yiu Por (Vincent) Chen（2021）, Online digital labour platforms in China, ILO working paper No.24.

第6章　中国の経済発展と米中貿易摩擦

1　はじめに(1)

二一世紀の世界経済は、西欧諸国から中国経済への直接投資の増大によって、規模に関して収穫逓増産業が中国経済へと移動した。

この事実によって、世界経済における比較優位産業の配置が大きく変化して「比較優位の逆転」が生じたのである。

二〇〇六年以来の米国の金融危機とそれ以後の中国経済の台頭によって、世界経済はグローバリズムの名のもとに大きく変化してきた。この中国経済の台頭がもたらす米国経済への脅威を阻止しようとする政策がトランプの「アメリカ・ファースト政策」であった。

グローバリズムが進展している今日の世界経済においては、国際分業体制の進展と国際貿易の拡大が背景にあるが、表面的には国際金融の側面についての国際化の過程として捉えられる傾向が強いということができる。

本章は、国際経済の急激な変化の状況を、国家間の資本移動と国際分業の変化に基づく国際貿易関係の進展の過程であるという側面について分析・考察を行う。

2 世界経済についての概観

最初に、本章の分析の目的に該当する期間の経済的事情について概観する。

(1) 米国の金融危機

米国経済の金融危機の端緒は、二〇〇六年一二月頃である。当時、オウンイット・モーゲージ・ソリューションやモーゲージ・レンダーズ・ネットワーク等のサブプライム住宅ローンを専門的に手掛ける比較的小規模の金融機関が、資金繰りに行き詰まり業務停止に追い込まれた。

各社は、二〇〇七年二月に相次いで連邦破産法11条（Chapter 11, Title 11 of the U.S. Code）を申請した。[2] さらに三月には、サブプライムローン分野[3]で全米二位のニュー・センチュリー・ファイナンシャルが経営破綻の可能性を理由にニューヨーク証券取引所から上場廃止を宣告され、四月、連邦破産法11条を申請した。

その後も金融機関の破綻が続出していった。二〇〇八年三月にベアスターンズの救済のためにＪＰモルガン向け資金供与が行われ、二〇〇八年九月一五日に連邦住宅抵当金庫（ファニーメイ）と連邦住宅貸付抵当公社（フレディマック）の国有化が行われた。この一週間後にリーマンブラザーズが経営破綻し、米国の金融危機が顕在化したのである。[4]

(2) 中国経済の発展

中国経済が国際社会の中で存在感を大きくしたのは、米国がこの金融危機に直面した時期である。中国は「世界の工場」であるとみなされるようになった中で、経済成長を加速させ、二〇〇七年頃にはＧＤＰでドイツやフランス、イギリスを追い越して世界第三位の経済大国となった。二〇〇八年のリーマンショックによって先進諸国の経済が低迷する中にあって、中国政府は四兆元の投資計画を打ち出して経済成長政策を実行した。その結果、二〇一〇年にはＧＤＰで日本を追い抜き、米国に次ぐ世界第二位の経済大国となって現在に至っている。[5]

(3) トランプ政権のアメリカ・ファースト政策

しかし、トランプ政権の「アメリカ・ファースト政策」とその政策により開始された米中貿易摩擦の進展によって、これまでの世界経済の様相は大きく変化しようとしている。

アメリカ・ファーストという考え方は、一九四〇年に米国で始まったものである。[6] 当時は、八〇万人の会員を持つ委員会組織（ＡＦＣ：America First Committee）であった。

当時、チャーチル英首相の要請もあって、当時の米国は救援物資や輸送用船舶の支援をしていた。

しかし、AFCは、ナチス・ドイツが欧州での占領国を拡大する中、ルーズベルト大統領による第二次世界大戦への本格参戦を押しとどめるために作られた組織であった。

「アメリカ・ファースト」の言葉の由来は、米国の経済・産業（貿易）と米国人の安全を優先するという発想にあった。欧州などほかの地域における人道的問題は重要であるが、それは米国人を優先的に考えた次の次元のものであるという考え方であった。つまり米国の選挙民を最優先する政策とのことであり、トランプ前大統領の発言の本来の趣旨なのである。(7)

このときのAFCのメンバーは、平和主義者、孤立主義者、ナチ支持者で構成されており、中心的存在が大西洋の単独無着陸横断で有名なドイツ系米国人のリンドバーグであったといわれている。

AFCができた理由は、フォードをはじめとする多くの米国企業がドイツに投資し、現地生産を始めていたからである。米国はナチス・ドイツの繁栄とともに利益を得ていたのである。しかし、AFCの活動は一九四一年一二月七日（日本時間は八日）の四日後、三国軍事同盟に基づいてナチス・ドイツが対米宣戦布告したことで急速に勢いを失くし、米国の大陸関与政策が始まったのである。

3　分業の進展と市場規模

本章は、以上の歴史的背景のもとで、二一世紀初頭の世界経済の様相を以下のような経済学の基礎的な分析方法であるアダム・スミスの「市場規模と分業の関係」の議論とリカードの「比較生産費説」によって解明しようとするものである。

市場規模と分業の関係

最初に、企業の分業の程度は市場規模によって決定されるとするアダム・スミスの議論を整理した根岸隆教授の「市場規模と分業の関係」を踏襲する。

すなわち、根岸教授は、「ある一程度の総労働者数に達すると平均労働生産性の増加率は減少してくることに注意しなければならない。その原因については、ワルラス的見解とスラッファ的見解の二つの見解について分析される」と説明する。

すなわち、ワルラス的な見解とは、

「企業は所与の不変の市場価格でどのような産出量でも販売できるため、企業の生産規模は逓増する生産費用によって制限されなければならない」(8)という見解である。すなわち、生産費用によって市場が制限されるという見解である。

しかし、根岸隆教授は、スラッファ的な見解を踏まえて企業の生産規模の制約条件を次のように述べている。

「より最近の競争に関する見解、つまり、スラッファ的な見解によると、企業の生産規模は費用によってではなく、需要の不足によって制約されるので、スミスはより高く評価されなければならない」(根岸隆二〇〇九年)。

すなわち、根岸隆教授の説明を考慮すると、企業の生産規模は生産費用によってではなく、需要の不足によって制約されるという見解である。したがって、産業に対する需要の増加は新規企業の参入を招き、各企業の生産規模を拡大させ、企業の構造においては企業内分業の構造を変化させ、生産費と生産物価格を引き下げるということである。

この分業の程度は、需要規模・市場規模によって決定されるのである。そして、その分業の内容については雇用されている労働者の質と技能、そして、生産技術の水準と機械化の程度、および、商品の品質によって決定されることを前提としている。

4 市場規模と比較優位の理論

次に、国際貿易の原因としての「比較優位の理論」の背景には、この「個々の企業が直面する市場規模とそれによって決定される分業の程度」に重要な関係があることが説明されるのである。すなわち、世界市場において市場規模を獲得した企業がその財についての比較優位を持つことになるのである。

この時、収穫逓減産業の場合の比較優位の理論においては、「生産費用によって市場が制限される」ことが前提とされているのである。

しかし、収穫逓増産業の場合には「規模の拡大とともに生産費用が低減することによって」、大規模な投資が行われた産業は比較優位を持つ産業になることが説明されるのである。

すなわち、比較優位の理論の背景として、収穫逓増産業に投下される資本規模によって、支配される市場規模が決定されるならば、国際分業における比較優位の理論は、投下資本量の大きさが決定要因となることが説明されるのである。すなわち、国際貿易を決定する大きな要因としてその産業に投資される資本規模が大きいほど、比較優位産業となり、国際貿易の輸出財産業として発展することが説明されるのである。(9)

《国際物流コストの低減効果》

今日、グローバリズムの世界で多国籍化する企業は、コンテナ船の大型化や国際貿易港の近代化等の「国際物流コストの低減効果」を生かして、各国間のサプライ・チェーンを組織することによって、効率的な国際分業の進展を図ってきたのである。(9)

このような今日の国際貿易の基礎を説明する国際貿易理論は、収穫逓減・費用逓増産業を前提とした比較優位の理論である。これらは、新古典派経済学的な国際貿易論の分析方法による比較優位の発生メカニズムを考察することによって説明されてきた。

しかし、今日のグローバルな世界経済においては、国際的な巨額な資本移動と技術移転、物流コストの低減によって、比較優位の構造は大きく変化して来たのである。

5　日米貿易摩擦の背景と比較優位の理論

以上の貿易の分析は、リカードの伝統的な範式表を使って説明することができる。(10) すなわち、ポルトガルを中国と読み替え、イギリスを米国と読み替え、同時に、ワインを農業生産物、羅紗を工業生産物と読み替えることにする。

すなわち、中国（ポルトガル）と米国（イギリス）の農業生産物（ワイン産業）と工業生産物（羅紗産業）についての必要労働量の組み合わせは、表6－1のように表される場合について考えることができる。

表6−1　中国と米国との交易

	農業生産物	工業生産物
中国	80	90
米国	120	100

中国は農業生産物を一単位生産するのに八〇人の労働力を必要とし、工業生産物を一単位生産するのに九〇人の労働力を必要とする。次に、米国は、農業生産物を一単位生産するのに一二〇人の労働力を必要とし、工業生産物を一単位生産するのに一〇〇人の労働力を必要とする、と仮定する。

このとき、中国が農業生産物を一単位、米国に輸出して、$\frac{120}{100}$単位の工業生産物と交換することができる。これを中国に輸入した工業生産物の価値

$$90 \times \frac{120}{100}\text{単位}\ (>80)$$

表6−2　米国の工業生産物の生産性が上昇した場合

	農業生産物	工業生産物
中国	80	90
米国	120	80

表6−3　中国の農業生産物の生産性が上昇した場合

	農業生産物	工業生産物
中国	60	90
米国	120	100

を輸出した農業生産物の価値（80）との差額を計算すると、

$$90\times\frac{120}{100}-80=28$$

単位の利潤を得ることができる。このとき、貿易利益率は、

$$35\%\ \left(=\frac{28}{80}\text{単位}\right)$$

である。[11] ここで、輸送費用などは含まないと仮定している。

《比較優位構造が進化する場合》

一般的な比較静学分析の方法としては、①米国がより工業生産に特化し、②中国がより農業生産に特化するケースが分析される。

(1) 米国の工業生産物の生産性が上昇し、費用が低下（20）すると、表6−2のように米国の工業生産物の比較優位が進むことが説明される。

中国の農業生産物一単位と工業生産物一単位の投下労働量は以前のままであり、米国の工業生産物の技術進歩によって、必要労働量が一〇〇単位から八〇単位に減少したとすると、リカードの表は表6−2のように修正される。

このとき、中国が農業生産物を一単位米国に輸出して、$\frac{120}{80}$単位の工業生産物と交換することができる。これを中国に輸入した工業生産物の価値

$$90\times\frac{120}{80}$$

単位を農業生産物の価値(80)と比較すると、

$$90\times\frac{120}{80}-80=135-80=55$$

単位の利潤を得ることができることが説明される。このとき、貿易利益率は、

$$68.75\%\ \left(=\frac{55}{80}\text{単位}\right)$$

に上昇するのである。(12)

(2) 中国の農業生産物の生産性が上昇し、生産費用が低下(20)すると、表6－3のように中国の農業生産物の比較優位が進むことが説明される。

次に、中国の農業の技術進歩によって農業生産物一単位の必要労働量が八〇単位から六〇単位に減少した場合について考える。米国の農業生産物一単位と工業生産物一単位の必要労働量は以前のままであるとするとリカードの表は表6－3のように修正される。

このとき、中国が農業生産物を一単位米国に輸出して、$\frac{120}{100}$単位の工業生産物と交換することができる。これを中国に輸入した工業生産物の価値

$$90 \times \frac{120}{100}$$

単位を農業生産物の価値（60）と比較すると、

$$90 \times \frac{120}{100} - 60 = 108 - 60 = 48$$

単位の利潤を得ることができることが説明される。このとき、貿易利益率は、

$$80\% \quad \left(= \frac{48}{60} \text{単位}\right)$$

に上昇するのである。(13)

6 資本量の変化と技術進歩による収穫逓増産業の育成

アダム・スミスの「分業と市場規模」との関係を前提として、国際的な資本移動による企業の生産拠点の移動がもたらす国際貿易の構造の変化を、各国の比較優位の原因として再考察することが可能となる。

表6–4　中国の工業生産物の生産性が上昇する場合

	農業生産物	工業生産物
中国	80	50
米国	120	100

表6–5　米国の農業生産物の生産性が上昇する場合

	農業生産物	工業生産物
中国	80	90
米国	60	100

企業の必要労働量の逆数としての労働生産性と賃金率との関係のみならず、労働生産性の背景としての分業と市場規模、および技術力との関係を考察することが重要となる。

《急激な技術進歩によって比較優位構造が逆転する場合》

(1) 中国の工業生産物の生産性上昇

先進諸国からの集中的な投資による工場誘致の結果として、中国の工業生産物の生産性が急激に上昇して、表6－4のように、必要労働量が九〇単位から五〇単位に減少したとすると、他の条件にして等しき限り、中国の比較優位は農業生産物から工業生産物に逆転するのである。

このとき、中国は工業生産物を一単位米国に輸出して、$\frac{100}{120}$単位の農業生産物と交換して、これを中国に輸入した農業生産物の価値

$$80 \times \frac{100}{120}$$

単位を農業生産物の価値（50）と比較すると、

$$80\times\frac{100}{120}-50\fallingdotseq 66.67-50=16.67$$

単位の利潤を得ることができることが説明される。このとき、貿易利益率は、

$$33.34\%\left(\frac{16.67}{50}=\text{単位}\right)$$

に上昇する。

（２）米国の農業生産物の生産性が上昇

米国において農業生産物の生産性が上昇して、表６－５のように必要労働量が一二〇単位から六〇単位に減少すると、他の条件にして等しき限り、米国の比較優位は工業から農業に逆転して、中国の比較優位は農業から工業に逆転することが説明されるのである。

このとき、中国は工業生産物を一単位米国に輸出して、$\frac{100}{60}$単位の農業生産物と交換して、これを中国に輸入した農業生産物の価値

$$80\times\frac{100}{60}$$

単位を工業生産物の価値（90）と比較すると、

$$80\times\frac{100}{60}-90\fallingdotseq 133.3-90=43.3$$

単位の利潤を得ることができることが説明される。このとき、貿易利益率は、

$$48.11\%\ \left(=\frac{43.3}{90}\text{単位}\right)$$

に上昇するのである。

《結論》

以上で分析したように、収穫逓増産業・費用逓減産業の比較優位の理論の背景には、投下される資本量と市場規模との関係が重要な要因なのである。すなわち、国際貿易構造を決定する大きな要因と、比較優位の決定要素として資本の規模と市場規模が考慮されることが説明されるのである。

グローバリズムの世界においては、資本は国際間を自由に移動し、生産された財・サービスも国際間を自由に移動するために、資本の配置と市場規模との関係は世界的な範囲で変化している。

投下される資本規模によって、当該産業の市場規模が決定されるならば、国際分業における比較優位の理論は、投下資本量の大きさが重要な決定要因となることから、国策としての比較優位産業の形成は社会主義経済中国にとって最も重要な経済政策課題となって来たのである。それゆえに、米国経済にとって重要な課題となったのが、資本の空洞化であり、開放され過ぎた市場の問題となったのである。これが、前大統領トランプの「アメリカ・ファースト」政策の課題であったのである。

本論の分析から、現代の国際間の資本移動と多国籍企業の実態として、規模の経済性を発揮する企業・産業が開発途上国に移植され、比較優位の単純な状態が急激に変化して「比較優位の逆転」が生じることによって、今日の世界経済の状態が大きく変化する可能性が説明されるのである。(14)

7　むすびにかえて

本章の目的はでもあるが、アダム＝スミスの「資本規模と分業との関係」とリカードの「比較生産費説」という初歩的な分析手段を用いて、グローバリズムの世界における国際間の資本移動の結果として、規模に関して収穫逓増産業の国際間の移動によって「比較優位の逆転」が生じたことが説明されたのである。

二一世紀に入って、西欧諸国から中国経済への直接投資の増大によって、規模に関して収穫逓増産業が中国経済へと移動した。

この事実によって、世界経済における比較優位産業の配置が大きく変化して「比較優位の逆転」が生じたために「米中貿易摩擦」問題が発生したのである。

すなわち、国際分業の程度は国際的な資本移動によって形成される資本規模の関係によって決定されることから、二一世紀の米中間貿易摩擦の本質は、先進国諸国の中国への過大な投資とそれに伴う製造業の発展と米国の産業の空洞化によって変化して来たことが説明されるのである。

このような世界経済の状態を背景として米国は危機感のもとに、「アメリカ・ファースト政策」によって米中貿易摩擦を導いたと説明することができるのである。

このような「米中貿易摩擦」問題は、国際金融の側面からの分析だけではなく、国際分業体制の変化として説明されなければならないことが本章によって説明されたことになるのである。

《参考文献および引用》

Paul R. Krugman & Maurice Obstfeld *Internatiommal Economics; Theory and Policy* Pearson Education, inc. Publishing as Pearson Addison Wesle y.1995-2008.

Ricardo. D.［1817］,Principles of Political Economy and Taxation. The Works and Correspondence of David Ricard, ed. by Piero Sraffa, Cambridge Univ. Press, 1970, p. 128.（堀経夫訳『リカードウ全集1』雄松堂書店、一九七二年、一五〇頁）

酒井吉廣『大統領選の勝利を後押しするアメリカ・ファースト』二〇一九年一〇月二三日。https://business.nikkei.com/atcl/seminar/19/00057/102100015/（二〇二一年六月一一日閲覧）。

根岸隆『経済学の歴史』東洋経済新報社、一九八三年。

根岸隆『経済学の理論と発展』ミネルヴァ書房、二〇〇九年。

山形浩生（著）、守岡桜（訳）『クルーグマン国際経済学 理論と政策〔原書第10版〕』丸善出版、二〇一六年。

注

（1）本章は日本経済政策学会にて発表したものを一般向けに応用し作成しなおしたものである。

（2）連邦倒産法第11章とは、アメリカ合衆国連邦倒産法（Title 11 of the U.S. Code - Bankruptcy）の第11章（Chapter 11; Reorganization）のことを指し、本条項に基づき行われる倒産処理手続を指すこともある。

（3）プライム層（優良客）よりも下位の層、すなわち、サブプライム層向けとして位置付けられるローン商品をいう。

（4）ベアスターンズとは、米国5大証券の一角を担った投資銀行（証券会社）であった。二〇〇七年の米国におけるサブプライムローン問題が原因で経営が急速に悪化して、ニューヨーク連邦準備銀行が緊急融資を行い、二〇〇八年五月三〇日付けで、JPモルガン・チェースに救済買収された。

（5）このような経済成長が続けば、中国経済はやがて米国経済を追い抜き、世界一の経済大国となるかもしれないと考えられていた。

（6）本章は、酒井吉廣中部大学経営情報学部教授の論文、「大統領選の勝利を後押しするアメリカ・ファースト」二〇一九年一〇月二三日を引用してまとめている。

（7）移民の問題についても、当時の米国にはユダヤ人差別があり、これもナチス・ドイツを支援する理由になっていたのである。

（8）根岸隆『経済学の理論と発展』ミネルヴァ書房、二〇〇九年、六頁。

（9）ここで、先進国と開発途上国の賃金率格差が比較優位に与える効果については、労働価値説を前提としたリカードの「比較生産費説」の性質を考慮して無視することができる。

（10）リカードの比較生産費性は投下労働価値説である。この投下労働量には体化された労働（embodied labor）、すなわち、資本への投下量が考慮されていると考えることができる。

（11）このとき、貿易を受け身で行っている米国の貿易利益はゼロであることに注意しなければならない。逆に米国が中国に工業生産物を輸出して農業生産物を輸入する場合には米国の貿易利益は三五％であり、中国の貿易利益はゼロである。

（12）以前と同様に、貿易を受け身で行っている米国の貿易利益はゼロであることに注意しなければならない。逆に米国が中国に工業生産物を輸出して農業生産物を輸入する場合には米国の貿易利益は六八・七五％であり、中国の貿易利益はゼロである。

（13）以前と同様に、貿易を受け身で行っている米国の貿易利益はゼロであることに注意しなければならない。逆に米国が中国に工業生産物を輸出して農業生産物を輸入する場合には米国の貿易利益は六八・七五％であり、中国の貿易利益はゼロである。ここで、輸送費用などは無視している。
（14）今後の世界経済におけるサプライ・チェーンの在り方について新しい考察を行うことができる。

松下　愛

第7章　戦後国際社会下の台湾発展と日本人

1　はじめに

台湾は東アジアに位置し、台湾本島及び澎湖諸島及び金門、馬祖島等を包括する地域である。二〇二一年現在は、中華民国政府の施政下にある。人口は二〇二〇年の「二〇九年人口及住宅普査」(二〇二〇年国勢調査)によると約二三八〇万人となっている。面積は約三万六〇〇〇平方キロメートルで、これは九州とほぼ同じ大きさである。ちなみに、二〇一九年の九州七県の人口は約一二八〇万人である。

また台湾は一八九五年に日清戦争による下関条約において、中国の清朝から割譲され、約五〇年にわたって日本により統治されていた。しかし、日本による統治は、欧州列強による植民地統治とは違い、その統治方法はいわゆる内地延長主義と言われるものであり、台湾住民への教育の普及や、島内のインフラの整備が進められた。特に教育は、清朝時代には私学校が主な教育の場であったが、日本は台湾統治開始直後から、義務教育に当たる初等普通教育を開始した。そして台湾島民に対しては公学校[1]（後に国民学校）が設置されると、一九四五年には、全島に一〇九九校の初等普通教育機関が作られ、就学率も約七〇％に達した。これ以外にも高等普通教育機関や実業教育、師範教育、大学教育までも充実させた。

インフラに関しては、鉄道は清朝時代にも北部の基隆～新竹[2]におよそ一〇〇キロが敷設されていたが、日本の統治開始から一三年後の一九〇八年には、基隆から高雄までを結ぶ台湾縦貫鉄道[3]を開設させた。鉄道の敷設は一九四五年までには、官設鉄道が九〇一・二キロ、私設鉄道が二三五一・五キロに延長された。これ以外にも道路の建設、港湾の整備、飛行場建設、水利事業、河川改修、都市計画とインフラ整備を進める一方、農林水産業の拡充や衛生環境の改善等々を行い、清朝時代に「瘴癘の地」と呼ばれていた台湾は、昭和に入ると「蓬莱の島」と呼ばれるまでに発展した。

2　中華民国政府の台湾入島と日本人留用

一九四五年八月、日本政府はポツダム宣言を受諾し、連合軍に無条件降伏した。この結果、台湾は一九四三年一二月に発せられた連合軍によるカイロ宣言を根拠に、蒋介石率いる中華民国政府に返還されることとなった。中華民国への台湾返還の正式な調印は、一九四五年一〇月二五日に台北公会堂（現：台北中山堂）で行われた。これを台湾光復と呼んでいる。両国の代表者は日本代表が第一九代台湾総督兼第一〇方面軍（台湾軍）司令官の安藤利吉陸軍大将[4]で、中華民国側の代表は、台湾省行政長官公署の台湾省行政長官（行政）兼、台湾省警備総司令部の総司令（軍事）に任ぜられた陳儀[5]であった。陳儀は日本への留学経験を持つ知日派であった。また、陳儀は戦前に台湾で開かれた「始政四〇周年紀念台湾博覧会」（一九三五年）に中華民国から派遣され出席し、日本統治下の台湾の発展に驚嘆した。帰国後は、『台湾考察報告』（一九三七年）を編纂出版し、台湾の発展を高く評価している。その後一九四四年に設置された台湾調査委員会では、主任委員に任命されている。

陳儀率いる中華民国政府は、台湾入島後に台湾総督府及び日本企業や日本人の財産を「日産」として「接収員会」を作り、物的な財産の接収を行った。日本政府の所有の公的な不動産や工場はもちろんのこと、日本企業や日本人の個人財産や私財までもが接収対象とされ、日本人の台湾からの引き揚げの際には、持ち出し現金が千円に制限された。ちなみに一八九五年の日本による台湾割譲の際には、住民が中国本土へ帰国の際に私財の保証と二年間の国籍選択の猶予が与えられている。

（1）日本人の引き揚げと留用

日本降伏後、台湾地区は比較的治安も維持され、満州や中国大陸と違い台湾自体が戦場とならなかったために民間人の引き揚げが後回しにされた。しかし、日本軍の軍人の残留を好ましく思わなかった行政長官署の判断により、一九四五年一二月から翌年四月までの間に、軍人のほとんどが復員していった。民間人の引き揚げは一九四六年二月になってからで、約二カ月間で二八万人の民間人などが日本へ引き揚げた。しかし、この引き揚げで帰国できなかった日本人がいた。彼らは「留用日僑」と呼ばれ、行政長官署が接収した台湾のインフラや技術を継承するために残留させらた人達である。

一九四六年四月の時点で約七〇〇〇人が留用されていたが、留用者と共に家族が二万人程度残留していたので合計二万七〇〇〇人が台湾に残っていたこととなる。また、沖縄籍の人たちは、沖縄が戦時中にアメリカによって占領され、琉球列島米国軍政府（後に琉球列島米国民政府）の統治下となっていたため日本人（日僑）と区別され、「琉僑」とされ、およそ一万人が留用された。(6)これ以外にも台湾人との配偶などの様々な理由で台湾に残った日本人を当時は「残余日僑」と呼んでいた。

(2) 留用日本人と留用目的

留用された日本人はその多くが何らかの技術を持つ者であったが、『台湾引揚・留用記録』（第八巻）の「職域別留用者名簿」を見ると、第一民政（一三四人）、第二財政（五一人）、第三教育・警務（一九四人）、第四工鉱（三三八人）、第五農林（一三〇人）、第六交通（七二人）の六つ（計九一九人）に分類されている。この六つの分類はより詳細に分類されており、第一民政は主に旧台湾総督府の公官署に所属していた職域であるが、これは更に四三種に分類されている。その中でも多かったのが営建局（一二人）と地政局（一二人）である。第二財政は、たばこ・塩・酒の専売局の関係者であった。第三教育・警務は台湾大学関係者（八四人）が最も多く、理学院（二四人）や農学院（一七人）の関係者も多かった。留用者数が最多であった第四工鉱は、留用日本人全体の約三七％にあたり、その内訳としては糖業公司が八一人、台湾電力公司が八〇人と、この二社だけで鉱工業関係の留用者の約半数を占めている。第五農林は水産公司（四三人）が三三％占めている。第六交通では鉄路管理委員会（三八人）が最多で、残りのほとんどは基隆と高雄などの港務局の関係者であった。

この資料から、台湾省行政長官署は日本が台湾へ注ぎ込んだあらゆる技術をどん欲に吸収するために日本人を留用していたことがわかる。特にインフラの維持管理関係者や、当時砂糖・米をはじめとする農林水産物などの、台湾における高収益産業の関係者が数多く留用されていたことが顕著である。中華民国による日本人の留用期間は最も長い者が一九五七年までと、一二年間にも及んだ。最後の留用者は台湾大学（旧台北帝国大学）の磯永吉博士であった。磯は一九一二年に台湾総督府農事試験場で勤務すると、研究所を経て台北帝国大学教授を務めていたが、留用者名簿では台湾省農業試験場の総技師として留用されている。磯の台湾での功績は品種改良したジャポニカ米（蓬萊米）の生産に成功したことである。これにより、台湾の米の収穫量と味の品質が向上したことから、戦前には米の日本本土への移出が行われるようになっていた。

ちなみに、日本人の留用者の約六七％が一九四六年中には帰国できており、一九四七年には台湾島内において二二八事件[7]が発生したため、急遽留用者の引き揚げが早まった。この二二八事件によって台湾では一九四九年に台湾全島に戒厳令が布かれ、一九八七年まで白色テロと呼ばれる恐怖政治が続くこととなる。しかし、留用日本人は一九四九年までにはそのほとんどが留用解除になり帰国した。磯永吉は前述のように一九五七に最後の留用帰国者となったが、松本巍と高坂知武[8]は共に台湾大学農学部に残留し、定年まで働いている。

（３）外省人の台湾流入

このころ、中国大陸では中国国民党と中国共産党の共通の敵であった日本が降伏したために、再び両者の関係が悪化し、一九四六年になると国共内戦（第二次国共内戦、一九四六－一九五〇年）が勃発した。[9]　戦況は獲得地の地主から土地を没収し農民に分け与える戦法をとった共産党側に有利に展開し、中国本土の各地で国民党軍は敗れていった。(10)しかも、第二次世界大戦後は米国も中国の内戦には積極的な関与をさけたため、国民党政府はより窮地に立たされた。そのため蔣介石は一九四九年に中華民国政府の首都である南京が四月に陥落すると、一二月には重慶から台北へ脱出した。そして中華民国の首都を台北に遷都(11)すると、中国大陸から国民党の兵士や国民党に従った民間人が大挙として台湾へ渡ってきた。葉高華（二〇一八年）「外省人的人數、來源與分布」によると、一九五六年に実施された台湾省戸口普査から一九四五年から一九五六年の約一一年間に六四万人が中国本土から台湾へ流入している。ただし、これには軍人を含まないとされていることから、軍人を含めると約一二〇万人程度の大陸からの避難民が台湾へ流入したこととなると結論付けている。現在でもこの時の中国大陸からの流入者を「外省人」と呼んでいる。また、これに対して戦前から台湾に居住していた中華系住民を「本省人」と呼んでいたが、戦後七〇年以上経った現在では、「台湾アイデンティー」(12)が芽生えだし、自らのルーツをこえて「台湾人」と呼ぶ者が増えてきている。

（4）受け皿となった台湾総督府の遺産

これら、外省人の台湾での生活の受け皿となったのが、台湾行政長官署が接収した戦前の台湾総督府や日本人が有していたインフラや技術であった。一九四七年に発生した二二八事件によって本省人は危険分子とみなされると、粛清の対象となった。特に知識階級が政治犯として投獄されたり、秘密裏に殺害されたりするなどした。そして、代わりとして外省人を日本人や台湾知識人が働いていた地位や職位につけることで、台湾のインフラを保ったのである。この結果「軍公教」と呼ばれる軍人・公務員・教師を外省人が独占することとなった。

また、中華民国政府は「反攻大陸」（中國大陸への国土回復）のスローガンのもと、軍事力の維持のために、特に軍の高官を外省人で固めた。教育に関しては、中国語を話せない本省人（当時の本省人の言語は福建系の閩南語）に対して、国語教育（華語教育）を強化するために、外省人を初等教育の教員に充てた。公職に至っても台湾総督府の官吏が担っていた職位に外省人を充てたばかりでなく、接収された日本統治時代の企業も、国営企業として再開され始めたために、それらの企業にも外省人が優先して職位を与えられた。

こうして日本統治時代に日本人や本島人が築いた財産を外省人が接収し、留用された日本人が指導した技術を利用して、戦後の台湾の発展が始まったのである。国営企業として運営された企業には台湾糖業公司や台湾電力公司、台湾石油公司等が[13]あり、これらの企業は現在でも台湾経済の基礎を支えている。

(5) 旧日本軍人と中華民国の軍隊

中国大陸から遁走した中華民国の軍隊の再建には、旧日本軍の軍人が関わっている。特に旧陸軍の根本博中将ら数人からなる旧日本軍軍人と、富田直亮少将率いる「白団」と呼ばれたグループである。

根本は戦後、中国から復員し、国共内戦において国民党の不利の知らせを受けると、蔣介石の「以徳報怨」に報いるため、一九四九年にわずかな側近と密航により渡台した。その後、国民党軍の顧問将官林保源と偽名を名乗り、国民党軍を指揮して、共産党軍の追撃を福建省の金門島で防いだ。この根本の活躍により共産党軍による台湾攻略は頓挫し、現在の中華民国の領土を[14]保っているのである。根本はその後、一九五二年に帰国している。

また、ちょうど同じころ、共産党軍に連戦連敗中であった蔣介石は、戦時中に日本陸軍の支那派遣軍総司令官であった岡村寧次元帥に使いを出し、中国国民党の軍隊を再建するために協力を求めた。岡村の承諾により派遣された、派遣団の団長を務めたのは陸軍少将であった富田直亮であり、こうして結成されたのが旧日本軍人将校からなる白団である。白団は一九四九年から密航により台湾に渡って中華民国政府の軍隊の再建に尽力した。その期間は一九四九年から一九六九年の二〇年間にも及び、白団に関わった軍人も約八〇人にも上った。その活動は軍隊教育がその旨であり、中華民国軍隊の将校に対し、戦術的なことはもちろんのこと、後方支援や人事などの組織制度の教育にもつとめている。

この様に終戦後から台湾において、日本人が留用されたり、密航といった形で台湾へ渡り中華民国台湾の経済や軍隊の基礎を築く礎となったのである。特に農業においては台湾では米や砂糖の収穫性が高かった。しかし、終戦直後は台湾米を中国大陸に移出したため、ハイパーインフレーションを引き起こし、経済が一時的に麻痺した。その後国民党政権が台湾へ逃れてきたため、中国大陸との関係が切れたことで、台湾省政府が新たな新台湾ドル（NT$）を発行して為替レートを調整したためこの難局を脱することができた。

3　断交と蔣経国による十大建設

一九四九年、国共内戦において中国大陸各地で国民党に勝利した共産党は、同年一〇月一日に中華人民共和国の建国を宣言した。しかし、中華人民共和国建国当時は、米国や西欧諸国はこれを承認しておらず、この国共内戦に米国は、当初は内政的なものとして消極的であった。しかし、一九五〇年六月に朝鮮半島で朝鮮民主主義人民共和国（北朝鮮）が三八度線を越え、大韓民国（韓国）へ侵攻すると米国の台湾への方針も変化した。

一九四八年に欧州のドイツでもベルリンが封鎖され一九四九年には東西ドイツが分裂し、世界各地で共産党勢力の拡大が危惧されていた。そこで、米国大統領トルーマンは台湾に対して、軍事的にも経済的にも援助を再会することとした。こうして米国とソ連による東西冷戦の枠組みに組み込まれた中華民国台湾は、一九五五年に勃発したベトナム戦争でもたらされたベトナム特需の影響により、従来の農業生産体制から、軽工業分野での輸出が成長したことにより中小企業からなる工業生産体制への移行期にもなった。

(1) 国連脱退と断交

一九六〇年に、米国ではケネディ大統領による政権が誕生した。ケネディはベトナム戦争に米軍を積極的に参加させ、当時のソ連と中華人民共和国が支持するベトナム民主共和国（北ベトナム政権）を打倒すべく、ベトナム共和国（南ベトナム政権）を援助した。このためベトナム戦争は激化し中ソ対米国の代理戦争の様を呈してきた。

しかし、この戦争に米国内では派兵当初から反戦的な雰囲気が漂っていた。その後、一九六九年には米国内で大規模な反戦集会が開かれたりして、厭戦ムードも漂うようになった。

こうした中、一九七一年に米国は突如いわゆる「ピンポン外交」を突破口として、米中間の軍事的な緊張の緩和が一気に加速した。そして翌年に「ニクソン・ショック」(第一次)と言われる、米国大統領ニクソンによる訪中が実現したことにより、米中が急接近したのである。

また、同じころ国連においても中国代表権を中華民国から中華人民共和国へ移行するいわゆる「アルバニア決議」[15]の採択によって、中華人民共和国が中国代表となり常任理事国入りした。この決議に反対した中華民国は国連と関連機関から脱退した。

中華人民共和国は国連加盟と同時に「一つの中国」を各国に提唱し、中華民国との断交を迫った。その結果、日本とは一九七二年に、米国とは一九七九年に中華人民共和国と国交が開かれ、中華民国とは断交することとなった。[16]

(2) 蔣経国の登場

こうした中、一九七五年に、中華民国の総統であった蔣介石が死去した。蔣介石は在任中に死亡したために、この時点では副総統であった厳家淦が繰り上げで総統に就任したが、一九七八年任期満了と共に、総統の座を蔣介石の長男であった蔣経国が継承した。

蔣経国は青年期にソ連への留学経験を有していたが、中国の国共内戦の影響で、人質同然の生活を強いられ、鉱山や工場で働かせられるなど、特異な経歴を持った人物であった。一九三七年の国共合作によって、中国に帰国してからは国民党政権下で役職を歴任している。中国大陸から遷都した中華民国政府は実質国民党の一党独裁の政権であり、国民党も事実上蔣介石の私物と化していた。蔣経国は蔣介石の在任中(生存中)に、中華民国の継承者になるべく政治はもちろんのこと軍や特務といった職位を歴任していた。そして、一九七二年に行政院長に就任した。もともと蔣経国は中国統一派であったが、国連脱退による各国との断交による国際社会からの孤立化や、米国政府の反対によって、このころから大陸反攻に対する諦めが見え始めていた。それは、蔣経国が行政院長就任以降に、台湾各地の視察を積極的に行うようになったことや、台湾国内の産業構造の改革と新たなる外貨の獲得へ向けて、台湾島内への資本の投下を始めたことからも推察される。

そして、それまで農業や下請け工業が中心の軽工業主体であった台湾産業を重化学工業化するために、一九七三年一一月から六カ年計画となる十大建設という国家プロジェクトを開始したのである。

(3) 十大建設

十大建設とは①南北高速公路(現:中山高速公路)の建設、②北迴鉄路の建設、③台中港築港、④蘇澳港の拡張、⑤中正国際空港(現:台湾桃園国際機場)の建設、⑥鉄道の電化(西部縦貫鉄道の電気化)、⑦大鋼鉄廠(鉄鋼産業の推進)、⑧大造船廠(造船業の推薦)、⑨石油化学工業の推進、⑩原子力発電所の建設の一〇項目からなる。①から⑥まではインフラ建設事業で、⑦から⑨は重化学産業の育成、⑩は新たなるエネルギー源の確保を狙った計画であった。

具体的には、①南北高速公路(中山高速道路)と呼ばれる南北縦貫高速道路(正式名称は国道一号線)は、基隆から高雄までの約三七〇キロ間の台湾の各主要都市を結ぶ高速道路である。一九七一年起工し、一九七八年に開通した。

②北迴鉄路は台湾東部の蘇澳から花蓮の約七〇キロ間の鉄路建設のことである。この場所は海岸線の崖に阻まれた土地で、日本統治時代に臨海公路(現:蘇澳公路)という道路は建設されていたが、鉄道は未完成のままであった。一九七三年に着工し、一九八〇年に開通した。これにより台湾全島が

図7−1　台湾島内の主要都市および十大建設と科技園区の位置図

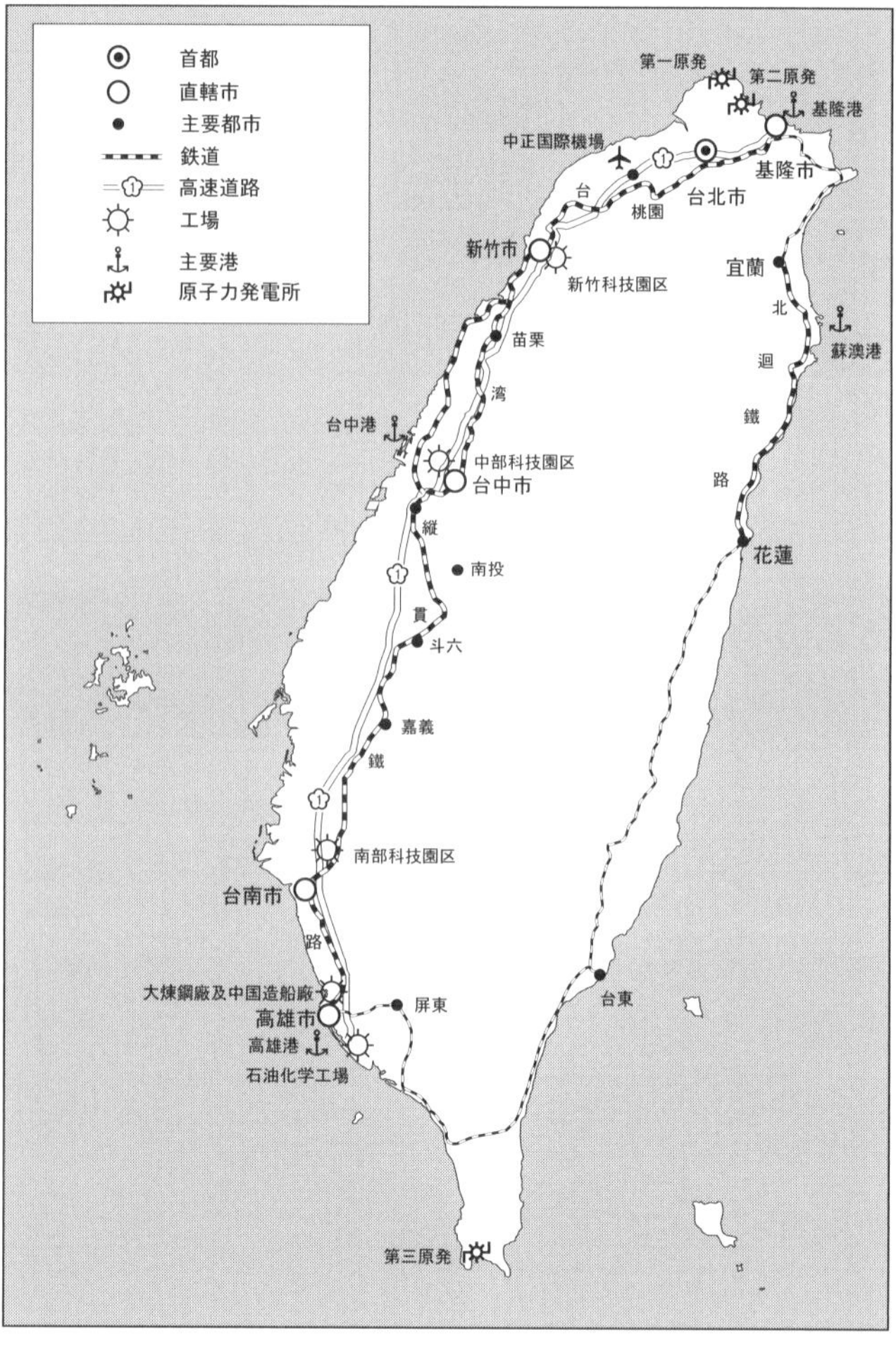

(筆者作成)

鉄道により環状線化した。

③台中には、もともと梧棲港という漁港があったが、台湾中部という地理的に好条件な位置にあったため日本統治時代には新高港という名での築港計画があった。しかし、太平洋戦争の勃発により頓挫していたものが、十大建設により復活させたのである。築港は一九七三年から施工され、一九八四年に第一期工事が完成している。その後、最終的には二〇〇六年に第三期工事が完了し現在に至っている。

④蘇澳港は台湾東北部に位置する港で、もともと水深も深い天然の良港であったので、日本統治時代から漁港として使用されていたが、統治末期には貿易港として整備する計画もあった。よって、ここも太平洋戦争の影響で計画が頓挫していたものを、十大建設で基隆港の補助港として使用するために拡張されたのである。一九七五年に工事が施行され、一九七八年に第一期工事が終了し、一九八三年に第二期工事が終了している。

⑤中正国際空港は、一九六〇年代の経済成長により、それまでの台北市郊外に立地している松山空港ではキャパシティが保てなくなると判断され、一九七四年から当時隣接していた空軍桃園基地に隣接した場所で工事が開始された。一九七八年に完成し、翌年から運行が始まっている。開港当時は東アジア最大の空港で、蒋介石の名から中正国際機場と名付けられたが、二〇〇六年に脱中国化（台湾本土化運動）を目指す陳水扁総統の時代に台湾桃園国際機場（以降、桃園空港に略）に改名された。桃園空港は世界的な新型コロナウィルス感染の流行前の二〇一九年には空港利用者数は年間約四八七〇万人に達し、貨物輸送量も二〇二〇年には年間約二三四二万トンになっており、アジアにおけるハブ空港の役割を担う拠点空港となっている。

⑥鉄道の電化は、従来の蒸気機関車やディーゼル機関車では発着の遅延やラッシュに対して増便に困難が生じたことから一九七三年から基隆から高雄間に高架を設置し一九九〇までに台湾縦貫鉄道の全線が電化された。

⑦大鋼鉄廠は高雄市に建設された台湾最大の製鉄会社で中国鋼鉄有限責任会社（以降、中鋼に略）である。この製鉄所の建設は、⑧の中国造船公司の建設とセットであり、一九七七年に第一期工事が完成し、日本へも製品が輸出された。一九八二年には第二期工事が完成している。二〇〇五年には鉄鋼の生産量が世界で第一九位となった。

⑧大造船廠は台湾の重工業化を推し進める政策の一環として鉄鋼生産と鉄鋼資材の加工を目的として、高雄市に中国造船公司を設立し中鋼とセットにして、鉄鋼コンビナートを建設した。中国造船公司は日本統治時代に基隆市に設立された台湾船渠株式会社がその前身であるが、戦後に接収されてしばらくは台湾造船公司として基隆で造船がおこなわれていたが、広大な敷地を確保できた高雄の小港区に中国造船公司と改名されて建設された。

⑨旧高雄市市街地の北部に位置する仁武区と大社区に跨る仁大工業区と、同市南部に位置する林園区に石油化学プラントを建設する計画で、中国石油公司（以降、中油と略す）とを中心にプラスチック工場や化学工場か集積させた。仁大工業区に隣接する楠梓区には、日本統治時代に海軍の第六燃料廠が立地しており、一九四六年に行政公官署に接収されると高雄錬油廠となって、石油の備蓄がされていた場所であった。仁大工業区は一九七一年から一九七五年までに整地され、石油化学やプラスチック工場のみならず、金属や電子部品工場なども進出している。林園工業区は一九七五年に完成しているが、ここは⑦の大鋼鉄廠や⑧の中国造船公司と隣接しているため一大臨海コンビナートを形成

している。

⑩原子力発電所（以降、原発と略す）の建設は、それまでの台湾の電力は水力発電と石炭や石油による火力発電が主な電力供給源となっていたが、オイルショックなどの影響により、石油に代わる新たなエネルギーの創出を目指して計画されたもので、台湾島内に三か所の原発が建設された。第一原発は台湾北部新北市で、一九七一年に建設が開始され一九七九年から商業営業が開始されたが、二〇一八年に運航停止となっている。第二原発も新北市で一九七四年に建設が開始され一九八一年から商業営業が開始されている。第三原発は台湾南部の屏東県で一九八一年に建設が開始され、一九八四年から商業営業が始まっている。

これら十大建設による新たな基礎インフラの整備や産業の育成によって、雇用の創出と、経済成長が進んだ。一九七四年には一％台だった経済成長率が二年後の一九七六には一三％を超えるほどの大きな影響を与えた。ただし、運悪く一九七〇年代の二度にわたるオイルショックの時期と重なったため、特に重化学工業の推進という点では民間企業が鉄鋼業から撤退するなど不完全なものとなった。

しかし、南北縦貫高速道路や桃園国際機場の建設、台中港の築港などの基礎インフラの建設によりアジア四小龍[18]と呼ばれるまでに経済的な成長を成し遂げ、一九八〇年代から始まるハイテク産業の発展へつながっていった。

4 民主化以降の台湾中部の発展

蔣経国は台湾のインフラと経済発展に寄与したほかにも、国民党一党独裁体制から台湾民主化へのプロセスを導く糸口を作っている。

蔣経国は行政院長に就任したころから台湾の地方を積極的に巡回するようになり、台湾史跡の保護や各地に図書館や博物館などの文化施設を建設するなど、台湾文化へのアプローチを開始した。そして、蔣経国は一九七八年に中華民国総統に就任するが、この頃には糖尿病などの病を患い、一九八〇年ごろにはまともに政務を執ることもできない状態となっていた。しかし、一九八四年の総統への再任時には本省人である李登輝を副総統に任命し、一九八七年にはそれまで続いていた戒厳令を解除している。そして、その直後に「我在台湾住了四十年、是台湾人、当然也是中国人」(「台湾在住四十年、これは台湾人であり、もちろん中国人でもある」)といった発言を残している。一九七八年に米中が国交を正常化したことや、翌七九年に米国国内で「台湾関係法」[19]が制定されたことによって、中国統一が困難になったことを察したことからの行動だったのではないかと考えられる。

(1) 台湾の民主化

こうした中、台湾島内においてもそれまで続いた国民党による一党独裁体制に不満を抱く民衆も現れだし、一九八六年に初めての野党となる民主進歩党(以降、民進党と略す)が結成された。そして、一九八八年蔣経国が死去すると、副総統であった李登輝が本省人で初めて中華民国総統の座に就いたのである。

李登輝は日本統治下台湾の生まれで、京都大学でも学んだ経験を有し、日本語も堪能で自ら「二二歳までは日本人だった」と述べるほどの人物で、中華民国の脱中国化を目指し、日本統治時代の台湾総督府を再評価した人物でもある。李登輝は総統の一期目の任期を終えると、一九九〇年の二期目の総統選出において、それまでの国民大会内[20]の選挙で選出されていた総統職を、国民による普通直接選挙制によるものとした。ついで一九九一年には国民大会と立法院を解散して議員を普通選挙によって選出することとした。一九九二年の立法院の選挙では野党であった民進党が躍進し、二〇〇〇年の総統選挙では民進党の陳水扁が国民党以外からの初の総統に選ばれた。また一九九八年には台湾省議会[21]が凍結され、二〇〇五年には国民大会が凍結された。

(2) ハイテク産業の隆盛と台中の発展

台湾が民主化する一方で、産業にもまた変化が生まれてきた。一九八〇年にはハイテク産業育成のため政府主導（科技部）で台湾北部南辺の位置に新竹科技園区（サイエンスパーク）を建設し、主に半導体や集積回路、精密機器に特化した人材及び技術企業の育成を目指した。同パークは二〇二一年現在では新竹県及び新竹市、苗栗県、桃園県等にも園区が拡大し、一大サイエンスパークを形成している。また同パークは五三〇社の企業と、一五万人超の雇用を創出している。ついで、一九九七年からは台南市に南部科技園区を建設し、二〇〇一年からは高雄市にも同パークを増設している。そして、二〇〇二年からは台中市を中心に中部科技園区が建設され始めた。これと並行して、一九八七年からは第二縦貫高速道路（フォルモサ高速公路、国道三号）が、二〇一三年からは東部高速道路となる蒋渭水高速公路（国道五号）も建設されており、国道三号が二〇〇四年に、国道五号が二〇〇六年に全線開通している。そして、これらの三つのサイエンスパークはこの高速道路に接する場所に立地している。

これは陳水扁総統の時代（二〇〇〇～二〇〇八年）に「三個第三（三つの三つ目）」すなわち、三つの直轄市に三つのサイエンスパーク、三つの国際空港という都市発展計画を作成し実行したものである。これらの政策により台湾はシリコンアイランドとなった。そして、特に資材輸出入のための貿易港や、人材確保や半導体などの製品輸出用の国際空港を有し、利便性が高かったことから台中市が急成長することとなった。台中市は二〇一七年七月には人口が二七七万八〇〇〇人を超えて、それまで第二都市であった高雄の人口を追い越した。また、二〇一六年に米国でトランプ政権が誕生すると、米中貿易摩擦の解消法を巡って、米中関係は急速に悪化した。これに対して台湾半導体生産の大手である台湾積体電路製造（以降、台積電と略す）は米国側につくことを表明した。二〇一八年に起きた徴用工問題で日韓関係が悪化すると、フッ素化合物輸出管理の運用見直し問題などにより、世界の半導体生産の五四％を体積電が占めることとなった。体積電は二〇二一年現在、台中等のサイエンスパークに新たな工場建設を計画している。また、二〇一九年から始まった新型コロナウィルスの流行や二〇二〇年の香港民主化運動の中国の対処問題等で、中国大陸からの台湾人人材や資本の台湾回帰も始まっており、現在台湾は空前の半導体景気に沸いている。この半導体景気の影響を最も受けているのが台中市なのである。

（3）外国人労働者の流入と少子化

ハイテク産業の好景気に沸く台湾であるが、これらハイテク工場の生産ラインで働くなどの第二次産業に対する労働者の不足は深刻となっている。その原因の一つが、子供の高学歴化が顕著なことである。台湾では大専院と呼ばれる高等教育機関への在学率が七一％（二〇一八年台湾教育部統計）[22]となっており、第一次産業や第二次産業に就く者が少なくっており、専ら第三次産業への就職希望が多数を占めている。

この問題に対して政府は、東南アジアからの外国人労働者に頼っている。台湾では外国人労働者の正式な受け入れが、一九九二年から開始されている。一九九二年の外国人労働者数は約一万六〇〇〇人程度だったものが、二〇一九年のピーク時で約七一万八〇〇〇人(台湾行政統計)と急増している。国別ではインドネシア、ベトナム、フィリピンからの受け入れが多いが、ハイテク産業では英語を解すフィリピンからの労働者が好まれているようである。しかし、二〇二〇年の世界的な新型コロナウィルスの流行により、外国人労働者の出入国に制限が設けられたことで、二〇二〇年からは外国人労働者確保の問題も噴出してきている。

また、台湾では少子化問題も深刻となっている。世界総合生育率予測報告（The World Factbook）によると、二〇二一年の台湾の出生率は一・〇七と韓国を追い抜き世界第一となった。総人口も二〇一九年（二一・三六〇万人）を境に二〇二〇年には二・三五六万人と減少に転じている。台中市においても、それまで六大都市の中で人口が唯一増加していたが、二〇二〇年五月に初めて減少に転じた。新型コロナウィルスの流行によって新住民[23]と呼ばれる外国人の移民者の入国が困難になったことも人口減少の一因として考えられる。

5　おわりに

戦後台湾は日本統治下のインフラ、技術人材を利用しながら、巧みに成長を成し遂げた。特に、台湾接収直後から一九六〇年代までの時期は、農業や基礎インフラの技術を、排斥や破壊するのではなく、日本人を留用してまでも学びとった。一九七〇年代からは冷戦下の米中関係に翻弄されながらも、戦前に日本人が計画した台湾島の工業化の青写真を焼き直して、産業の工業化にも成功している。その後はいち早くハイテク産業への方向転換をするなど、切り替えの早さも台湾人ならではの生き方であろう。しかし、それには技術やインフラを使いこなせるだけの勤勉さや知識が備わっていたからである。

また、台湾人には人を思いやる人情もある。一九九九年に台湾中部大地震が発生したときに日本が救助隊を派遣したのを受け、二〇一一年に発生した東北地方太平洋沖地震（東日本大震災）の時には台湾から災害救助隊を派遣したばかりでなく、民間人からの義援金が二五三億円に達している。これは世界で最も多い義援金の額であった。台湾ではこの地震を三一一大地震と呼ぶなど、まるで自国で発生した災害のような扱いをしている。最近では二〇二一年に新型コロナウィルスが台湾国内で流行した際に今度は日本からワクチンを援助するなど、両地域間の交流はさらに深まっている。

現在日本を取り巻く周辺の国家間の情勢は政治的にも軍事的にも緊張の度合いを増しているが、親日政権のある地域が日本のそばにあるということは、心強いものである。今後とも日台の有効が続くことを願う限りである。

注

（1）日本統治時代の台湾では、日本語を解さない本島人は公学校に入学し、日本人及び日本語を話せる本島人は小学校に入学できた。

（2）清朝時代の鉄道は全台鉄路商務総局鉄道と呼ばれ台湾巡撫の劉銘伝が計画及び建設に着手した。一八九三年に全線開通するが、当時の資料によると輸送能力が低くトロッコ列車程度のものであったようである。

（3）台湾縦貫鉄道は、その後輸送量の増加のため、一九二二年から苗栗（竹南）から彰化間の迂回線（海線）を運行している。

（4）安藤利吉は降伏調停が結ばれると戦犯容疑で上海へ送られるが、そこで服毒自殺を謀って死亡している。

（5）陳儀は一九四七年に発生した二二八事件の責任者として解任され、一九五〇年に共産党と謀議を謀った罪で拘束され銃殺となっている。

（6）琉僑は第二回引揚の時に引き揚げが認められている。

（7）二二八事件とは国民党政府による台湾統治方法に不満を募らせた本省人（本島人）が起こした抗議デモで、後の国民党による本省人への弾圧や虐殺の引き金となった事件である。

（8）松本巍は一九六五年に台湾大学を退官し、その後台湾糖業試験所の顧問となっている。高坂知武は一九八三年に台湾大学を退官し帰国、一九八九年台湾大学校内に「知武館」が建設される。これは校内唯一の教師の名を冠した建物である。

（9）中国国内の内戦で、一九二七年から一九三七年までの国民党と共産党の戦いを第一次国共内戦と呼び、戦後の一九四六年から一九五〇年に第二次国共内戦が勃発する。

(10)一九四六年、蒋介石による全面侵攻令により戦火が開かれるが、毛沢東率いる共産党軍は獲得地の地主から土地を奪い人民に分け与えたため、人民の支持を受けた。これにより遼寧瀋陽の戦役、淮海戦役、平津戦役の三大戦役で国民党は敗れた。

(11)三大戦役に敗れた国民党政権は南京から重慶、成都と敗走したが最後に台北へ遷都した。

(12)李登輝登場後に使われ始めた言葉で、中華民国の中国文化や歴史を中心とする教育や思想に対抗して、自らの祖先を台湾にルーツを持つものや、台湾で独自に形成された文化や習慣をもとに、新たなるイデオロギーの形成を模索したものである。

(13)戦後の十大公司と呼ばれる国営の会社で台湾糖業公司、台湾電力公司、台湾石油公司、台湾アルミ公司、台湾金銅鉱公司、台湾機械造船公司、台湾アルカリ公司、台湾肥料公司、台湾セメント公司、台湾紙業公司がある。

(14)現在の中華民国の領土には台湾本島及び澎湖諸島とその付随の島嶼以外にも金門島、馬祖島、及び島沙諸島、南沙諸島等がある。

(15)一九七一年の第二六回国連総会二七五八号決議のことで、中華人民共和国の中国代表権に関する共同提案国で中華人民共和国の友好国であった共同提出国のアルバニアの名をとってアルバニア決議と言われている。

(16)一九七二年、日本は中華民国と断交し代わりに中華人民共和国とモンゴル人民共和国を承認した。中華人民共和国はその後世界各国と国交を結ぶ代わりに中華民国との断交を要求し、二〇二一年現在、中華民国と国交がある国はパラオやパラグアイなどの一四ヵ国と二つの地域（バチカン、ソマリランド）のみである。

(17)日本統治時代には陸軍桃園飛行場だった。戦後接収され空軍桃園基地となっていたが二〇〇七年に海軍桃園基地となったが、二〇一三年に放棄され、現在は一部が史跡に登録されている。

(18) アジア四小龍とは韓国、台湾、香港、シンガポールのことであり、先に先進国入りした日本を大龍に見立て、戦後急速な経済発展を遂げた四地域をアジア四小龍と呼んだ。

(19) 一九七九年に米国内で制定された法律で、台湾が中華人民共和国に武力で侵攻されないために制定した。

(20) 中華民国国民大会は一九四六年に制定された国権の最高権力機関の一つであった。決議できる内容は正副総統の選挙、正副総統の罷免、憲法改正、立法院の憲法修正案の決議である。第一回会議は一九四八年に開かれたが、その後中華民国が台北に遷都すると大会代表は無期限の人気となったため万年議会と言われていたが、二〇〇〇年に代表任期を制定し、二〇〇五年に国民大会は凍結された。

(21) 中華民国の台湾省に設置されていた地方議会である。ほかにも福建省（金門島・馬祖島等）にも省会というものがあったが、二〇一八年には廃止された。

(22) 台湾では二〇一八年から「十二年国民基本教育」という一二年義務教育が実施されており、高校教育（普通高校、職業高校を含む）まで義務となった。そのため、進学率よりも就業年限に達した人口に対する在学率を算出している。

(23) 新住民は新移民ともよばれ、中華民国国籍を有する者と配偶した外国籍の者、または、新たに中華民国の国籍を取得した海外からの移入者を指しているが、広義的にはホワイトワーカー・ブルーワーカーを問わずに台湾で働いている外国人労働者も新住民と呼ぶことがある。

山下昭洋

第8章 ポスト・コロナ時代の世界協調戦略としての「環日本海経済圏構想」

1 はじめに――大陸と韓半島、そして日本の「東アジア経済圏構想」

本章は、「東アジア経済圏」構築の可能性を考察するものである。この構想は、ヨーロッパのEC・EECの変遷経路を通して構築された「欧州連合」（EU）の構想に匹敵する経済圏を東アジアに構築するという経済圏構想である。この構想の中心的な戦略は、日本の経済構造改革策として有力な田中角栄の「日本列島改造計画」とその具体化のために必要な政策提案としての「物流新幹線構想」である。(1)

2　日本列島改造論と地方創生

(1) 日本列島改造論

一九六八年、田中角栄は、「工業再配置と交通・情報通信の全国的ネットワークの形成をテコにして、人とカネとものの流れを巨大都市から地方に逆流させる〝地方分散〟を推進すること」を主旨とした「日本列島改造論」を掲げて同年七月の総裁選で勝利し、内閣総理大臣となった。(2) そのコンセプトは、「裏日本を表日本へ」という考え方である。(3)

『日本列島改造論』には、日本列島を高速道路・新幹線・本州四国連絡橋（本四架橋）などの高速交通網で結び、地方の工業化を促進し、過疎と過密の地域間格差の問題と公害の問題を同時に解決する、こと等を目的とした政策であった。

具体的には、日本列島の日本海側地帯を工業地帯として、南部太平洋側の地帯を農業地帯にすべきであるという主張である。(4) また、青函トンネルや本四架橋などの公共事業が含まれており、電力事業における火力発電から原子力発電への転換についても言及されている。

《日本列島改造計画の日本経済への影響》

日本列島改造計画に触発されて日本列島改造ブームが生じて、列島改造景気が起き、列島改造論で開発の候補地に挙げられた地域では投機家によって土地の買い占めが行われて不動産ブームが起き、地価が急激に上昇していた。この影響で物価が上昇しインフレーションが発生しており、一九七三年（昭和四八年）春頃には物価高が社会問題化していた。

これに対して政府は「物価安定七項目」を対策として打ち出し、生活関連物資等の買占め及び売惜しみに対する緊急措置に関する法律を制定し、公定歩合を四回にわたって引き上げるなどしたが、十分な効果は上がらなかった。

その一方で、日本列島改造論の柱の一つとなっていた新幹線建設については、建設すべき新幹線鉄道の路線を定める基本計画への追加が検討され、候補に挙げられた地域の関係者や国会議員が活発な誘致運動を繰り広げた結果、同年一一月一五日に運輸省告示で一一路線を追加することが決まった。また、日本列島改造論で取り上げられた本州四国連絡橋の基本計画が指示されたのも同年九月のことである。

(2) 石油危機（オイル・ショック）の勃発

日本において「日本列島改造論」を背景に各種の政策が実行されていく過程において、世界経済においては、一九七〇年代に二度にわたる石油危機が発生したために、「列島改造論」とそのための諸政策は危機的状況に陥ることになった。

オイル・ショック（Oil shock）とは、原油の供給逼迫および原油価格の高騰に伴い、世界経済全体がきたした大きな混乱の総称である。

この二度にわたる石油危機をうけて中東に頼っていた原油輸入国は、輸入先の分散を図り世界各地で油田開発を進めたために石油の供給量は大幅に拡大した。さらに、先進国では代替エネルギー源の開発や産業構造の転換、省エネルギー技術や脱石油政策などが生じたために、世界的な石油需要の低下につながった。これを「逆オイルショック」という。

《第一次石油危機》

一九七三年一〇月六日に第四次中東戦争が勃発したことを受けて一〇月一六日に、OPEC加盟産油国のうちペルシア湾岸の六カ国が、原油公示価格を一バレル三・〇一ドルから五・一二ドルへ七〇％引き上げることを発表した。翌日一〇月一七日にはアラブ石油輸出国機構（OAPEC）が、原油生産の段階的削減（石油戦略）を決定した。第一次石油危機の始まりであった。

またOAPEC諸国は一〇月二〇日以降、イスラエルが占領地から撤退するまでイスラエル支持国（米国合衆国やオランダなど）への経済制裁（石油禁輸）を相次いで決定した。さらに一二月二三日には、OPEC加盟のペルシア湾岸の産油六カ国が、一九七四年一月より原油価格を五・一二ドルから一一・六五ドルへと二・二八倍に引き上げることを決定した。一九七三年の一バレル三・〇一ドルから一一・六五ドルへの三・八七倍への引き上げである。

石油輸出国機構（OPEC）諸国の国際収支黒字は、一九七三年の時点では一〇億ドルであったが、一九七四年には約七〇〇億ドルに大幅に急増した。一方、石油を産出しない非産油途上国を中心に発展途上国向けの民間銀行貸し付け額は、この石油輸入代金の増額を反映して、1九七〇年の三〇億ドルから一九八〇年の二五〇億ドルに跳ね上がった。(5)

《第二次石油危機》

一九七九年一月にイラン革命を機に、イランでの石油生産が中断したため石油需給は逼迫した。第二次石油危機が始まった。[6] さらにOPECが一月、四月、七月に段階的に原油価格を引き上げたことによって、世界経済に影響を及ぼすこととなった（一九七八年末にOPECが「翌一九七九年より原油価格を四段階に分けて計一四・五％値上げする」ことを決定していたが、四段階目の値上げは総会で合意が形成できず、実際には三段階までであった）。

一九八〇～一九八一年に、OECD加盟国も非産油途上国もユーロ・シンジケートローンによる借入額を倍化させた。前者は四一一・六億ドルから九七三・七億ドルとなり、後者は二八一・六億ドルから四〇九・三億ドルとなった（世界借入高は七九九・二から一四五九・一）。

（3）日本経済と石油危機

この列島改造政策の進行中に勃発した第四次中東戦争を契機に発生した石油危機によって、石油価格は約一〇倍に上昇して、日本経済の物価と経済に決定的な打撃を与えたために、「狂乱物価」と呼ばれる様相を呈するに至った。

この二度にわたる石油危機の結果による石油価格の上昇と石油不足の現象は、エネルギー源を中東の石油に依存してきた先進工業国の経済を脅かした。

一九六〇年代以降にエネルギー革命を迎え、エネルギー源を石炭から石油に置き換えていた日本には、ニクソン・ショック（ドル・ショック）から立ち直りかけていた景気を直撃したのである。

前年からの列島改造ブームによる地価急騰で急速なインフレーションが発生していた日本経済に

とっては、石油危機によってインフレーションがさらに加速されることとなったのである。

（4）列島改造論への影響

この石油危機の影響で、本州四国連絡橋の着工は延期が決定された。そして同年一一月二三日に愛知揆一大蔵大臣が急死すると、田中は内閣改造に踏み切り第二次田中角栄内閣が発足したが、後任の大蔵大臣として、均衡財政論者で列島改造論を批判する福田赳夫を起用せざるを得なくなった。福田大蔵大臣は総需要抑制策による経済安定化を図る政策を採り、列島改造論は後退を余儀なくされたのである。

そして、一九七四年（昭和四九年）一二月に、田中は田中金脈問題で内閣総理大臣の座を追われたために、「列島改造政策」は頓挫したのである。

急激な積極財政と石油危機、そして、インフレーションによる経済の混乱などもあり、また、福田首相による緊縮財政を経て交通網の整備は進まなくなったのである。

一九八〇年（昭和五五年）の国鉄再建法によって、日本国有鉄道の在来線建設や既存在来線の高速化などが抑制されて特定地方交通線の廃止が実施され、整備新幹線の着工も見送られ、高速道路網だけが拡大したのである。

このような政策によって日本経済は石油や天然ガスなどの枯渇性資源浪費型の物流システムを採用する結果となったのである。

3 ポスト・コロナの時代のサプライ・チェーン

「アフター・コロナ時代」の世界経済は、コロナとの共生としての「ウィズ・コロナの時代」といわれるが、これを一歩進めて「ポスト・コロナの時代」（脱コロナ時代）としなければならないであろう。「ポスト・コロナの時代」とは、人と人の交流は必要最小限度に抑えられ、モノとサービスの国際的な交流は、今まで以上に盛んになると考えられる。

この世界では、二〇世紀の「グローバリズム時代の失敗」の経験を基にして、短期的な利益優先の「一方的な資本移動」と生まれた国を躊躇なく捨てる「一方的な労働移動」の時代は終焉させなければならない。そして、外国資本による地域経済からの一方的な搾取と収奪は許されないような世界経済の到来を企画しなければならないのである。

すなわち、「ポスト・コロナの時代」とは、地域間の経済と政治がそれぞれの自国民の厚生水準の向上に貢献する経済システムでなければならないのである。そのためには、「米中貿易摩擦」のような、貨幣的な現象としての短期的な利益を目的とした「絶対優位にもとづく分業体制」から、誰でもが自国内で就業機会を獲得できる「比較優位に基づく分業体制」への、世界経済における住み分けの時代を構築することが必要なのである。そのためには、資本と技術の国際的な協力の時代の到来が必要なのである。

このような世界経済システムへの流れについて、本論では、東アジア経済圏構想として、「環日本海物流新幹線構想」の説明を行う。

(1) 巨大プラットフォーム事業

コロナ禍の裏で、世界経済をリードして来て、更に「デジタル新世界」への経済的・社会的変化を模索している巨大なプラットフォーム事業が世界経済を支配しようとしている。

米国大統領の言論を容易に封殺したＧＡＦＡ（ガーファ）[7]と、一帯一路計画にそって、次々に関係諸国をデータ植民地化して広げているＢＡＴＨ（バース）[8]の存在である。[9]

《日本における巨大プラットフォーム事業展開の必要性》

日本において、ＧＡＦＡに相当する企業は現在時点において存在しない。「時価総額ランキング２０２０」においても、四九位にランクインしているトヨタ自動車は二四九八億ドルと、ＢＡＴＨのアリババ・テンセントに遠く及ばないのである。また、ＧＡＦＡやＢＡＴＨのように、巨大プラットフォーム事業を展開する企業が存在しないことも、ＧＡＦＡに相当する企業が日本にないことの理由と考えることもできる。

「デジタル新世界」へ日本経済を導くためには、米国のＧＡＦＡ、中国のＢＡＴＨに匹敵する巨大プラットフォームが必要となる時代が来るのかもしれない。

(2) アフター・コロナ時代のサプライ・チェーンの変化と産業の再配置

「ポスト・コロナ時代」においては、「ヒト・モノ・カネ」が自由にしかし盲目的に国境を超えるという「グローバル時代は終焉する」であろう。そこでは「モノの移動」を中心としたサプライ・チェーンの再構築の時代が到来するのである。それは、国際的な資本移動の性質の変化でもある。

そこでは、人の移動の特殊性（留学・遊学・観光・出稼ぎ・移民）や観光立国・出稼ぎ立国などの各国の政策の相違、移民対象国の経済発展の可能性の相違などが生じるのである。

4　物流新幹線構想の必要性

「物流新幹線構想」とは、日本経済再生のための経済構造改革の方策の一つである。
東海道新幹線計画は、本来、「物流新幹線構想」であった。新幹線計画とは、本来、超特急旅客列車だけを走らせるような構想ではなく、高速輸送貨物列車を走らせることによって日本国内の物流費用を低減させ流通をよりスムーズにするという構想であったのである。時速一五〇キロメートル〜二〇〇キロメートルの高速貨物輸送が日本列島を縦横に走るという物流新幹線構想である。このことは、一九七〇年（昭和45年）の国鉄の計画書「車両の今後のあり方」にも記されている。[10]
新幹線は、本来、長距離旅客輸送と長距離貨物輸送をセットとして考えられていたのである。[11]しかし、当時、建設費用が嵩んでいたことと一九六四年の東京オリンピック開催が目前であったために、当面、物流機能としての側面を断念し、旅客輸送だけでスタートすることになったのである。
その後、田中角栄の「列島改造政策」によって実現の可能性が芽生えたにもかかわらず、二度にわたる石油危機に直面して挫折し、その後の財政再建政策と委縮した公共事業忌避型の政策によって消えていった計画である。

そして一九八七年に国鉄分割民営化が行われたためにこのような計画は「沙汰止み」となったのである。もし、国鉄分割民営化が無かったならば、あるいは、郵政民営化のように国鉄分割民営化が業態別の水平分割であったならば、新幹線物流の実現によって日本経済の物流体系は、今日、省エネ体質となっており、日本の企業の国際競争力は今以上に強力なものであったであろう。国内の物流コストは今日の状態よりもかなり低い水準で効率的に推移していたと考えられるからである。[12]

国鉄分割民営化とは、ＪＲ貨物株式会社の切り捨てであり、分割された地域間の流通システムの破壊であり、地域間の「絆」の破壊であり、地方都市と東京との「絆」の破壊であったのである。[13]

国鉄分割民営化のメリットはＪＲ大手三社（ＪＲ東旅客株式会社、ＪＲ東海旅客株式会社、ＪＲ西旅客株式会社）の経営黒字化でしかなかった。同時に、見捨てられた四社（ＪＲ北海道旅客株式会社、ＪＲ四国旅客株式会社、ＪＲ九州旅客株式会社、ＪＲ貨物株式会社）の経営問題については、今なお残こされた問題なのである。

レールを保有するＪＲ旅客各社は、収益性の高い旅客新幹線の路線にだけに投資を行い、在来線への改善努力は収益性の高いところを優先して、収益性の低いところは怠って来ているのである。これが長距離旅客輸送の廃止と赤字ローカル線軽視の経営理念なのである。そして、ＪＲ貨物株式会社はＪＲ旅客株式会社からそれぞれの線路を借りて細々と日本の物流を支えているのである。

（１）国内物流改革の必要性

物流新幹線構想の中心は、夜間新幹線物流である。夜間の低料金の余剰電気を利用した無人運転[14]の新幹線貨物列車の運行による輸送費用は、電気代と人件費の節約を中心に割安となり、現在のトラック輸送の費用と比較すると二分の一〜五分の一の費用で都市間、地域間の貨物輸送を実現すること可能なのである。[15] 輸送費用の低下は物流費用の低減効果のみならず、商品・サービス価格の低下に繋がり、国内企業の国際競争力の強化に繋がるのである。[16]

①夜間電気の利用

夜間は電気の需要量が少ないために各電力会社は発電量が少ないのが現状である。しかし、余剰電力があるわけではないという反論がある。正しくは、原子力発電所や火力発電所の窯の火は二四時間消されることはなく、水を温めて蒸気をつくっているので沸騰水は二四時間発電可能な状態にある。しかし、夜間には電気需要が少ないために蒸気をタービンに充てて発電をしていないのである。必要に応じて昼間の電気量と同じ量の発電は可能であり、これを余剰電力と定義しているのである。

夜間の電気を十分に利用すれば、今までとほぼ同じエネルギー使用量でより多くの電気を利用することが可能となるのである。すなわち、資源の無駄使いは減り、電力会社は費用のわずかな増加によってより多くの収入増加を実現することができるのである。電力会社の収入増加は電気代金の料金引き下げにも貢献するのである。[17]

節電のように電気の需要を減らすのではなく、電気の需要パターンの一部を昼間から夜間に変更するだけで十分に過剰発電力に対応する需要を生み出すことができるのである。このような夜間電気の利用促進によって、石油資源のより効率的な運用を行なうことが可能となり、枯渇性資源の節約が実現するのである。さらには、発電コストは若干の増加に留まるために、昼間の電気代は安くなる可能

図8−1　夏期最大ピーク日の需要カーブ推計

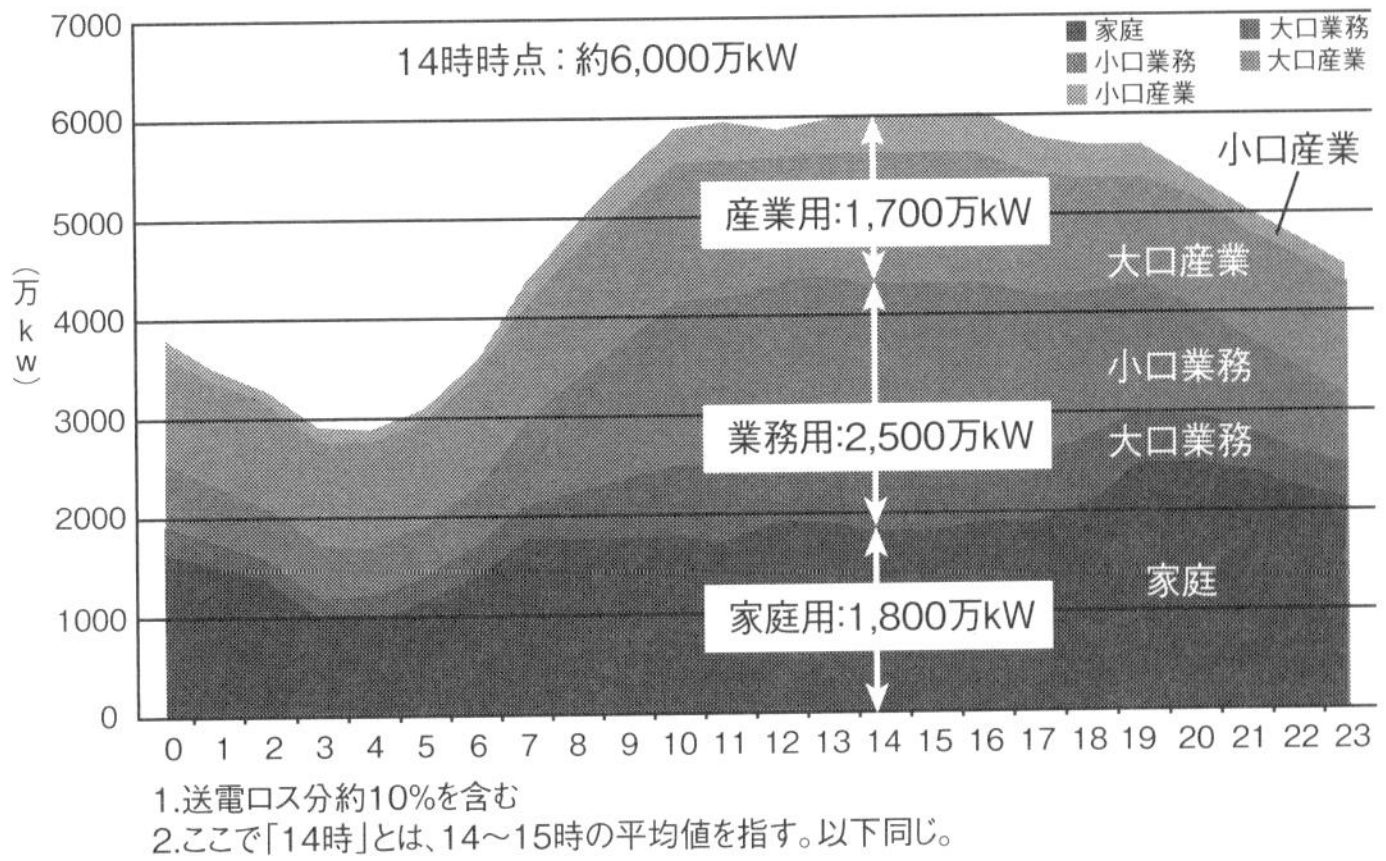

1．送電ロス分約 10%を含む
2．ここで「14 時」とは。14 〜 15 時の平均値を指す。以下同じ
(出所)『エネルギー白書 2011 年』 資源エネルギー庁資料。

性があるのである。このように、電気の需要パターンを変更し、石油資源の使用方法を変えることによって、より効率的な電気需要と電気供給が実現可能となるのである。

夜間時間帯の活用とは、夜間余剰電力の活用である。図８－１は夏期最大ピーク日の電気需要カーブ推計である。旅客新幹線が止まっている0時から6時頃までは、電気需要量は半分程度の低い水準である。この時間帯に物流新幹線を集中的に走らせることによって、昼間のトラック輸送による枯渇性資源の浪費を防ぎ、昼間時間帯の電気需要を減少させることができれば、経済全体のエネルギー節約の観点からも、二酸化炭素排出量減少のためにも重要な産業構造変換政策となるのである。

物流新幹線導入によって、夜間電気を効率的に利用する物流システムを構築し、それに対応した産業構造を構築するべきなのである。トラック輸送の場合の夜中の居眠り運転や長距離ドライブによる運転手の過大な疲労と運転手不足、エンジンをかけたままで仮眠をとるエネルギーの無駄遣い等を考えるならば、夜間の「物流新幹線」が重要な代替輸送手段となることは明白なのである。

このような重要な物流関係の課題解決を阻止しているのは、旅客鉄道中心の国鉄民営化という私的利益追求型の政策の結果なのである。それは、ＪＲ貨物会社が自前の線路を保有しないこと、各ＪＲ旅客各社が長距離輸送に対応できない運輸業者となってしまったことにあるのである。

②夜間物流新幹線

物流新幹線構想とは、旅客輸送と同時に、「昼間の新幹線物流構想」と「夜間新幹線物流構想」がセットである。夜間物流とは、前述のように限界費用がほぼゼロで夜間発電可能な電気を利用して、二～四時間程度の枠で、新幹線貨物輸送を実現することが可能である。昼間物流は、大都市と地方中核都市の周辺に拠点物流基地を構築し、(18) 新幹線貨物を走行させることによって実現可能なのである。また、同時にこだま型の短い車両には貨物列車・荷物列車を連結し、一六両編成ののぞみと同じ程度の長さ四〇〇メートル程度の編成として各駅での追い越し線のホームにおいて、荷物の上げ下ろしを可能にすることが可能なのである。

このようにして長距離輸送のウェイトをトラック輸送から鉄道輸送にシフトさせることによって、長距離トラック輸送の割合を減少させ、夜間物流新幹線によって枯渇性資源の浪費を減少させることが可能となるのである。(19)

③地方の物流拠点建設構想

各県に点在する利用率の低い地方空港あるいはその周辺域を改造して、在来線の鉄道網と道路網とリンクした地域の物流拠点として再開発して、長距離貨物輸送と短距離貨物輸送との連携を強化することによって、効率的な流通団地・工業団地を形成することが可能となるのである。すなわち、物流新幹線によって長距離輸送を、在来鉄道と高速道路によって中距離輸送を、そして、一般道路網によって短距離輸送を行うことによってトラック輸送はより効率的な手段として存続することが可能となるのである。[20]

大都市と比較して、相対的に物価が安価で、それ故に相対的に賃金費用も低い水準で抑えられる地方にこのような物流拠点を建設して流通団地を建設しその周辺に工業団地を建設することによって、地方の雇用量と人口の増加政策が実現可能となるのである。

日本経済全体の物流改革のための社会資本建設は、「地方創生政策」と「ポスト・コロナ時代」への中心的な役割を果たすものである。地方での雇用の増加は都市部の非正規社員の解消政策としても効果が期待される実現可能な政策である。大都市に留まる非正規社員の地方へのUターン、Jターン、Iターンによって地方経済は活性化して、経済全体の雇用促進政策が実現し、副次的には結婚するカップルの増加とそれ故に少子化対策ともなると期待されるのである。

このような地域開発政策によって、企業の地方分散が進み、日本経済全体にとって均質な経済開発と人口の分散化が進み、結果としての「地方創生」が実現するのである。

三大都市圏への人口集中を解消する方法は、地域産業の特化による比較優位構造の構築である。全国的な規模において物流新幹線構想を実現することによって、国内の物流費用を低下させ、生活費と人件費が相対的に安価な地方に企業を立地させることによって地方経済の衰退に歯止めをかけて「地方消滅」(21)を防ぐことが可能となるのである。このような企業と人口の地方分散によって大都市の最適規模が実現されるのである。

地方経済においては、企業の再配置を実現することによって、既存の道路と在来の鉄道網による交通ネットワークを充実させ、地方経済の再建を進めなければならないのである。地方の大学の充実も、また、重要な政策となるであろう。また、農業生産性の向上と土地利用計画の再検討が必要となるのである。

④国内物流の遅れと国際化の進展、費用面トラック輸送と道路網の維持

今日、内外の物流の多くはコンテナ貨物輸送が主流であるが、国内貨物輸送の90％以上は、高速道路網と一級道路を利用したトラック輸送である。トラック輸送の速度は50～100km／h程度であり、トラック台数に相当する以上の運転手の確保が困難になっているために輸送費用の上昇と輸送時間の遅れが顕著になっている。特に、夜間のトラックによる長距離貨物輸送のための人で不足と人件費の高騰は物流業界を悩ませている。

トラック輸送を効率的に実現するためには、高速道路網や一般道路のさらなる延長のための建設工事と整備・維持のための公共投資が必要であり、国土交通省は道路網の維持のための予算不足のために仮の社会資本としての道路が危険な状態にあると報告している。このような道路輸送環境を維持・改善するためには相当の費用が必要であり、日本政府の財政のみならず、地方政府の財政にとっても大きな負担となっているのである。

これまでのモーダル・シフトの現状

日本経済の高度経済成長期において、産業の裾野が広く雇用効果が大きい自動車産業の発展は重要な政策課題であり、モータリゼーションの進展とともに全国規模での高速道路網の建設が必要であった。また、個別の貨物をきめ細かく運ぶドア・ツウ・ドアの実現の為には、トラック輸送による物流手段が進化していったのである。この時代には、同時期に、物流のコンテナ化による「国際一貫物流」の実現によって国内物流と国際物流が一元化して効率的な物流システムが構築されていったのである。

このような物流システムを実現するためには、産業用道路や高速道路などの道路建設が必要であり、道路建設とその維持のための費用は全て政府による社会資本建設という意味で国民の税金で賄うことが当然であった。すなわち、短距離トラック輸送だけではなく、長距離トラック輸送においても、社会的費用を個々の輸送会社が負担することがないままに、トラック輸送は安価な物流手段として成長していったのである。

これに対して、鉄道輸送はコンテナ化が遅れ、時間短縮効果が少なく、春闘等による労働紛争や踏切事故、自然災害などによる事故の頻発のために定時制・定期性に欠け、効率的ではない輸送手段と評価されてしまったである。

鉄道輸送の場合は、一度、踏切事故やトンネル事故等が発生すると、大量の貨物が、突然、滞留してしまうのに対して、トラック輸送の場合には、事故に遭遇した車両だけの滞留で済むことがメリットであることが強調された。

しかも、鉄道輸送の場合は、鉄路の建設費用も操車場や貨物ヤード等の維持費用も全て鉄道会社の自前の負担であるために、トラック輸送と比較して相対的に利用者に高い費用負担を課す物流手段となってしまったのである。

このようにして、時間短縮効果や定時制・定期性だけではなく、輸送料金競争においても鉄道輸送が敗北することになってしまったのである。このような歴史的な過程を経て日本経済の物流手段としての鉄道輸送は非効率的で費用の高い輸送手段となり、「邪魔もの・無駄なモノ」となっていったのである。[22]

《上下分離論》

このような状況のもとで鉄道旅客と鉄道貨物輸送を両立させて物流新幹線構想を実現させるためには、次のような政策が必要である。すなわち、ＪＲ各社を上下分離して、ハードは国有とし、鉄道を経営するソフトはこれまで通り民営化（ＪＲ）のままとする。[23] 国富としてのハードの使用料負担は政府の社会資本建設の為に必要な財源となるのである。そして、全国新幹線網を在来線と競合しないように再構築するべきなのである。[24]

地域格差をなくし、日本経済が再生するために、この新幹線貨物列車を「物流新幹線」として、全国フル規格の新幹線網の線路を日本中で走らせることが「新日本列島改造」なのである。

5　世界協調戦略としての環日本海経済圏構想

以上、各説において、田中角栄の「日本列島改造論」の内容と「ポスト・コロナ時代の経済」のサプライ・チェーンの在り方、そして、「物流新幹線構想」の意義について考察した。

このような日本経済の経験と世界経済の在り方を考えるとき、「物流新幹線構想」に基づく国内物流改革の進展とともに、国際物流の改革についても、「ポスト・コロナ時代」の世界経済の在り方について、新しい展開が必要となるのである。

(1) 解決策としての環日本海経済圏構想と日韓トンネル・シベリア樺太トンネル

中国大陸と日本列島との間の交易の歴史は深く、古代においては、殷の時代以降、箕子朝鮮や衛氏朝鮮が主体的に大陸と韓半島と倭国との間の交易を進めており、「漢奴倭奴国王」の金印が示す交易の後や『魏志倭人伝』において説明される邪馬台国の時代においても、大陸と帯方郡・楽浪郡経由の大陸と倭国との交易は盛んに続けられてきたのである。

(2) 国際物流の方策としての国際物流新幹線構想

今日の二〇世紀的な混沌とした政治経済情勢が解決した後の極東地域においては、次の図のように、環日本海経済圏を構築して、北海道から樺太・シベリア、そして、東本三省（旧満州）から北朝

図8-2 環日本海者物流新幹線構想

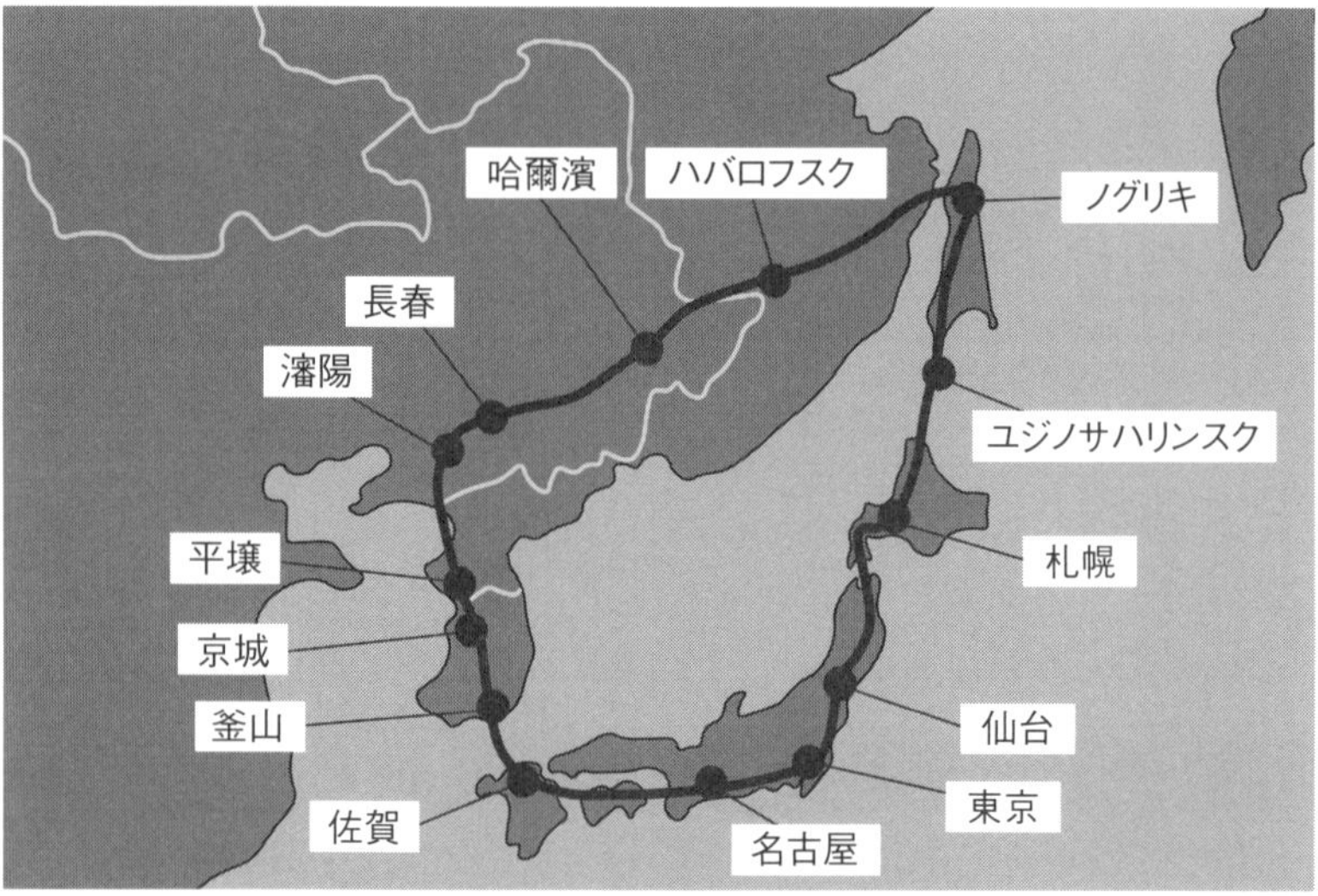

鮮を経由して韓国から九州に繋がる環状の経済交流圏構想は、新しいサプライ・チェーンとして極東経済圏の発展のためには重要な経済圏となるのである。(25)

樺太においては、ユジノサハリンスクが日本との窓口であり、ノグリキがシベリアとの連絡口となるであろう。そして、東北三省(旧満州)においては、哈爾濱と長春・瀋陽が中心都市として産業の基盤を提供することになるのである。ピョンヤンは北朝鮮の経済的中心として機能し、ソウルは韓国の経済的中心として機能することによって、この地域の発展を促すのである。釜山は、今まで以上に、九州との窓口としての機能を果たし、佐賀は日韓トンネルのハブとしての機能を持つのである。

6　国際協力の必要性

中華人民共和国の「一帯一路構想」が失敗した原因は、中華人民共和国とそれぞれの当該国との短期的な個人的利害関係のみで構築された構想であったことがその原因である。すなわち、海のシルクロードとしての「真珠の首飾り」と陸のシルクロードとしての「国際鉄道建設構想」は、当該国以外にとっても重要なパワー・バランスの変化であったのである。このような世界経済に大きな影響を与え得るプロジェクトを実現させる場合には、一見無関係な国々の理解と協力が重要であることが今回認識されなければならないのである。

すなわち、日本とロシアと中華人民共和国、韓国・北朝鮮だけの協力関係ではなく、米国とイギリスをはじめとする世界的な地域における国々の理解と協力が重要なのである。

以下では、この問題についてのヒントとして、日本の日露戦争とそれ以後の体験から学ぶことにする。

(1) 歴史に学ぶことの重要性―排他的では無いこと

《世界中の国々の理解と協力が重要》

「環日本海経済圏構想」構築のためには、日本とロシアと中華人民共和国、韓国・北朝鮮だけの協力関係ではなく、米国やイギリスをはじめとする世界各国の理解と協力が重要である。

アメリカ合衆国の実業家エドワード・ヘンリー・ハリマン（Edward Henry Harriman、一八四八－一九〇九年）は、日露戦争中に、ニューヨーク金融界の覇者と言われたジェイコブ・シフと共に、日本の戦時公債五〇〇〇万ドル分（約一〇〇〇〇万円）を引き受けた。(26) 著名な鉄道ビジネス家であったハリマンは、ポーツマス条約締結の前後に南満州鉄道の買収を目的として二回訪日している。

ハリマンは一九〇五年八月、日本銀行の高橋是清副総裁と大蔵次官の阪谷芳郎の意を受けたロイド・カーペンター・グリスカム駐日アメリカ合衆国公使の招きによって、クーン・ローブ商会のジェイコブ・シフらとともに訪日した。

ハリマン一行がニューヨークを八月一〇日に出発し、サンフランシスコを経由して横浜港に八月三一日に到着した。この期間は、外相小村寿太郎がポーツマス講和会議全権として渡米中のことであった。九月五日は、ポーツマス条約調印日であった。

ハリマン一行は、大蔵省・日本銀行・横浜正金銀行などの銀行関係者が設けた歓迎の晩餐会に出席したのち、九月一日に東京では連日、伏見宮博恭王、桂首相、曽根荒助蔵相、井上馨、渋沢栄一、岩崎弥之助らのもてなしを受け、九月四日にはグリスカム公使主催の大園遊会、五日には曽根蔵相による晩餐会が盛大に開かれた。晩餐会の帰途、ハリマン自身は怪我はなかったが赤坂溜池付近で激昂した群集から投石を受け、一行のなかには怪我をした者がいた。(27) 翌九月六日予定の華族会館での歓迎会は中止され、日本鉄道の特別列車で日光へ旅行した。首都での暴動が鎮まったのち、東京に戻り、明治天皇に拝謁した。

訪日中に、南満州鉄道の買収及び米国資本投下を桂内閣や伊藤博文など日本の政治家に働きかけた。ハリマンは、世界一周の鉄道網完成という野望をいだいていた。南満州鉄道の買収は、東支鉄道やシベリア鉄道に関するロシア帝国との折衝に良い影響をもたらすとして、当鉄道の買収を日本政府に打診した。桂太郎等一部の政治家は、日露戦争後の戦費の負債から興味を示し、具体案の提示をハリマンに求めた。

ハリマンは具体案作成のために南満州鉄道の視察として、一九〇五年九月中旬に大韓帝国と清国北部へ渡り、南満州鉄道を視察した。同年一〇月九日に東京へ戻ると、桂内閣に南満州鉄道に関する協定を提案した。協定の内容は、南満州鉄道及び大連など近辺の付随施設の均等な代表権利と利益の折半であった。また、日本の管理下に置いて法律を適用し、鉄道敷設周辺の地において戦闘や戦乱が発生した場合は、日本側が対処及び安全を保証することなどの要望も含まれていた。協定条件として約一億円の財政援助を持ちかけた。

ハリマンの提案は、具体的には、次のようなものであった。

①日本内地の鉄道を合同し、標準軌化する工事に出資する。
②東清鉄道南支線（南満洲鉄道）について、日本と共同出資する。
③満洲における炭坑経営や鴨緑江森林事業への経営に参画する。
④韓国鉄道と北清鉄道とを接続する。

この協定について、外資が急務としてハリマンの協定に賛同する意見と、小村外務大臣の帰国後、ポーツマス条約についての詳細報告後に判断したいという意見に分派した。このため、ハリマンが帰国出発する一〇月一二日には調印に至らず、非公式な覚書を交わすのみとなった。すなわち、仮契約のかたちで予備協定覚書を結んで、本契約は小村が帰国して、小村の了解を得てからのこととした。

同年一〇月一五日の小村外相帰国後に、桂内閣内で講和条約を踏まえて同案件が検討されたが、講和条約第六条に影響する内容[28]が含まれることが判明したことから、ハリマンの買収案は成功しなかったのである。[29]

日本政府は覚書破棄のメッセージをアメリカ合衆国の日本領事館に打電し、ハリマンはサンフランシスコの港に降り立つやそのメッセージを受け取った。

横浜入港直後、山座円次郎政務局長の報告を聞いた小村寿太郎の意見は、次のようなものであった。

「さうか、こんなことがありはせぬかと思うたから、俺は脚腰も立たぬ此の病躯を提げて帰朝を急いだのだ。コンな事をやられては日露戦争の結果は水泡に帰し、百難を克服して漸く勝ち得た満洲経営の大動脈が、米国に奪はれてしまふ。ヨシ、早速これを叩き潰す。」

《鉄道統合の挫折、死去》

ハリマンは米国内において米国内ユニオン・パシフィック鉄道とサザン・パシフィック鉄道の統合を目指したが、州際通商委員会の規制対象となり統合は出来なかった。

一九〇九年九月九日、ハリマンはニューヨーク・アーデンの自宅で死去した。

ハリマン死去後の一九一三年、ユニオン・パシフィック鉄道とサザン・パシフィック鉄道は合衆国最高裁判所により経営権を分離されてしまった。最終的に統合が実現するのは1996年になってからのことである。

《桂・ハリマン協定》

桂・ハリマン協定とは、一九〇五年（明治三八）一〇月一二日、東京で桂太郎首相とハリマンとの間にかわされた東支鉄道南部支線（長春―旅順間、南満洲鉄道）経営のためのシンジケート組織に関する予備協定覚書の俗称である。外交資料では「桂・ハリマン間満州鉄道に関する予備協定覚書」「一九〇五（明治三十八）年十月十二日―千九百五年十月十二日附桂伯爵（日本政府ヲ代表ス）及「ハリマン」氏（自己並ニ組合者ヲ代表ス）間予備協定覚書」とある。

日露戦争後の一九〇五年一〇月、総理大臣桂太郎と「鉄道王」エドワード・ヘンリー・ハリマンとの間に交換された覚書であり、満鉄経営のためのシンジケート組織とその共同所有を約束したものである。しかし、ポーツマス講和会議から帰国した外務大臣小村寿太郎の強い反対により破棄された。小村によるこの予備協定破棄については、満洲南部における日本の拠点を守った「英断」であったという見解と歴史的な「愚挙」であったという見解がある。なぜならば、この愚挙が米国にとって大東亜戦争への道となったといわれているのである。

7　むすびにかえて

ＳＤＧｓとは、日本語では「持続可能な開発目標」と呼ばれ、国連で設定された以下の一七項目からなる、世界共通のゴールのことである。

1．貧困をなくそう、2．飢餓をゼロに、3．すべての人に健康と福祉を、4．質の高い教育をみんなに、5.ジェンダー平等を実現しよう、6.安全な水とトイレを世界中に、7.エネルギーをみんなに。そしてクリーンに、8.働きがいも経済成長も、9.産業と技術革新の基盤を作ろう、10.人や国の不平等をなくそう、11.住み続けられるまちづくりを、12.つくる責任、つかう責任、13.気候変動に具体的な対策を、14.海の豊かさを守ろう、15.陸の豊かさも守ろう、16.平和と公正をすべての人に、17.パートナーシップで目標を達成しよう。

今日の我々の日常の生活におけるすべての価値基準がSDGsに置かれており、SDGsを目指すことこそ正しいのだという空気が世界に蔓延しているようである。

「SDGsのスローガンの主要なテーマは持続可能性」である。しかし、誰がこの一七のゴールが正しいと決めたのであろうか?

本当にこのゴールは善意に基づいた設定なのであろうか?たとえば、「飢餓をゼロに」とは、今日の地球上の食料生産量は、各国の自助努力を前提として、交易による物流システムの構築と長期的な決済システムが十分に機能すれば足りるはずである。(31)

このような表面的な美辞麗句のスローガンを掲げている国際機関は、必ずしも、世界の人々のために活動しているわけではないか野心がある。むしろ、美しいスローガンのもとに、一部の資本家たちの利権のために動いていると指摘される側面が多いのは事実である。

GATTは、「人道支援、飢餓撲滅」というスローガンを掲げて、ロックフェラー財団が支援する遺伝子組み換えの米を途上国に送り、徐々に途上国の農業を海外からの輸入に依存させて、先進国の企業が自動的に儲け、同時に途上国の農協が衰退する仕組みが完成されていった。

IMFは、「途上国にきれいな水を届けよう」という名目でベクテルやヴェオリアといった企業が参入して、水道インフラで利益を上げる一方で、水道料金は高騰し、健康被害が出るほど水質が悪化してしまった。また、「アフリカの夢を実現する」というスローガンで、経済力が十分に完備していないアフリカにおいて教育の民営化を行っている。

このように国際機関が美辞麗句を掲げて途上国を食い物にしてきた例は、バングラデシュの石炭や、ホンジュラスの水力発電ダムや、パラグアイの大豆畑や、イラクの小麦、等々の多数の例がある。(32)

《資金と法律、歴史認識》

国際的な「資金」の流れとは、何処の国のどの企業が活動するのか。その時の資金は誰が負担し、誰が利益を得るのかという問題である。

二つ目の「法律」とは、官僚や行政は「法律」に沿って動く。そして、社会・経済を確実に変えるのは、「法律」である。しかし、本当に必要なのは成功の享受者は途上国の人々でなければならないのである。

注

(1)本論の内容は、二〇一一年度の「エコビジネスの芽を見つけ、育てるコンテスト〝eco japan cup 2011〟」ポリシー部門、環境ニューディール政策提言《グリーンニューディィル優秀提言》「新幹線列島大動脈の夜間物流への活用」を九州旅客鉄道初代社長の石井幸孝氏と共に受賞したときの発表内容を文章化したものである。当該コンテストの主催者は、環境省、国土交通省、総務省、環境ビジネスウィメン、日本政策投資銀行、三井住友銀行である。しかし、当時は民主党政権下であったために、この政策提言は未だ実現しないままであった。ほとぼりが冷めた今日、あらためて「物流新幹線の意義」を問うものである。

（2）田中角栄は、事実上の政権公約として自由民主党総裁選挙を翌月に控えた一九七二年（昭和四七年）六月一一日に政策綱領として発表した。

（3）一九六八年（昭和四三年）に田中角栄が自由民主党都市政策調査会長として発表した「都市政策大綱」をベースとしており、「都市政策大綱」には、後に国土事務次官となる下河辺淳や自治官僚であった武村正義らが深く関与している。

（4）日本の現状は逆である。このことは、田中角栄の出身地であり選挙地盤である新潟県中越地方、特にその中心都市の長岡市が日本の北部にあるという状況に起因すると考えられている。

（5）当時、世界各国はユーロ債市場から資金を調達していた。経済協力開発機構（ＯＥＣＤ）加盟国は長期の固定金利債を国債として起債することができたが、非産油途上国にはカントリーリスクがあるためにそうした手段がとれず、代わりに負担が大きい変動金利のシンジケートローンに頼っていた。

（6）後者のピークは一九八〇年であった。

（7）ＧＡＦＡとは、米国の巨大ＩＴ企業の頭文字を取った造語である。「Ｇ」はGoogle、「Ａ」はApple、「Ｆ」はFacebook、「Ａ」はAmazon。である。

（8）ＢＡＴＨとは、Ｂ：バイドゥ（Baidu／百度）、Ａ：アリババ（Alibaba／阿里巴巴）、Ｔ：テンセント（Tencent／騰訊）、Ｈ：ファーウェイ（ＨＵＡＷＥＩ／華為）である

（9）このＢＡＴＨの注目度が高まっている理由は、時価総額ランキング２０２０にもあらわれているように、アリババ・テンセントの二社がＧＡＦＡの一つであるFacebookの時価総額に数百億円規模のところまで迫って

いる点である。

(10)国鉄工作局車両設計事務所、「車両の今後のあり方」(3－8新幹線車両)、一九七〇年七月、四一－四八頁。

(11)世界銀行から借款のために、貨物新幹線の想像図がポーズで作られた(島英雄物語)東海道新幹線での貨物輸送計画はコンテナ輸送とピギーバック方式(トレーラーを直接貨車に積み込む)が考えられていた。最高時速一五〇キロメートル、夜間運転で東京－大阪間五時間半程度である。

(12)そうすれば、日本国内の産業の空洞化も大きくは進まなかった可能性があるのである。

(13)国鉄分割民営化で失われた最も大事なものは、物流システムであり、国防なのである。鉄道輸送は産業にとっての物流のみならず、国防にとって重要なインフラなのである。

(14)安全確認のために、あるいは緊急時のために乗員が必要であるかもしれないがこれは担当者が決める問題である。

(15)同時に、長距離トラックの運転手不足は解決し、彼らは短距離トラックの運転手として地元での地域での雇用としては増加するのである。

(16)今日の日本国内の製造業が負担する商品生産のための輸送費用の割合が二〇％であると仮定すると、二％～四％に低下することが説明される。すなわち、マージン率が変化しないならば、商品価格は一六％～一八％低下するのである。

(17)たとえば、日本を東地域と西地域に分けてサマータイムのような二時間程度の時差を設定することができれば、全国のピーク電量を減少させることが可能となるのである。

(18)物流新幹線構想によって、不要となった地方空港が候補地となる。

(19)このような政策は、将来的には新幹線物流システムとしての輸出が可能となるであろう。

(20)このような政策は、地域間の生活費用格差を利用した地域経済開発である。
(21)地方消滅とは、財政的消滅であり、地方再生とは経済的再生である。地方の経済的再生が地方財政を再建する唯一の方法である。「地方消滅——東京一極集中が招く人口急減」増田寛也編著、二〇一四年。
(22)このような背景から鉄道輸送の実績は次第に減少し、国鉄分割民営化の際にはJR貨物は専用の線路を持つことさえ許されない線路の間借り会社となったのである。
(23)JR各社の分割方法については、再考を要す。
(24)物流新幹線により、利益は増大(二〇〇兆円の資産価値を目指す)するであろう。将来は日本政府の国債の利子支払いの一部を肩代わりすることが可能となるであろう。
(25)鉄道建設については盲腸線の計画は失敗するらしい。環状の線路が最も効率が良い計画なのである。
(26)日本が日露戦争の負債を返しきった一九八六年(昭和六一年)であった。
(27)日本の国民は、日比谷焼打事件などの暴動をもってポーツマス条約への不満を示した。
(28)第六条とは、「旅順、大連およびその周囲の租借権・該租借権に関連してロシアが清国より獲得した一切の権益・財産を日本に移転交附すること」である。
(29)帰国後の小村の報告により、ハリマン＝クーン・ローブ連合のライバルであるモルガン商会から、より有利な条件で外資を導入することができ、米国資本を満洲から排除しようと考えていたわけではなかったことが判明し、井上馨や伊藤博文らの元老や大蔵省・日銀など財務関係者も破棄を受け容れた。
(30)小村寿太郎の計画は、「南満洲鉄道と長城以南やシベリア鉄道との連絡を図り、日本国内の鉄道標準軌化や関門海峡への架橋といったインフラ整備をこれにリンクさせることによって極東地域の物流ネットワークの中枢を神戸を中心とする関西地域ないし韓国の馬山あたりに移動させるという大がかりな大陸国家構想を含んでいた」のである。

（31）https://worldfoodday-japan.net/world/

参考文献

田中角栄『日本列島改造論』日刊工業新聞社、一九七二年六月二〇日。

増田寛也編著「地方消滅——東京一極集中が招く人口急減」中央公論社、新書、二〇一四年。

国鉄工作局車両設計事務所「車両の今後のあり方」（3－8新幹線車両）一九七〇年七月。

拙著「安倍のミックスと地方創生」五弦社、二〇一六年六月。

拙著「日本経済再生のための戦略」五弦社、二〇一三年四月。

拙著「物流新幹線構想と大陸への道」、『九州発国のかたちを問う』三岳出版社、二〇二〇年九月。

大矢野栄次

第9章　戦前戦後の日本知識人のアジア観
――具島兼三郎の場合

1　はじめに

本章では、戦前戦後において希少かつ出色のアジア観をもった日本の知識人について概観する。具島兼三郎という戦後九州大学で多くの弟子を育てた政治学者についてである。[1]具島について若干の評伝的論述とともに、戦前にあっては一九四〇年代の日中戦争や日独伊三国同盟への批判的認識をとりあげ、戦後においては中国や南アジア、東南アジアを含めた一九五〇年代のアジア論がいかなるものであったのかについてまとめ、具島の国際政治論のなかで徐々に育成されていった特質を指摘しようとするものである。[2]先走って少々結論めいたことをいえば、とかくエリート主義的な国際政治論のなかに重要な要因としてノンエリートの動向を重視する視点を持ち込もうとした点にあろう。具島の国際政治論の全体像を描き出すには不足であるが、まずは紐解くための糸口としたい。

2　具島兼三郎とは誰か

昭和を生きた九州のシニアなら具島兼三郎の名前を記憶している人もいるだろう。しかし、ほとんど知られていないのが実情ではなかろうか。日本の政治学や国際関係論の草分けであるにもかかわらず、現在ではこれらの分野で登場することはほとんどないし、歴史学のテーマにもなかなかならない。

これは時代の趨勢としか言いようがない。具島は、政治家ではなかったが戦後ローカルの政治状況に対して影響力をもった「プレイヤー」だったし、学術レベルにおいても先駆的に国際政治学の基本的な分析方法を開発した。たとえば、萌芽的ながらも新植民地主義研究を独特の観点から切り拓こうとした。そして政治学としてはなんといっても戦時下に同時代を考察した「ファシズム」研究があり、かつてはかなりの存在感があった。(3)

ところが、具島も「ファシズム」を無かったことにしよう、ないしは黙殺しようとする風潮は徐々に強くなっている。「ファシズム」という概念の説明が難しいこと以上に、第二次世界大戦の亡霊や冷戦の後遺症、そして日米同盟の神権性に悩まされ続けていることが影響しているであろう。ともかくも、具島は戦前戦中期の学術界で卓出した研究を進めたが、やがて社会状況の悪化のなかで大学を追われ、最終的には逮捕され投獄されるにいたった。いったい具島は戦中期の国際政治について何を書き、なぜ逮捕投獄されたのか、それは戦後どうなっていくのであろうか。

政治臨床医の誕生から同志社大学辞職まで

具島は一九〇五年に福岡の樽作りの職人の子として生まれた。経済的には恵まれていなかった。現在、福岡市中心街の天神に溝口病院という歴史ある病院がある。具島は、溝口病院の創設者である溝口喜六夫妻の厚意で書生として援助をうけ、旧制福岡中学、旧制五高へとすすむことができた。溝口喜六は久留米医科大学、現在の久留米大学の初代学長でもあった。溝口病院長夫人の溝口敏子から国家・社会の医者となれと助言され、熊本旧制第五高等学校（理科甲類）からできたばかりの九州帝国大学法文学部の第一期生となり、医師の卵は政治の臨床医へと人生をシフトさせた。当時法文学部に所属した刑法の教授風早八十二は、具島が刑法の試験で最優秀答案を書いたので研究室へ誘ったが、政治学を勉強したいと断られたという。

九州帝大法文学部では佐々弘雄の政治学研究室に入った。佐々はマルキストではないが吉野作造の薫陶を受け、かつ新人会出身であり、のちに一九二八年の三・一五事件が起こると、向坂逸郎、石浜知行とともに「赤化」三教授の連袂で大学を去ることになる。

具島は九大を卒業すると法文学部に助手として採用された。このころ具島は、ルドルフ・ヒルファーディングの『金融資本論』（一九一〇年）を繰り返し読んでいたという。[4] 他方、現実世界ではイタリアのムッソリーニらのファシスト党の動向に着目していたころに、日本においては議会や政党への支持が落ちていき、かわりに軍人の政治的地位が上昇していくのを目撃する。具島は、これまで経験したこともなければ、もちろん学術的に説明されたこともない政治現象について並々ならぬ関心をよせていった。

佐々弘雄のあとに政治学を担当したのは今中次麿であった。今中は吉野作造の弟弟子として健筆をふるった。満洲事変期には『九大新聞』に「満洲事変の責任」と題する巻頭論文を掲載し、軍の不満が爆発したものだと論じた。このため『九大新聞』は一時発禁となった。九大の雰囲気が右傾化していったことがわかる。だが、今中はそのような逆風のなかで一九三〇年代に次々と「ファシズム」についての研究を連発する。一九三二年には『独裁政治論叢書』、一九三五年には具島との共著で『ファシズム論』、一九三九年には『独伊独裁政治の機構』などを世に問うた。以上のような今中の研究姿勢は具島に知的刺激を与えていった。

具島は福岡県久留米市にあった歩兵第四八連隊に幹部候補生として入隊し少尉となったのちに、一九三一年に今中の推薦で同志社大学法学部に講師として就任する。同法学部には、これまた吉野作造と関係の深い新人会、そして帝大ＹＭＣＡ出身の住谷悦治がおり、さらに新人会出身でマルクス経済学の林要、同じくマルクス経済学の長谷部文雄も所属しており、当時としては最先端の社会科学者がそろっていた。林要は九大時代に具島が検討したヒルファーディングの『金融資本論』の訳者であった。

ところが同志社大学も時代の波にのみこまれていく。一九三三年には京都帝国大学で滝川事件がおこり、大学の「自由」な雰囲気が失われていくのは常態化していった。同志社大学では、滝川事件で辞職した佐々木惣一門下の田畑忍の排撃にはじまり、「マルキスト」として林要への攻撃があり、そのような学内の雰囲気に批判的な具島兼三郎も槍玉にあがった。総長へこれらの教員を罷免するよう上申書が提出された。総長であった湯浅八郎は、同志社大学と具島とを守るために、具島を国民精神文化研究所へ一時内地留学させてことをおさめようとしたが、具島はこれを拒絶し辞職するにいたった(5)。具島は、同志社大学に在籍していたころ、林要の紹介で長谷川如是閑を知るところとなり、かの雑誌『批判』に論考を掲載することになった。具島は少なくとも「ファシズム」に関する論考を『同志社論叢』に八本、如是閑の『批判』に五本は掲載している。「ファシズム」研究は日本の大学では不味い存在になっていたのであろう。

3　満鉄時代の国際関係論

同志社大学を辞職させられた具島は、一九三七年九月に南満州鉄道株式会社調査部に就職し中国の大連へと渡った。すでに日本軍は同年七月の盧溝橋事件によって、日中戦争へとつきすすんでいた。ところが、満鉄調査部とは言うなれば別天地であって、内地にはない自由があったという。日本国内は戦争への準備体制が整っていった時期にもかかわらず、満鉄調査部には研究の自由が存在した。事実、具島は「ファシズム」研究を継続し、とくに国際関係における「ファシズム外交」の特徴をつかみ出し、進行する軍事的被害を少しでも軽減することを目指し言動することになる。具島は「ファシズム」という時代の中心テーマに取り組む際に、空間的には辺境に位置することで研究の自由を守ったわけである。

具島も共同研究者、執筆者として名を連ねている満鉄調査部編の『支那抗戦力調査報告』(全五巻、一九四〇年)と論文「物資戦略と外交政策」(『満鉄調査月報』一九三九年に掲載)とは、ほぼ同時期に書かれている。(6) 相互に連関する箇所があることから統合的に捉えてみたい。

この時期の具島の国際政治論は外交を論じる姿勢で貫かれている。なにをいまさらあたりまえのことを、と思うかもしれない。だが、国際政治への接近の方法というのは、国家を前提とした外交政策論や国家間の外交関係に限られたものではない。国際政治学は特定の国家の利益の観念を離れ、自由に議論できる点に学術としての利点がある。例えば、現在のEUという地域統合組織を考究するには、主権国家の分析枠組みを超えた視点を要するだろう。ところが、「外交政策」を論じるということは、レーゾン・デタ（国家の生存理由）を前提とすることになる。言い換えれば、ある国家の利益を追求することを暗黙の了解とすることになる。したがって具島の論説は、「我が国」たる大日本帝国の国益追求を考究するという設定を意識して論じられたことになる。具島の国益追求のスタンスは、自己の身を守るための隠れ蓑の役割を果たしつつも、日本人を中心としつつ戦争によるアジアのあらゆる人民の惨禍を最小限とする施策を織りこむことも可能であった。

(1) 日中戦争期の論壇

一九三七年の盧溝橋事件の勃発以降、日中は全面戦争状態となり大規模な軍事作戦がつぎつぎと実行されていった。このころ、中央論壇で議論されていた議題の一つに、なぜに中国は抗戦を継続することが可能なのかという難題があった。というのも当時の日本政府や軍首脳には、大量の兵力を投入し打撃をあたえれば中国政府は早々に屈服するだろうとの楽観があった。ところが中国は、第二次国共合作によって八路軍および新四軍を編成し、全面抗戦の体制をかためた。一九三七年一二月の南京陥落後、中国は政府を漢口へと移し、対して日本はその漢口を一九三八年一〇月に陥落した。しかし、中国はすかさず政府を重慶へとうつして抗戦の体制を崩さなかった。軍事的には手詰まりの感が強くなっていた。日本政府や軍首脳は、どれだけ追い詰めても屈服しない中国の耐性に直面し、中国側に抗戦力がどの程度残っているのかという点へと関心をうつしていった。

このような問いについて、中央論壇ではいくつかの応答が提出されていた。その一つは、中国の背後にイギリスの援助、ついでソ連の援助があることが大きいと指摘するものが多かった。たとえば、満鉄調査部から企画院をへて昭和研究会に参加した和田耕作は、「日支事変の内容は旧世界を搾取せる英国が、支那を植民地として長く確保せんとする執拗なる要求との抗争」だと論じている。(7)かような見解は当時の論者においても大同小異であった。(8)

いまひとつの回答は、中国ナショナリズムの再発見にあった。たとえば、一九三八年一一月の田中直吉「長期建設と対支新認識」である。(9)田中は京大滝川事件で法学部を辞し立命館大学へ勤めた外交史家であった。田中は次のように論じている。「支那が精鋭なる皇軍を向ふに廻して一ヵ年も戦争を継続してゐるのは、決して一蔣介石の力によるものではない。それは主として澎湃として起ってゐる抗日民族意識の力によるものである」と観察していた。一九一〇年代に吉野作造によってすでに発見されていた中国ナショナリズムの威力は、日中戦争期の軍事的困難に直面し現実的な抗戦力として再発見されざるをえなかったのである。

かような中国ナショナリズムの再発見は論壇にも影響を及ぼす。一九三八年一一月に近衛文麿首相による「東亜新秩序声明」が発表され、近衛のブレーントラストであった昭和研究会のメンバーによって「東亜共同体論」が提起され、論壇ではにわかに「東亜共同体論」に関連する議論がなされるようになる。それに先立つ一九三八年九月に「東亜共同体の理論」と題して嚆矢を放ったのは蠟山政道であった。(10)蠟山の議論は、一度は発見した中国ナショナリズムの失念と再発見の上になされていた。蠟山の最適解は「防衛または開発のための地域主義」概念をもちだすことで、日中の両ナショナリズムを超克しようとする操作的理論を骨子としていた。もっとも蠟山の見解とは異なるものも出てくる。のちにゾルゲ事件で逮捕され死刑となる尾崎秀実である。尾崎の立論は割愛するが中国ナショナリズムの強靭さは認めざるをえず、それとの衝突を回避するには日本の国家体制の大改造を前提とするという趣旨であった。(11)

『支那抗戦力調査報告』

日中戦争の難儀のうちに軍より満鉄調査部へ依頼されたのが「支那抗戦力調査」であった。(12)具島の筆による部分は、第一〇文冊の「外援篇（五）列国の対支援助」である。具島の「列国の対支援助」研究は徹底したデータ主義に基づいて次のように論じる。中国は資本主義化した沿岸地帯を日本によって占領され、そのため近代兵器の製造を困難としている。日本に抗戦するため外国からの援助は武器や弾薬を中心として必要不可欠であり、したがって南からのいわゆる「援蔣ルート」を圧迫することに一定の効果をみている。(13)だが、同時に限界も認めていた。すなわち、ソ連による「西北ルート」の強化の傾向と更なる発展の可能性であった。(14)具島は明記していないが、「西北ルート」を外交軍事の両力で遮断するのが困難なのは火を見るよりも明らかであった。そうなれば国共合作における中国共産党の比重は増すばかりであった。関連して、具島がより重視したのは、占領が不可能な大陸内部の広大な農村地帯の動向にあった。中国共産党は農村において土地改革を断行し、農民に有利な生産関係を構築していた。農民は改革された生産関係を維持するために中国共産党に協力せざるを得ない。(15)その結果、中国共産党は確実に勢力を拡大し、持久戦に耐えうる農民の支持を取りつけつつあったという。いうまでもなく農民は当時の中国で人口の多数を占める。すなわち中国の抗戦力の鍵は、中国共産党と彼らにしたがって抗日に邁進する農民たちが増えていることにあったというわけである。しかも中国共産党の勢力拡大は、ソ連に有利であった。日中戦争の長期化は「日本の対ソ勢力の削減」につながり、さらに「英米仏諸国と日本との対立」は「資本主義列強の反ソ十字軍の結成」を困難ならしめるからであった。(16) 具島は日中戦争を継続するのはかなり厳しいと観測したと要約できよう。(17) 当時としては希少であり、現在から見れば正確な分析だと言える。

「物資戦略と外交政策」

次に同時期に出された具島の論文「物資戦略と外交政策：特に我国を中心として」(一九三九年)をみてみよう。本論文は、タイトルどおり物資戦略をいかにするかを考究している。当然ながら物資戦略は国際平和下の貿易の話ではなく、列国の「アウタルキー」形成のさなか、「戦時に、どこから、どの位、どう云ふ方法で入手するか」を意識したものであった。(17) 具島によれば、日本の貿易システムは英米依存型であった。英米より必要な機械や機材を購入し、英米の関係諸国より輸入した原料を加工し、つくったものを英米の関係諸国へと販売するという英米依存型の状況にあったという。にもかかわらず、独伊と結べば中国に関する短期的な外交案件に資することはあっても、長期的には英米を敵側にまわし、必要物資を得られないまま最悪の場合には持久戦に突入し、ジリ貧へと陥るという趣旨である。

一国の外交がもしも物資戦略の要求を無視して、その反対の方向に猪突せんか、その国家は戦争の勃発とともに忽ち身動きできなくなるだけである。(18)

本論文における具島の結論は、「彿、ソ、獨、伊、蘭諸国との関係は我国にとって第二義的な意義しか持た」ず、「英米両国との友好関係が一番望ましい」ことにあった。(19)

(2) 日独伊三国同盟の危険性

先述のような物資戦略はなぜ書かれたのであろうか。先まわりすれば日独伊三国同盟の批判にあった。具島によれば、独伊との軍事同盟はこれまでの日本の貿易構成や物資戦略にそぐわないものであると同時に、英米仏を敵にまわしかねないリスクをともなっているという。英米仏と戦争になれば、独伊からでは必要な物資を入手することはできず、先に見たように戦争を継続するのは不可能になるというわけである。

具島は、日独伊軍事同盟論がもてはやされる日本側の事情をつぎのようにみている。まず、日中戦争における日本の大陸への軍事侵攻によって中国大陸に権益を多く持つ英仏とのトラブルが増えた。このため、英仏を牽制する必要が出てきた。独伊との防共協定を軍事同盟へと発展させて、英仏より中国の処遇について譲歩を勝ち取ればよいとの算段があるとみた。だが、具島にすれば以上のような見取り図は短絡的であり、日中戦争を中心に世界をみるご都合主義としてうつった。

というのも日独伊軍事同盟論は巨大な牽制力をもつ米ソを敵側にまわす危険性があると分析できたからである。米ソの間接的な協働が本格化すれば、日本の対中国戦略は立ちゆかなくなるだろうと危機意識をあらわにする。

ソ連は米国に次いで強力な対日制裁力をもってゐるとは云うものの、この国も亦単独で行動するよりは英米と一緒に行動すればそれだけ牽制力を増大し得る。英米と日本との関係が悪化してゐる時には三国の関係がうまく行ってゐる時に比してソ連の対日制裁力を著しく強化するから、かう云う場合にはソ連としては安心して対支援助を行ふことが出来る。(20)

米ソの対日抑制力は強力であり、二国が同時に日本を圧迫すれば耐えられなくなるのは時間の問題であった。対日抑制グループに米ソの協力を引き出すために重要だったのは英国のポジションであった。英国はチェンバレンによる対独宥和政策、いわゆるアピーズメント・ポリシーによって英米仏ソの足並みをみだしてしまい、日本に対する風当たりは一時、弱まったという。(21) ここに先述の日独伊三国の提携を強化すべきだとの日本国内の声が生まれる余地があった。だが、具島は、日独伊協調関係がより深まっていけば、欧州状況が連結し、日独伊に対抗すべく英米仏ソの連携の磁力は強まらざるを得ない。結果として、対日制裁力は格段に強化されるだろうと観測していた。中国をめぐる国際関係と欧州との外交関係をつなげて考察した場合、具島は日独伊防共協定が軍事同盟へと発展しないように策することがベターだと論じたわけである。

日独伊の「結束」が強まれば自ずから英米に加えソ連までが接近して「対日制裁力」となるだろうとの見通しであった。日独伊三国の軍事同盟とは、軍事的解決が暗礁に乗り上げていたにもかかわらず、日中戦争の継続にとらわれた短絡的政策であった。以上のような日独伊三国同盟への合理的な批判は、清沢洌などのごく少数の論者に限られたものであった。(22)

以上のように、希少な日独伊三国の軍事同盟についての合理的批判にくわえ、軍事力による日中間題の解決は不可能だとの冷徹な認識は、当時の中央論壇に一応の衝撃を与えた。戦前期において具島は一九四〇年に論文「物資戦略と外交政策」を発表して投獄されるまでのしばらくのあいだ中央論壇でひっぱりダコとなった。日本における中央論壇の知的水準が完全には地に堕ちていなかったことを示すと言えばよかろうか。だがこれらの抗いも、やがて潰えることになる。当時のイデオロギーのなかで具島は「国賊」となった。

具島は、一九四二年九月に「満洲国治安維持法」違反として関東憲兵隊によって逮捕投獄されることになった。罪状はなんであろうか。ゾルゲ事件で逮捕され死刑となった尾崎秀実についてしつこく問いただされたようだが、それよりも日独伊三国同盟に反対したことや、『支那抗戦力調査報告』を執筆し、それらが日本政府の方針にそぐわないものだったことにあったようである。罪状とは言えないなんとも非合理な理由である。具島は一九四五年一月まで新京(長春)で暗く辛い獄中生活をおくった。具島の戦後は、一九四五年の年明けよりはじまる。年始早々に裁判がはじまったのである。エリートになればなるほど世界情勢が具島のいう通りになったことがわかる時期になっていた。裁判長は、関東憲兵隊の顔を立てて具島を有罪としつつ、執行猶予とすることで実質的な自由を与えた。解放された具島は、一九四五年六月に朝鮮経由で帰国し、家族の疎開先であった大分県豊後高田へ帰った。戦後、具島は一時上京し、中国研究所の事務局長や読売新聞論説委員などを務め、一九四八年に九州大学法学部の政治史・外交史の担当教授に就任した。

4　戦後新興アジアの「第三の道」

二一世紀から見れば不思議な話だが、第二次世界大戦後直後の日本の論壇では国際関係をめぐって扱いにくいテーマがいくつかあった。一つは国際平和論、いまひとつはアジア論だった。「大東亜戦争」はアジアの「解放」を目指して、アジアを戦場とした。アジアについて論じることは、生々しいうえに、米占領下においては大東亜共栄圏を想起させるために扱いにくいものだった。

だが、中華人民共和国が一九四九年に誕生し、また東南アジアや南アジアでも独立国家が出現し、サンフランシスコ講和条約への準備が着々と進むようになると、戦後日本がアジア諸国といかなる関係を持てばよいのか否が応でも考えざるを得なくなる。雑誌『中央公論』は一九五一年一月号で「特集アジアのナショナリズム」を組んで状況に応えようとした。

なかでも注目すべきは蠟山政道の「二つの世界とアジアの課題」（一九五一年）であろう。[23] 蠟山政道は新興アジア諸国におけるナショナリズムの成長要件を論じ、新興アジア諸国と冷戦による「二つの世界」との関係性について論じる。

本論説において、蠟山政道は西欧の歴史から学んで主権国家の形成に三要件あることを示す。第一はナショナリズムである。第二は「市民階級によるデモクラシー」と、第三に「資本主義によって象徴される」インダストリアリズムの三つの「歴史的勢力が結合」することが必要だという。要するに、近代国民国家の健全なる成長は、「市民階級」を主力とする資本主義の発達と、これまた「市民階級」

を中心とするデモクラシーの進展によって支えられるナショナリズムを必要とするということである。蠟山政道はセオリー通りにデモクラティックで資本主義を成長させる強くて分厚い「市民階級」の育成こそが必要だと力説した。さらに蠟山政道は、以上のような新興アジア諸国のナショナリズムの発展は、米ソ冷戦の「二つの世界」のうち米国をはじめとする西欧諸国の援助と協力とを必要とするという。すなわち、米国を中心とする西側の資本主義国家による援助と協力とが必要であり、のちの「近代化論」の雛形となるものがすでにこの時登場していたことになる。したがって蠟山政道は新興アジア諸国を「二つの世界」のうち米国側に位置させるべきだとも論じていたのである。当然ながら太平洋地域のパックス・アメリカーナの現状を冷静にうけとめ、日本は米国との軍事同盟へと突きすすむとの見通しがあった。

具島は蠟山政道の先の論文より二年後に岩波新書『激変するアジア』（一九五二年）を著している。[24] 実は具島は蠟山政道の議論を意識した見解を述べている。結論から言えば、蠟山説に批判的である。アジアは「二つの世界」からは距離をおいた「第三の道」を進みつつあり、またその路線を放棄することはできない状況にあると論じた。すなわち、具島によれば、新興アジア諸国は米国をリーダーとする資本主義陣営にも、ソ連をリーダーとする社会主義陣営にも、どちらにも属さずに「二つの世界」とは付かず離れずに距離を保ちつづけるだろうというのだ。

たしかに新興アジア諸国に米国ないしは資本主義陣営の資本を注入することでアジア各国の資本主義体制の離陸をサポートすることはできるだろうという。しかし、具島はインドを例にとって、米国資本の導入のために「第三の道」を放棄するなら「人民の反撃をうけて政権維持が困難になるだろう」とみていた。「二つの世界」からは距離をおいた「第三の道」を突き進むというのである。これは「ビルマやインドネシア」においても事情は同じだという。

具島は新興アジア諸国のうち「第三の道」を進もうとするのは一九五〇年代前半では「インド、ビルマ、インドネシア」だとする。それ以外の例えば「北鮮、中国、インドシナのホー・チー・ミン開放区、ビルマの人民政府解放区、フィリッピンのフクバラハップ解放区、マレーのゲリラ地区がソ連陣営につらなり、南鮮、台湾、フィリッピン、インドシナのフランス支配地域、マレー、シャム、パキスタンなどが米英陣営につらなる」ものと観察できるという。しかしながら、「第三の道」は新興アジア諸国を考える上で無視できない重要な路線だという。というのは次のような絶妙なポジションを取りうるからである。

第三勢力を自分の陣営にひきずりこもうとする努力は、「二つの世界」のどちらの側からも活発になる。そいつをうまく利用してゆきさえすれば、「二つの世界」のどちらの側からも大きな利益をひきだすことができる。(25)

「二つの世界」のどちらかに深く傾斜するのではなく、どちらからも遠ざからず、どちらへも没入しないポジションを取ることで米ソのライバルリーを誘いだし、新興アジア諸国は利益を最大化しうると観察していたのである。

ここで具島が注視していたのは「人民勢力」である。蠟山政道が議論の中心に据えた「市民階級」(＝ブルジョアジー)とは異なる。新興アジア諸国におけるアジアの民族運動を中心となった「人民勢力」はなぜそんなに大切で、勢いをもっているのであろうか。

「人民勢力」は第二次世界大戦から民族独立への歴史を経験するなか、アジア諸国において形成されていった。第一に「人民勢力」は第二次世界大戦、ことに日本の軍事的進出によってこれまでのアジア諸国をおおってきた支配体制が動揺するなかで、日本や西欧の植民地主義や帝国主義を駆逐するために形成されざるをえなかった。第二に、西欧の植民地主義や帝国主義が東欧の社会主義革命の連発で明らかに弱体化していき、冷戦の開始によるソ連と米国とのライバルリーによって新興アジアの民族運動は後援を得ることがたやすくなったのだ。以上の中で「人民勢力」は台頭したという。「人民勢力」とは、植民地支配から脱し、民族の独立を勝ちとろうとした普通の人々であった。「人民勢力」を構成したのは、ロシア革命のように労兵主体ではなく、多数の農民や少数の労働者を主力として、ときに「小ブルジョア層」や「民族資本の一部を同盟者」とする広範なナショナリズム運動を基礎としていた。具島によれば以上のような「人民勢力」の形成に成功したモデルは、中国共産党が指導した中国革命だったという。「人民勢力」形成の中国モデルは東南・南アジアへ波紋を広げていった。かような植民地からの解放を主導した「人民勢力」は、新興アジア諸国の各政権を支える重要な支持基盤となっていることが「第三の道」を有力とする大きな要因であった。

戦後日本の新しいナショナリズムの必要

具島がことさらに新興アジア諸国のナショナリズムを観察したのは、戦後日本の新たなナショナリズムを立ち上げ、新興アジア諸国への共感を喚起したかったからだと考えられる。具島は『激変するアジア』のはじめにあたる「夢と現実」でつぎのように述べる。

〔新興アジア諸国は〕いまでは自分の足で起ちあがり、自分の力で民族の独立を克ちとり、或いはそれを克ちとろうとしている。彼らは外国帝国主義に対し卑屈な態度をとり、媚態を示すことによって目先の安全を期するかわりに、外国帝国主義に対して毅然たる態度を取り、これと抗争するためにはどんな危険さえもおかそうと決意している。(26)

さらに「むすび」の最後に次のように訴えかける。

独立とは何だ？　国の戦略的要地がことごとく外国の軍隊に占領されているような状態をいうのか？　国土のあちらこちらに国の主権が行使できないような地域のあることを言うのか？〔中略〕われわれはいまこそ独立の真義について、とくと考えてみるべきである。(27)

具島がはじめにとむすびで論じたのは、戦後日本の新しいナショナリズムの形成であった。第二次世界大戦期に「超国家主義」にまで狂乱し、そして壊滅した日本のナショナリズムが、「独立の真義」を理解して日米安保体制を廃棄し、新興アジア諸国とのあいだに共感を見出してほしいという具島の願いのあらわれであろう。この意味では国際政治論を題材とした運動論としての側面を持っていると言えるだろう。

具島には「第三の道」とは次のように映っている。

米国陣営でもソ連陣営でもないとすれば、それはいったい何なのか？これらの国々はけっきょく第三の道をいっているという以外にない。第三の道＝それは「二つの世界」の重苦しい空気のなかで、日夜戦争の脅威に悩まされている人たちにとって、なんと魅力のある言葉であろうか？[28]

具島には、「日夜戦争の脅威に悩まされている」朝鮮戦争の状況より脱して、新興アジア諸国とともに「第三の道」を突きすすむ中立日本の姿が青写真としてあったことがわかる。

かような戦後日本のナショナリズムの再定義は、具島だけが試みたことではなかった。蠟山の前掲論文が出された『中央公論』には丸山眞男の「日本におけるナショナリズム」も掲載されていた。[29]そこで丸山はつぎのように論じる。日本のナショナリズムは勃興－爛熟－没落のサイクルを一度経験した。戦後の日本は国民的独立というナショナリズムの至上命題を放棄せずに、「民主革命と結合した新しいナショナリズム」を起こし、それこそが「他のアジア・ナショナリズムの動向」に適合すると主張していた。具島も、丸山が提起した戦後日本の新たなナショナリズム、すなわち戦前期日本の「超国家主義」を克服した形のものの必要性を理解していたと言えるだろう。

新しいナショナリズム論の潮流は、その後、一九六〇年の坂本義和の「革新ナショナリズム」へと結実する。[30]坂本義和の「革新ナショナリズム」は、安保闘争の際に掲げられた「平和と民主主義」というシンボルが日本の中立主義的ナショナリズムと結びついていることを指摘し、その意義を高く評価したものであった。具島の新しいナショナリズム論は、坂本の「革新ナショナリズム」を先取りしていたと言えるだろう。

5　むすびにかえて――国際関係における人民大衆の登場

具島は、一九五九年に「国際政治における大衆の登場」と題する論文を著している。(31) 同論文は「一はしがき」にはじまり「二 王や貴族だけが国際政治の主体として振舞った時代」、「三 国民が、実質的にはブルヂョアジーが国際政治の主体として活躍した時代」、「四 大衆が国際政治の主体として新たに登場した時代」と構成された。以上の章立てを見れば、具島の議論の方向性はよくわかる。一言にすれば、国際政治も国内政治と同じく徐々に民主化されているというのである。「二」と「三」との画期は一七八九年のフランス大革命であり、「三」と「四」との画期は一九一七年のロシア革命（一〇月革命）であった。ただし、「四」は「第一期」と「第二期」とにさらに分けられており、「第一期」と「第二期」とを分けたのは「第二次世界大戦」にあった。

論文タイトルに入っている「大衆」の内容は次のようである。「第一期」においてはロシア革命を評価して「植民地の人民、後進諸民族、労働者階級、農民」などとしたが、「第二期」の第二次世界大戦後にとくに注目したのは、独立を勝ち取ろうとするないしはすでに勝ち取った「植民地人民の声」であり、「原子兵器」の製造、実験、配備、使用に反対する「庶民の声」であった。

以上のような「大衆」という着眼は、具島の国際政治論において徐々に逞しく成長していった一本の幹であることがわかる。「大衆」という視角はある時期までは時代を解剖するのに便利なものであった。具島の議論を振り返れば、『支那抗戦力調査報告』においての気づきは、中国共産党が農民を自己の勢力に取り込むことに成功している点にあった。換言すれば、労働者と農民との「人民」としての提携であり、それらが政治的に大きな力として出現したことにあった。戦後のアジア論においては、具島の視線はいっそう「人民」へ注がれた。中国革命モデルを参考に南アジアや東南アジア諸国において「人民勢力」が台頭し、彼らが力を得ることで植民地より脱却して独立国家となった。「人民勢力」とは、農民や労働者を主力として「小ブルジョア層」「民族資本の一部を同盟者」としていた。かような「人民勢力」であるがゆえに、米ソ双方へ距離をとり、同時にアプローチしていくことで利益を得ようとする「第三の道」を歩んでいることを指摘した。

しかしながら、その後の「人民勢力」は、必ずしも具島の期待どおりに世界史を変革する一大勢力とはならなかった。具島が「人民勢力」のエリアとして観察した地域は、非同盟主義や第三勢力の主体となり、一九五四年に周恩来とインド首相ネールとの共同声明を経て、一九五五年にアジア・アフリカ会議（バンドン会議）を開催し、平和十原則を発表した。アジア植民地を独立へ導いた反植民地主義ナショナリズムを、中東やアフリカへと注入する意義をもった。この潮流の中から一九六一年に非同盟諸国会議（Conference Non-Aligned Nations）は生まれ、その後三〇年以上国際会議として継続し、加盟国は一〇〇カ国を超えた。ところが、Ａ・Ａ会議の中心国の一つである中国は一九六〇年代には中ソ対立へと突入し、このため参加国は分断された。アジアは、アジア域内において対立が次々と起こった。中ソ対立、中印国境紛争、中越対立、ヴェトナムによるカンボジア侵攻など、かつての連帯は過去のものとなった。そのなかで「第三の道」を引き継ぐ東南アジアの連帯は、ＡＳＥＡＮ（東南アジア諸国連合）としての国際組織を保っているに過ぎない。しかも「人民勢力」がＡＳＥＡＮを支え指導するというわけでもなくなった。さらに言えば、国際政治に紆余曲折あったとはいえ、蠟山政道が指摘した米国を中心とする西側の援助と協力とが効果的だったとも見られるのである。

かくして、具島が重視した「大衆」や「人民勢力」という概念は、現在より見れば、それだけでは有効性を失ったとも思える。では、国際政治において「大衆」や彼らの運動が意味をなさないのかというとそんなことはない。気候変動問題にしても、格差を拡大するグローバリズムに反対する運動も、難民問題やジェンダー平等を要求する運動も、すべて国際政治に影響を及ぼし続けている。それらの多くは、具島が重視した「人民大衆」の内側から育ってきたものだということができるだろう。

他方で、具島が展望した東アジア、東南アジア、南アジアへの視点はどうであろうか。日本外交を基軸として、総合的な安全保障政策や国際統合の観点から以上の地域との関係性を考察できているだろうか。その問いの源泉は、具島がアジアの「人民勢力」より抽出したように、紛争のない平和なアジアに生きたいと希望する「人民大衆」が二一世紀においても依然として圧倒的多数であろうことにある。

注

(1) 具島兼三郎についての先行研究や資料状況は次のようである。石川捷治「具島兼三郎：人生と学問」『比較文化年報』（久留米大学大学院比較文化研究科）二四、二〇一五年。熊野直樹「具島ファシズム論の再検討」『法政研究』七一巻四号、二〇〇五年。熊野直樹「二つの具島ファシズム論――『ファビオ・ファシズム』論と『上からのファシズム』論」『法政研究』七四巻三号、二〇〇七年。資料状況について現時点で網羅的なのは次である。西貴倫「年譜・主要著作目録」および「解題」（追悼具島兼三郎刊行委員会編『追悼』具島兼三郎－良心を枉げて易きにつく者は悔いを千載に残す』弦書房、二〇〇六年）に所収。満鉄研究や社会運動史、平和運動史でも具島は登場するが、ここでは割愛する。

(2) 評伝的論述についてはとくに断らないかぎり以下のものを活用した。具島兼三郎『奔流』九州大学出版会、一九八一年。前掲、石川捷治「具島兼三郎：人生と学問」。

(3) 具島兼三郎『ファシズム』岩波新書、一九四九年。戦後直後の岩波新書第二冊目。

(4) 猪俣津南雄による邦訳は一九二五年刊行、林要による邦訳は一九二六年の刊行である。

(5) 具島兼三郎「同志社とファシズム」『同志社時報』五六、一九七五年。

(6) 満鉄調査部編『支那抗戦力調査報告』全五巻、一九四〇年。満鉄調査部時代に中西功らと共同研究。一九七〇年に三一書房より復刻。具島兼三郎「物資戦略と外交政策：特に我国を中心として」『満鉄調査月報』第一九巻第一〇号、一九三九年。具島「『物資戦略と外交政策』補遺」『満鉄調査月報』第二〇巻第一号、一九四〇年。

(7) 和田耕作「長期戦の特質と大陸政策の方向」『中央公論』一九三八年七月。ちなみに和田は戦後、民社党の結党に参加している。

(8) 戸部良一「研究会」日本人は日中戦争をどのように見ていたのか」(『外交史料館報』二九、二〇一六年)で整理されている。同論考では井村薫雄、半澤玉城、宮崎龍介、吉岡文六、梶原勝三郎などにおいても大同小異であったと分析される。

(9) 田中直吉「長期建設と対支新認識」『外交時報』一九三八年一一月。

(10) 蠟山政道「東亜共同体の理論」『改造』、一九三八年九月。蠟山については次の論文を参照のこと。酒井哲哉「『東亜共同体論』から『近代化論』へ――蠟山政道における地域・開発・ナショナリズム論の位相」『年報政治学・一九九八』日本外交におけるアジア主義』岩波書店、一九九九年。

(11)尾崎秀実および近代日本のアジア観については次の書を参照のこと。米谷匡史『アジア／日本』（思考のフロンティア）岩波書店、二〇〇六年。
(12)「支那抗戦力調査」は満鉄上海事務所の伊藤武雄所長のもとで企画され、全部で五編一〇分冊から構成された。満鉄調査部の支那抗戦力調査委員会の伊藤武雄によれば、具島は第一〇分冊「外援編（五）」の「取り纏め責任者」であり「大連調査部総合課」所属と記されている。
(13)前掲、『支那抗戦力調査報告』第五分冊〈外援篇〉、一一九ページ。
(14)同前、『支那抗戦力調査報告』第五分冊〈外援篇〉、九一ページ。
(15)同前、『支那抗戦力調査報告』第五分冊〈外援篇〉、一六ページ。
(16)同前、『支那抗戦力調査報告』第五分冊〈外援篇〉、一五－一六ページ。
(16)清沢洌も長期化する日中戦争の打開には外交政策が必要だとは論じているが、その根拠について具島ほど明確なわけではない。佐久間俊明『清沢洌の自由主義思想』日本経済評論社、二〇一五年、一八一頁。
(17)前掲、具島兼三郎「物資戦略と外交政策：特に我国を中心として」一九三九年。および前掲、具島兼三郎「『物資戦略と外交政策』補遺」一九四〇年。
(18)前掲、具島兼三郎「物資戦略と外交政策：特に我国を中心として」一九三九年。
(19)前掲、具島兼三郎「『物資戦略と外交政策』補遺」一九四〇年。
(20)前掲、『支那抗戦力調査報告』第五分冊〈外援篇〉、三〇ページ。
(21)同前、『支那抗戦力調査報告』第五分冊〈外援篇〉、四四ページ。
(22)前掲、佐久間俊明『清沢洌の自由主義思想』、一八二頁。上田美和『自由主義は戦争を止められるのか』吉川弘文館、二〇一六年。

(23) 蠟山政道「二つの世界とアジアの課題」『中央公論』一九五一年一月。戦後の日本の国際政治論を概観したものとして次を参照のこと。酒井哲哉「〈解説〉理想主義と現実主義の交錯－戦争・平和・アジアをめぐって」同編『平和国家のアイデンティティ』(リーディングス戦後日本の思想水脈1) 岩波書店、二〇一六年。
(24) 具島兼三郎『激変するアジア』岩波新書、一九五三年。
(25) 同前、一九九ページ。
(26) 同前、三ページ。
(27) 同前、二一四ページ。
(28) 同前、一九九ページ。
(29) 丸山眞男「日本におけるナショナリズム」『中央公論』一九五一年一月。
(30) 坂本義一「革新ナショナリズム試論－新たな国民像を求めて」『中央公論』一九六〇年一〇月。
(31) 具島兼三郎「国際政治における大衆の登場」『法政研究』二五(二/四)、一九五九年。

藤村一郎

第10章　日本の経済社会
――コロナ後のあり方を問う

1　はじめに

世界保健機関（World Health Organization：以下、WHO）によれば、二〇二一年一一月二六日現在、世界の新型コロナウイルス感染者数（死亡者数五一八万三〇〇三人を含む）は、二億五九五〇万二〇三一人に達している。(1) 本章執筆時の一一月二六日には、南アフリカで新たな変異株が検出されるなど、終息する気配は、一向に感じられない。

わが国では、二〇二〇年一月に新型コロナウイルス新規陽性者が初めて確認されて以来、五波にわたり増減を繰り返し（図10－1参照）、本章執筆時の二〇二一年一一月二六日現在まで二年近く経っても終息宣言が出されていない。

図10－1　新型コロナウイルス新規陽性者数の推移（日別）

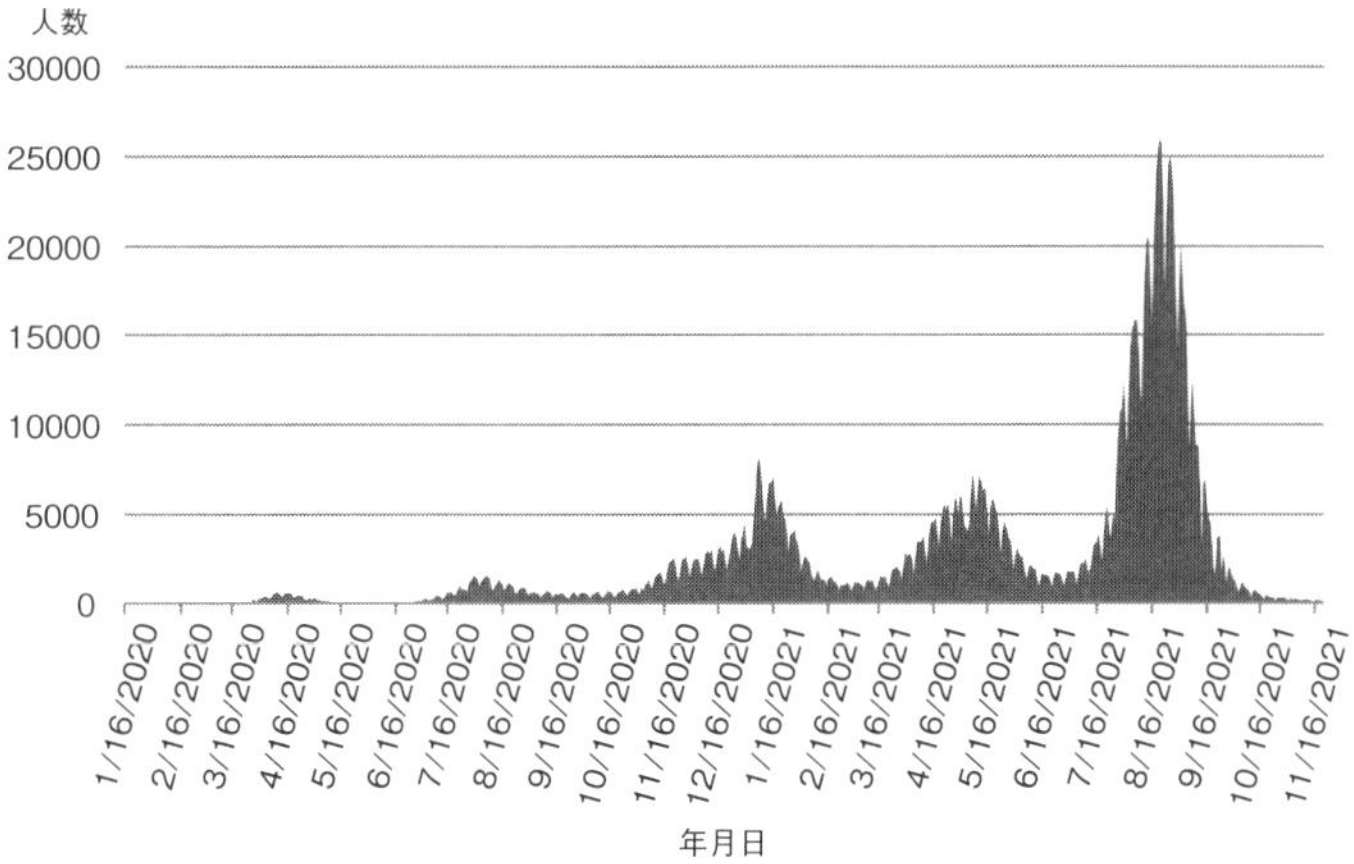

（出所）厚生労働省公式ウェブサイトよりデータをダウンロードし、筆者作成。

この間、日本の経済社会にはさまざまな影響が及んでいるが、本章では、主として労働面から日本経済への影響と、さらには、今後の日本の経済社会のあり方について考えてみたい。

2　日本経済の動向

経済面で新型コロナウイルス感染症の影響が端的に表れたのは、国内総生産（Gross Domestic Product：以下、GDP）の成長率である。図10－2は、一九九五年度から二〇一九年度までのGDP成長率の推移を示すものである。この間、日本経済は、マイナス成長となったり、プラス成長でも一％以下に止まっていたりしていたが、二〇一九年度に改善の兆しが見えてきたところに、新型コロナウイルス感染症に見舞われたのである。

図10－2　GDP成長率の推移

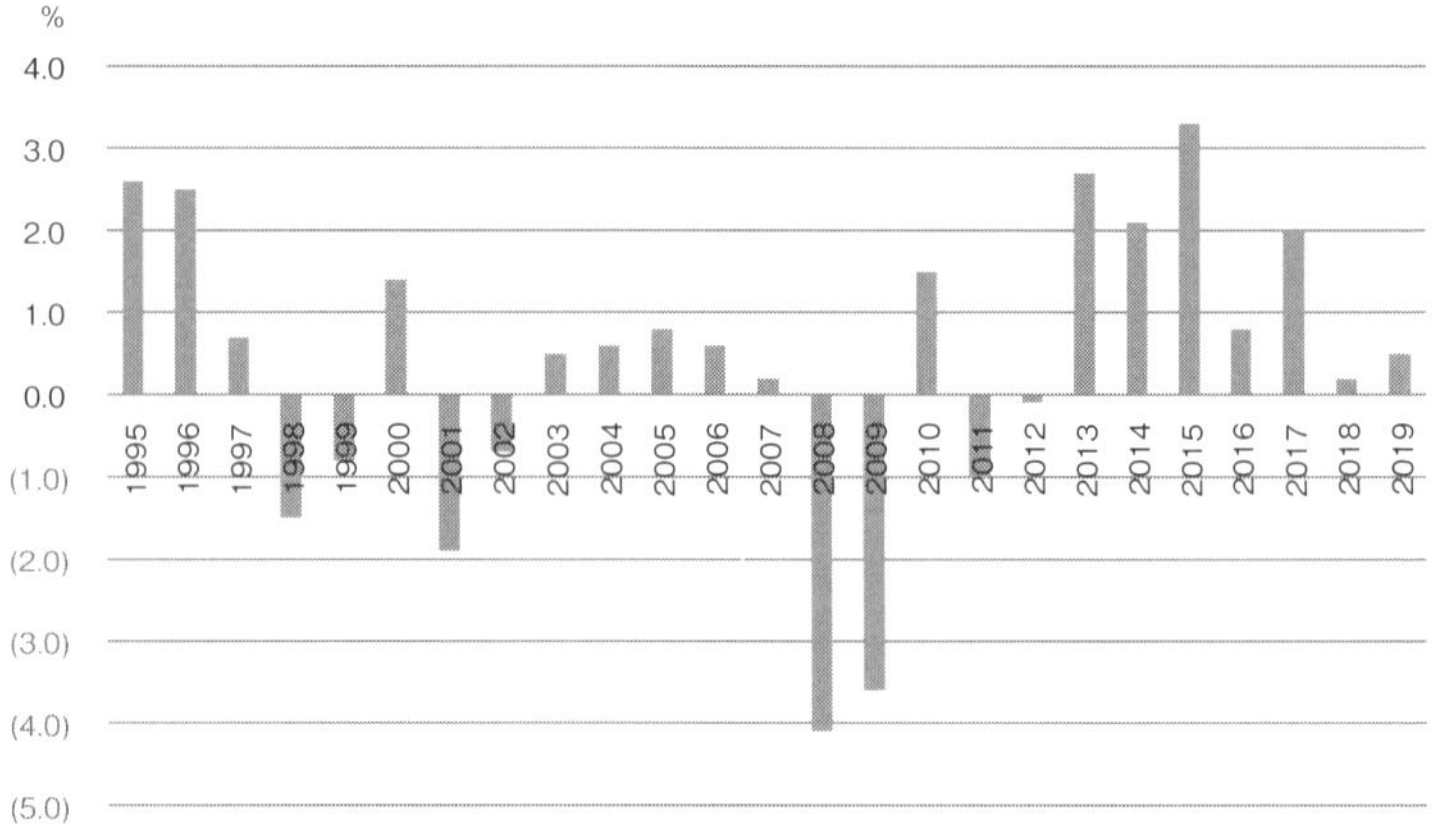

（出所）内閣府公式ウェブサイトよりデータをダウンロードし、筆者作成。

ここで、二〇二〇年四～六月期以降のGDP成長率の推移を見ると、前年度の消費税率引き上げに加え、政府による緊急事態宣言等に伴う経済活動への影響もあり、二〇二一年はマイナスで推移している（図10－3）。

さて、日本経済は、国際的に見た場合、どのようなものになるのだろうか。図10－4は、経済協力開発機構（Organisation for Economic Co-operation and Development：以下、OECD）加盟国四六カ国における二〇二〇年の国民一人当たりGDPをグラフ化したものである。最高値は、ルクセンブルクの約一一万八七二七ドルであり、最低値は、南アフリカの約一万二三五五ドルである。四六カ国の平均値は、約四万四九八六ドルとなっている。日本の場合は、上から二五番目の約四万一七七五ドルで、平均値より三〇〇〇ドル以上低い値となっている。

ところで、GDPをYとし、その内容について次のような式で表すことができる。

図10－3　四半期GDP成長率（名目；前年比）

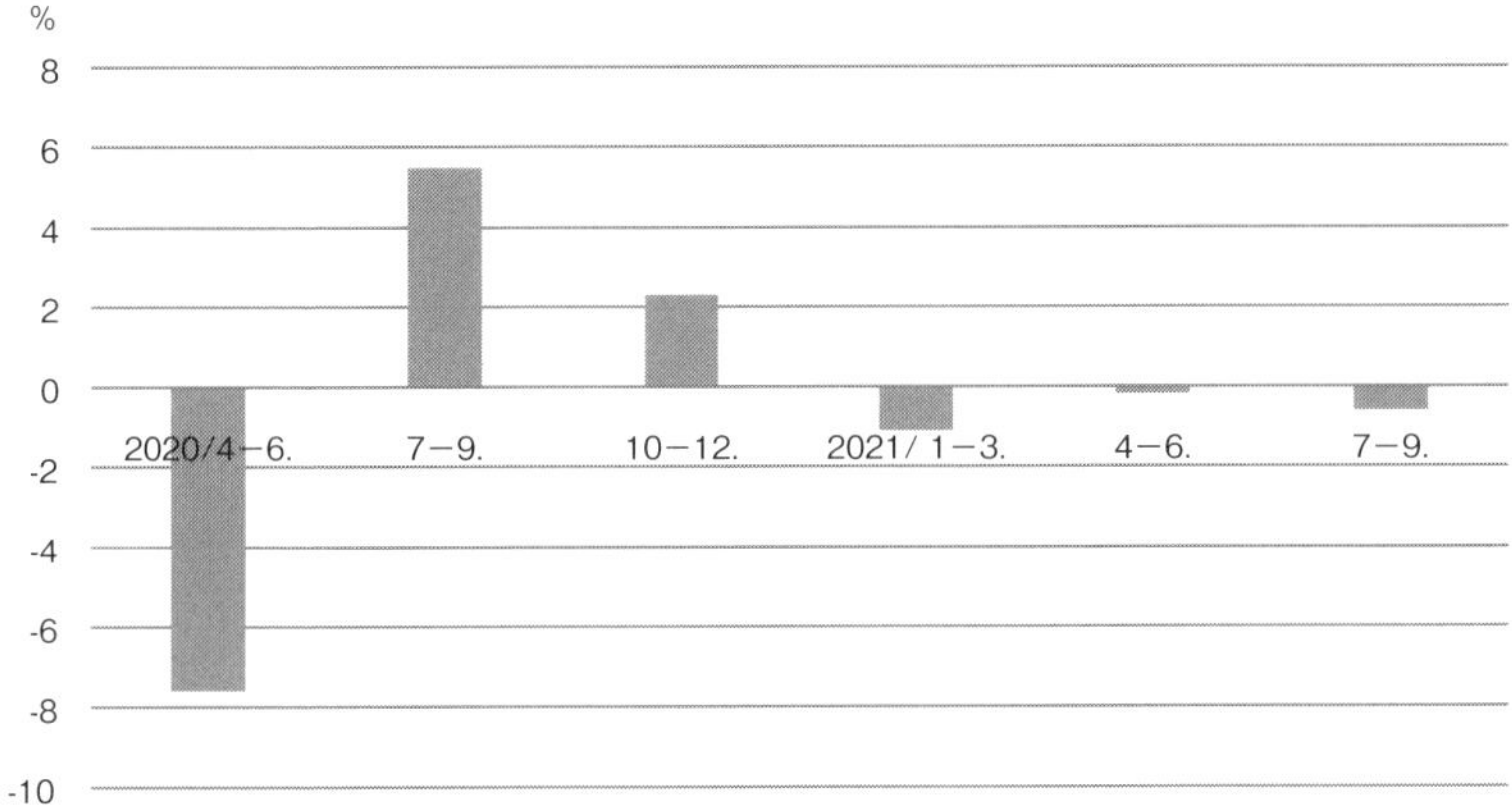

（出所）内閣府公式ウェブサイトよりデータをダウンロードし、筆者作成。

$$Y=C+I+G+(X-M)$$

ここで、Cは民間消費を、Iは民間投資を、Gは政府支出を、Xは輸出を、Mは輸入を、それぞれ表している。直近の二〇一九年度のデータ[2]から上記各項目のGDPに占める割合を計算してみると、それぞれ、五五％程度、二〇％程度、二五％程度、一七％程度、一七％程度となる。そうすると、GDPに最も大きく影響するのは、民間消費であることがわかる。この民間消費を左右する一大要因に賃金があるが、これについてはどうなのか。

そこで、図10－5を見ていただきたい。図は、OECD加盟国三五カ国における二〇二〇年の平均賃金[3]をグラフ化したものである。トップは、米国の約六万九四〇〇ドルであり、最も低くなっているのは、メキシコの約一万六〇〇〇ドルである。三五カ国の平均は、約四万九〇〇〇ドルとなる。

図 10－4　国民 1 人あたり GDP の国際比較（2020 年）

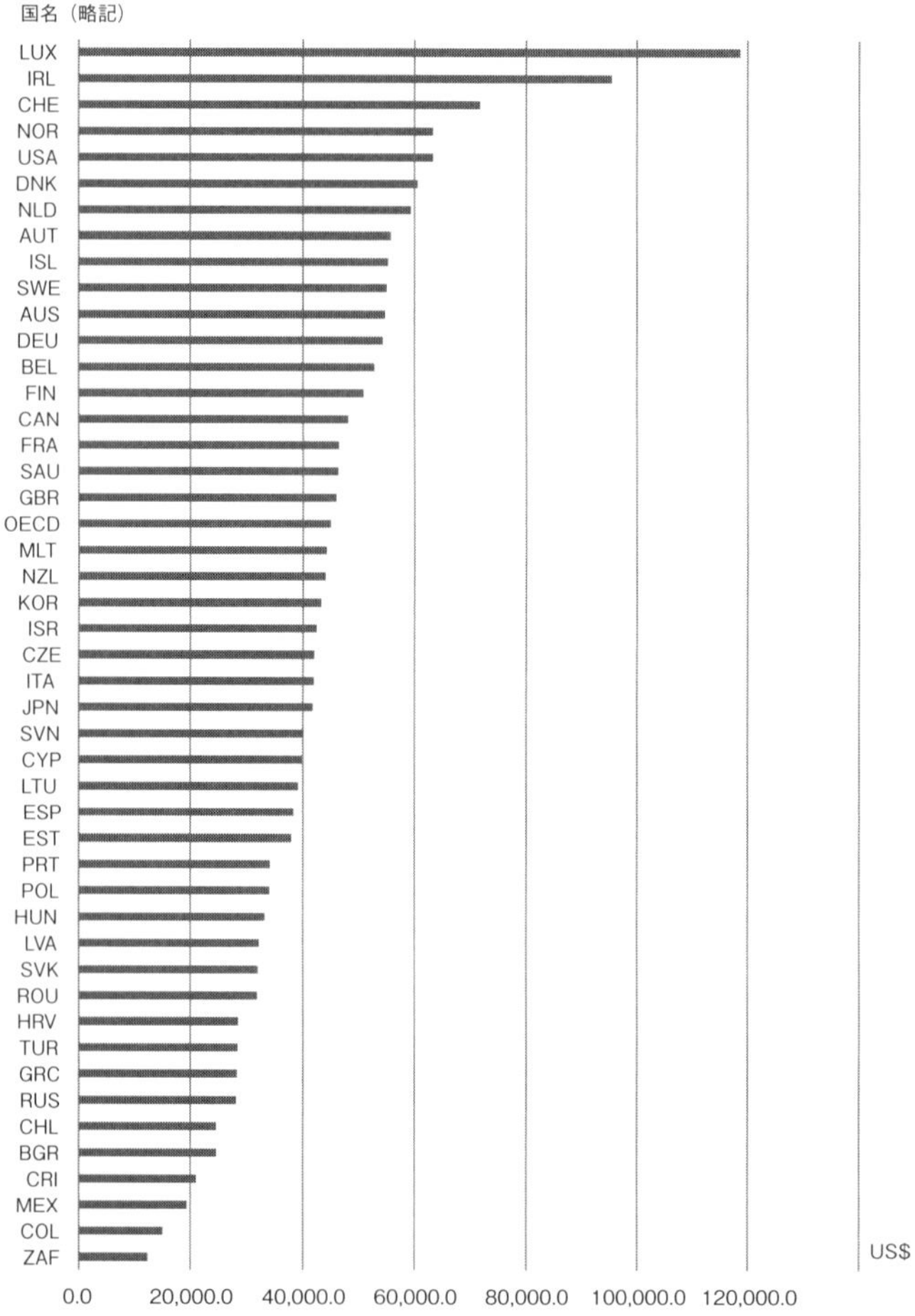

（出所）OECD 公式ウェブサイトよりデータをダウンロードし、筆者作成。

図 10－5　OECD 加盟国の平均賃金

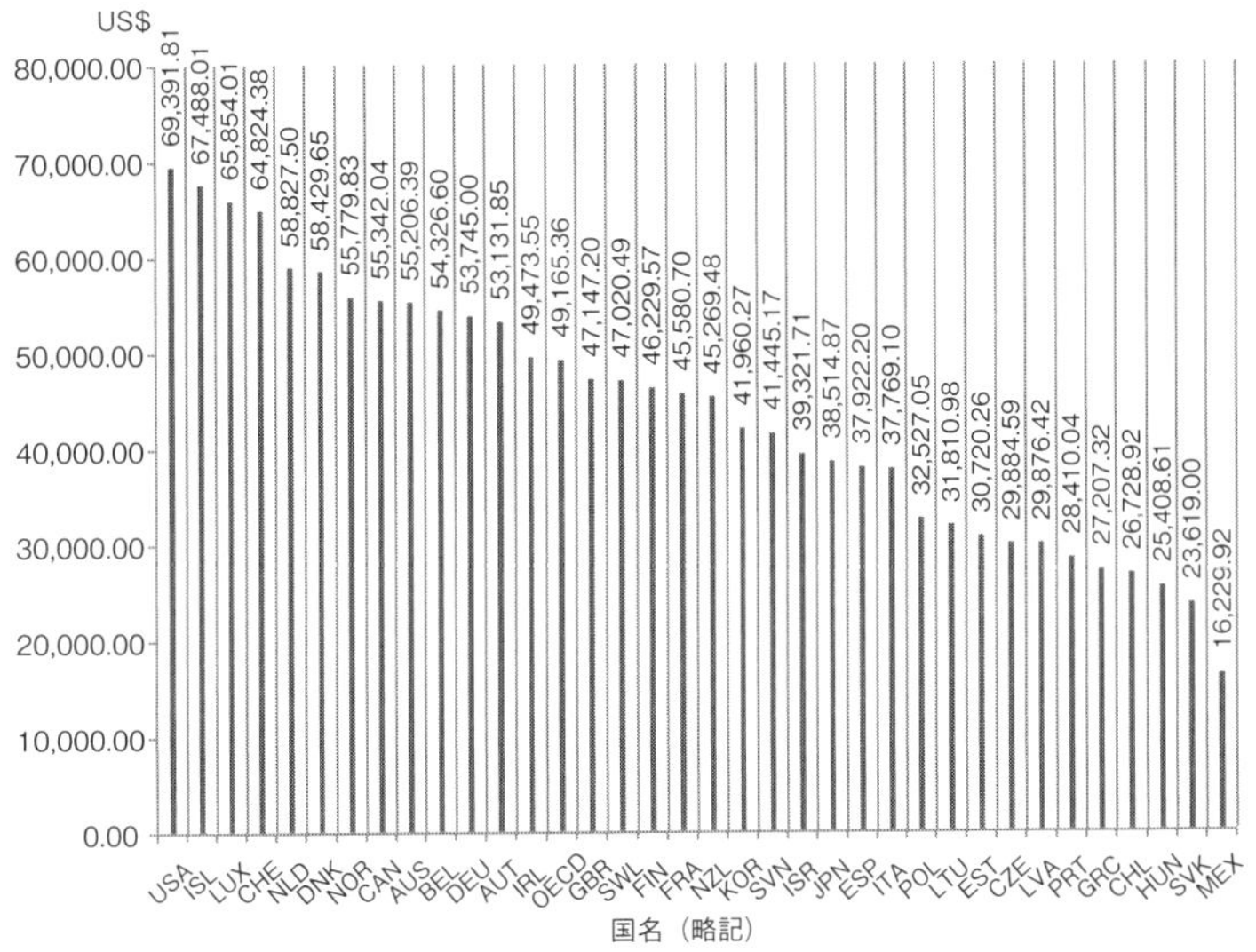

（出所）OECD 公式ウェブサイトよりデータをダウンロードし、筆者作成。

なっている。日本の平均賃金は、約三万八五〇〇ドルで、二二番目に位置している。やはり、国民一人当たりGDPと同様、世界の「G7」メンバー国というには、物足りないと言わざるを得ない。

この平均賃金の増減に関連する数値に労働分配率がある。労働分配率は、企業の生産活動から生じる付加価値額[4]のうち、労働者の給与や福利厚生費などの人件費として支払われた割合を示すが、一般に、労働分配率が上昇すると、平均賃金も上昇する傾向にある。

日本においては、図10－6が示すように、企業規模が大きくなるほど労働分配率が低くなる傾向がある。つまり、平均賃金を引き上げるには、まず、大企業の労働分配率を増やすことが必要であることがわかる。

図10－6　企業規模別労働分配率の推移

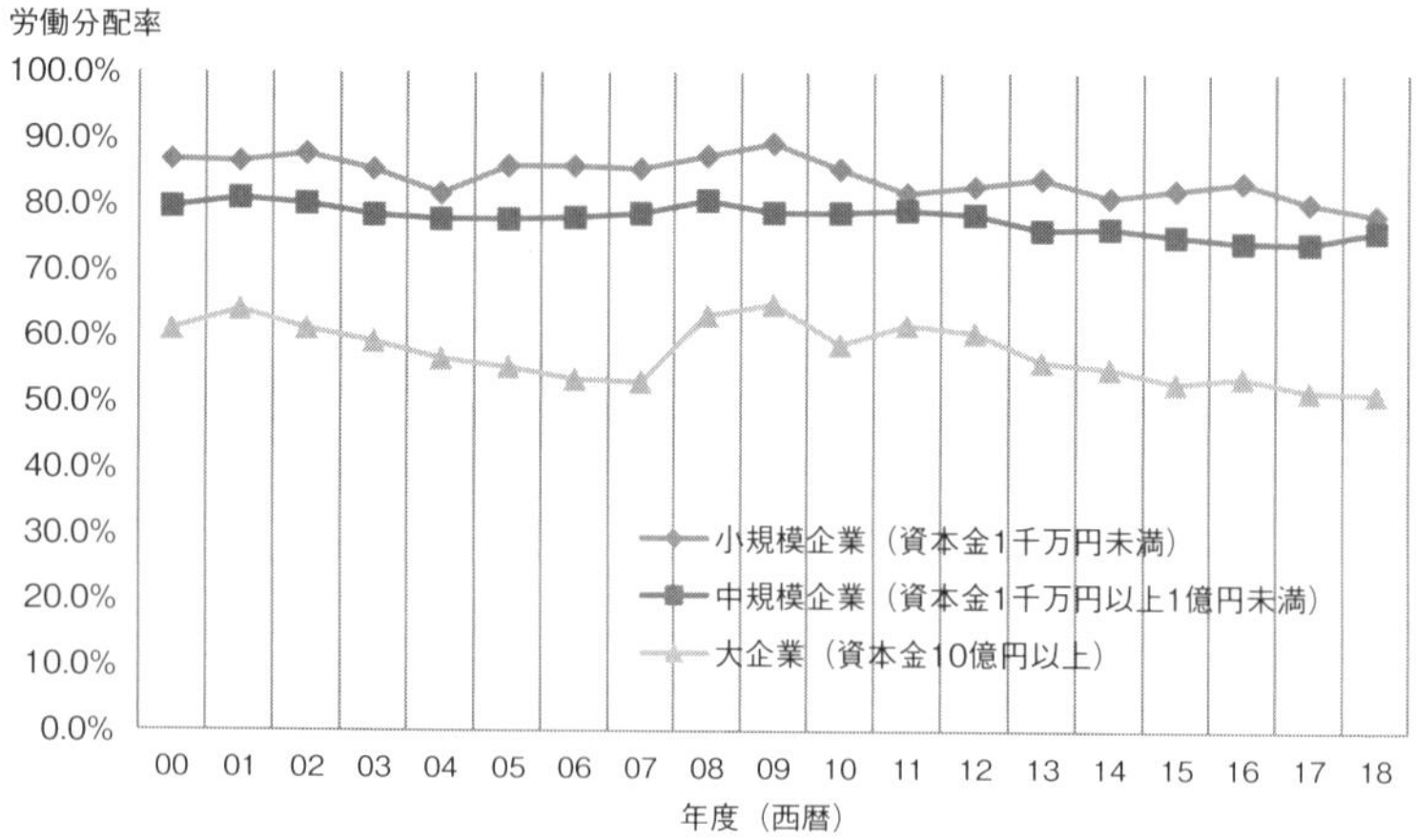

（出所）中小企業庁（2020年）附属Excelデータをダウンロードし、筆者作成。

しかしながら、ことはそれだけで済むとは限らない。実は、わが国の企業数は、「直近の二〇一六年では三五九万者」であり、「このうち、中小企業は三五八万者」であるという。[5] 実に九九・七%が中小企業なのである。膨大な数に上る中小企業の労働分配率を引き上げるのは、容易ではない。なぜなら、労働分配率が高くなるほど、企業の取り分が減少し、前述のI（民間投資）の減少や停滞をもたらす可能性が高くなるだけではなく、企業経営そのものが立ち行かなくなる場合もあり得るからである。

3　テレワーク

新型コロナウイルス感染症の拡大防止のため、政府は、いわゆる「三密（密閉・密集・密接）」回避の行動を取るよう、国民各界各層に要請した。これに伴い、日常生活や企業活動にも変化が現れた。ネット購入（電子商取引）や非接触型販売（クレジット・カード、電子マネーによる支払い）を通じて、商品やサービスを購入する機会が増えた。また、イベントのWeb配信や、三密を避けて設営された会場とWeb配信とを同時に利用するハイブリッド型イベントも登場した。さらに、企業や官庁等の各職場では、テレワーク（リモートワーク）やWeb会議が導入され、さまざまな学びの場でもWeb配信による授業が実施された。

このような社会状況を前提として、本節では、前節に引き続き、労働という側面からテレワークにテーマを絞り、論を進めることとする。そこで、まず始めにテレワークの定義や形態について触れておこう。

一般社団法人日本テレワーク協会(6)によれば、テレワークとは、「情報通信技術（Information and Communication Technology：以下、ICT）を活用した、場所や時間にとらわれない柔軟な働き方」であるという。同協会では、勤務する場所によって四つの形態に分類している（図10－7）。

（1） 在宅勤務

自宅を就業場所とする働き方。通勤時間の削減、移動による身体的負担の軽減が図れ、時間の有効活用ができる。

（2） モバイルワーク

電車や新幹線、飛行機の中等で行うもの、移動の合間に喫茶店などで行うものも含み、業務の効率

図 10－7　4 タイプのテレワーク

（出所）一般社団法人日本テレワーク協会公式サイト。

化に繋がる。

（3）**サテライト／コワーキング**

企業のサテライトオフィスや一般的なコワーキングスペースで行うもの。企業が就業場所を規定する場合も個人で選択する場合も含む。

（4）**ワーケーション**

リゾートなどバケーションも楽しめる地域でテレワークを行うこと。ビジネスの前後に出張先などで休暇を楽しむブレジャー[7]も含む。

次に、テレワークの導入について、以下に示す二つの調査結果を基に、現状を把握してみたい。

（1）総務省は、二〇二〇年九月に常用雇用者が一〇〇人以上の全国六〇一七の企業を対象にアンケート調査を実施し、二二二三社から回答を得た。総務省（二〇二一年、一三一—一九頁）によれば、回答企業におけるテレワークの導入状況を見てみると、「導入している」と回答した企業の割合は四七・四％であり、これと「導入していないが、今後導入予定がある」企業の割合（一〇・六％）とを合計すると、五八・〇％に上る。産業分類別に「導入している」企業の割合が五〇％を超えている業種を見ると、情報通信業（九二・七％）、不動産業（六八・一％）、金融・保険業（六七・六％）、建設業（五六・三％）、製造業（五六・一％）となっている。従業者規模別では、規模が大きくなるほど導入している割合が高くなり、二〇〇〇人以上の企業では八五・二％と、最も高くなっている。

また、テレワークの導入形態（複数回答）については、「在宅勤務」（八七・四％）、「モバイルワーク」（三三・四％）、「サテライトオフィス勤務」（一〇・七％）となっている。テレワーク導入企業においてテレワークを利用している従業者の割合については、三〇％未満の割合が七割を超えているが、「八〇％以上」と回答した割合が前年の一・六％から六・六％へ急増している。導入目的（複数回答）について、「その他」を含む全一二項目中、二〇％を上回る回答を得た項目は、「非常時（地震、台風、大雪、感染症の流行など）の事業継続に備えて」（六八・三％）、「勤務者の移動時間の短縮・混雑回避」（四三・一％）、「業務の効率性（生産性）の向上」（二九・七％）、「勤務者のワークライフバランスの向上」（二八・四％）の四項目である。因みに、前年調査で最も回答数の多かった「業務の効率性（生産性）の向上」（六八・三％）が急減していることがわかる。

テレワークの導入目的に対する効果については、「非常に効果があった」と「ある程度効果があった」と回答した割合が七割以上に上った。一方、テレワーク未導入で導入予定もない企業の理由についての上位三項目は、「テレワークに適した仕事がないから」（七八・二％）、「業務の進行が難しいから」

（三三・二％）、「情報漏えいが心配だから」（一八・九％）となっている（複数回答）。

　最後に、企業がテレワーク普及のために必要と回答した取組（複数回答）について尋ねているが、この回答結果については、「企業内における取組」と「国または地方自治体による取組・支援」とに分けて示されている。前者については、「労務管理の適正化」（五二・五％）、「執務環境の整備」（四七・四％）、「情報通信システムの高度化」（四三・二％）などであり、後者については、「テレワーク導入企業などに対する補助・助成」（五三・九％）が圧倒的に多く、他の項目は一〇％台以下となった。
（2）三菱ＵＦＪリサーチ＆コンサルティング株式会社は、二〇二〇年五月五日〜六日、全国で学生を除く二〇歳〜六九歳の一万人を対象にインターネットモニター調査「緊急事態宣言下における日本人の行動変容」を実施した。同調査から得られたデータを基に、日本全国を対象に発出された緊急事態宣言期間中の二〇二〇年四月一七日〜五月六日におけるテレワークの実施状況についての調査結果（回答者七一一〇人）をまとめたものが尾島（二〇二〇年）であるが、本調査は、個人事業主やフリーランスを含む就業者個人を対象としている。
　本調査で興味深いのは、職種別の回答割合である。比較的回答率が高いと思われる三〇％以上の職種は、「専門職・技術職（エンジニア、情報処理分野）」（五二・二％）を筆頭に、「管理職（課長職相当以上）」（三九・二％）、「専門職・技術職（弁護士、会計士、税理士など）」（三四・一％）、「事務職（一般事務、企画、広報、経理など）」（三〇・三％）となっている。

　また、従業者規模別で見ると、規模が大きくなるほど導入している割合が高くなる傾向にあるという点については、前述の総務省（二〇二一年）と同様である。

さらに、本調査では、「昨年度の個人年収別」という回答項目があるが、この中で最も回答率が高かったのが「一〇〇〇万円以上」の五〇・一%で、最も低かったのが「一〇〇万円未満」の七・三%であり、年収が多いほどテレワークの実施率が高くなるという傾向が見られた。

以上の結果から、テレワークに移行しやすいと予想される人物像をまとめると、①平均年収が高めの大企業に勤務し、「専門職・技術職（エンジニア、情報処理分野）」や、「管理職（課長職相当以上）」、「事務職（一般事務、企画、広報、経理など）」として就業している人物、②「専門職・技術職（弁護士、会計士、税理士など）」として就業し、比較的高年収の人物ということになるのかもしれない。本章では、こうした人々を「テレワーク人材」と呼ぶことにしたい。

4 テレワークの推進と労働生産性

第1節では、労働分配率を高めることで平均賃金が上昇し、それがC（民間消費）の増大につながることで、経済が成長すると考えられるが、日本の企業の九九%以上を占める中小企業の労働分配率は、八〇%前後で推移しており、かなり高い水準にあることを示した。改めて、本節では、別の面から経済成長につながる方策を考えてみたい。

前述のCを刺激し、Yを増大させるためには、通常、減税の実施も政策の一つとなり得るが、少子高齢化の進展する日本では、現状でも政府セクターは未曾有の赤字とされているので（異論があることも承知しているが）、ここでは検討対象としない。また、少子高齢化の進展により、徐々に人口減少社会へ移行している。人口には、消費の担い手と労働の担い手という二面性があり、人口増加にもつながるため、海外からの移民を受け入れる制度を創設するべきであるという主張も承知しているが、日本の政府や社会の現状に鑑みて、この点については、別の機会に譲ることとしたい。

前記の二点を踏まえたうえで、経済成長＝付加価値額の増大を図るには、労働生産性（＝従業員一人当たりの付加価値額）を引き上げることが考えられる。そこで、労働生産性を引き上げるにはどうすればよいのか、考えてみよう。

従業員数をL、資本ストックをK、付加価値額（GDP）をYとすると、労働生産性は、

Y／L=K／L×Y／K

と表すことができる。このとき、従業員一人当たりの資本ストックK／Lを資本装備率、資本ストック一単位当たりの付加価値額Y／Kを資本生産性と呼ぶ。つまり、資本装備率を高めるか、資本生産性を上昇させるか、あるいは、その両方を実現することによって、労働生産性を上昇させることができるのである。仮に、中小企業の労働生産性が上昇すれば、付加価値額の増大につながるため、労働分配率が現状維持であれば、人件費（＝賃金）そのものが増加し、平均賃金も上昇する可能性が高くなるというわけである。

ところで、前節のアンケート調査結果で示されたように、テレワーク普及を目指して政府や自治体が政策的支援を効果的に実施し、企業もより積極的に推進していくことで、第1節で示したG、I、C各項目がプラスとなり、これが直接的にYの増大につながる可能性があることがわかる。また、各

従業員に必要なＰＣや通信環境を整えるなど、テレワークの環境整備を進めることが資本装備率の上昇となり、それが労働生産性を向上させ、ＧＤＰの増大と平均賃金の上昇につながることも考えられる。さらに、「勤務者の移動時間の短縮・混雑回避」により、時間的ゆとりが生まれ、「勤務者のワークライフバランスの向上」につながることが期待される。その結果、「業務の効率性（生産性）の向上」が達成されるかもしれない。つまり、テレワークの推進が労働生産性の上昇と付加価値額の増大をもたらし、平均賃金の上昇につながる可能性があるといえよう。

加えて、前節で述べた「テレワーク人材」が続々とテレワークに移行するとすれば、一層、労働生産性の向上を促進することになるかもしれない。

5　おわりに

そもそも、今回のテレワーク導入拡大のきっかけとなったのは、新型コロナウイルス感染症の拡大防止策に伴う在宅勤務であったと思われるが、いわゆるコロナ禍にあって、各地で豪雨災害等の気候変動に見舞われたこともテレワークの必要性を認識するに至ったものと思われる。というのも、前述したように、テレワークの導入目的に対して最も回答率の高かったのが「非常時（地震、台風、大雪、感染症の流行など）の事業継続に備えて」（六八・三％）となっていたからである。

新型コロナ禍や気候変動を通じて、改めて、大都市の過密が大きな問題をはらんでいるとの認識が徐々に広まりつつあるように思われる。これを一歩進めて、テレワークの促進を契機として、フロリダ（二〇〇九年）の言う「クリエイティブ産業」の地方への集積を目指すことがリスク分散になり、ひいては地方創生へとつながるのではなかろうか。なぜなら、フロリダ（二〇〇九年）によれば、[8]「科学、テクノロジー、芸術、デザイン、エンターテインメント、メディア、法律、金融、マネジメント、医療、そして教育」という分野から成るクリエイティブ産業は、極めて高い成長性を示し、クリエイティブ産業を担うクリエイティブ・クラスの人材は、トップクラスの高賃金を手にすることができるからである。前節までの文脈で言えば、テレワーク人材はクリエイティブ・クラスの一角を占めることになるので、クリエイティブ産業の地方への集積は、テレワーク人材の地方への移住の契機ともなるはずである。その際、生活インフラや光ファイバー網等の通信インフラを始めとした産業インフラの充実が前提条件となることは、言うまでもない。

また、駄田井・浦川（二〇一一年）によれば、[9]「従来の第3次産業のなかで今後伸びてくるであろうと予想される分野としては、『研究開発』、『教育』、『医療・福祉』、広い意味での『レジャー』などの分野である。これらの分野は『人間の能力を洗練・強化する』ことに関わる」ため、「広い意味でも狭い意味でも文化に密接に関係する」という。そして、「地域のもっている文化力が経済発展に欠かせなくなっている」し、「都市や地域が人を惹きつける力は、究極には文化力でしかない」と主張している。[10]こうした主張は、クリエイティブ産業に従事するクリエイティブ・クラスの人々にこそ響くのではなかろうか。

最後に、この「文化力」を充実させていくためには、生活インフラのソフト面を向上させていくことが必要である。それがひいては、人々の生活の質の向上にも資することになる。それを担うのは、各地に現存するクリエイティブ・クラスの人々に加えて、様々な文化・芸術の領域に携わるＮＰＯ法人や市民活動団体などの諸団体やそのサポート役となるべき政府・地方自治体、社会貢献意識の高い企業であることを付け加えて、結びとしたい。

注

(1)WHO公式ウェブサイト参照。

(2)国内総生産(支出側)の名目値(二〇一五年基準・2008SNA)。内閣府公式ウェブサイト参照。

(3)OECDの平均賃金は、①各国の国民経済計算から得られた賃金総額を各国の平均雇用者数で割り、②全雇用者の週平均労働時間に対するフルタイム雇用者1人当たりの週平均労働時間の割合を掛けて算出され、得られた数値を③二〇一六年基準の消費者物価購買力平価(PPP)を用いて実質米ドルで表記したものである。OECD公式ウェブサイト参照。

(4)中小企業庁(二〇二〇年,Ⅱ－3頁)によれば、「付加価値額＝営業純益(営業利益－支払利息等)＋人件費(役員給与＋役員賞与＋従業員給与＋従業員賞与＋福利厚生費)＋支払利息等＋動産・不動産賃借料＋租税公課」である。

(5)中小企業庁(二〇二〇年)Ⅰ－一一〇頁。

(6)同協会公式ウェブサイトを参照のこと。なお、テレワークは、英語のteleworkをカタカナ書きしたものであるが、同ウェブサイトには、「tele＝離れた所」と「work＝働く」から成る造語である旨、記載されている。

(7)株式会社JTB総合研究所公式ウェブサイト掲載の観光用語集によれば、「業務での出張先で、滞在を延長するなどして、業務の後に旅行(レジャー)も楽しむこと。英語のbusiness(仕事)とleisure(余暇・休息)を合成した語である。ブリージャーともいう。日本語では『出張休暇』と訳されることもある」。

（8）フロリダ（二〇〇九年）一二九‐一三一参照。
（9）駄田井・浦川（二〇一一年）一二四‐一二五頁参照。
（10）同書、一三六‐一三七頁参照。

参考文献・資料

大野和基編『コロナ後の世界』文藝春秋、二〇二〇年。
尾島有美「緊急事態宣言下におけるテレワーク の有用性」三菱UFJリサーチ&コンサルティング『【特別企画／全国1万人調査】緊急事態宣言下における日本人の行動変容』、二〇二〇年。
https://www.murc.jp/report/rc/other/survey_covid-19_200727/（二〇二一年一一月一八日閲覧）
坂村健『DXとは何か―意識改革からニューノーマルへ―』KADOKAWA、二〇二一年。
総務省（二〇一六年）「平成28年版情報通信白書」
https://www.soumu.go.jp/johotsusintokei/whitepaper/ja/h28/html/nc113210.html（二〇二一年一一月一八日閲覧）
総務省（二〇一八年）「これからの移住・交流施策のあり方に関する検討会報告書―「関係人口」の創出に向けて―」
https://www.soumu.go.jp/menu_news/s-news/01gyosei08_02000136.html（二〇二一年一一月一日閲覧）
総務省（二〇二一年）「令和2年通信利用動向調査（企業編）」
https://www.soumu.go.jp/johotsusintokei/statistics/statistics05b2.html（二〇二一年一一月一日閲覧）
駄田井正・浦川康弘『文化の時代の経済学入門―21世紀は文化が経済をリードする―』新評社、二〇一一年。
中小企業庁（二〇二〇年）「2020年版中小企業白書」
https://www.chusho.meti.go.jp/pamflet/hakusyo/index.html（二〇二一年一一月一日閲覧）

東洋経済新報社編『会社四季報　業界地図２０２２年版』東洋経済新報社、二〇二一年。

日経クロステック編『見えてきた7つのメガトレンド　アフターコロナ』日経ＢＰ、二〇二〇年。

文化庁（二〇二一年）「令和2年度文化芸術の経済的・社会的影響の数値評価に向けた調査研究報告書」

https://www.bunka.go.jp/tokei_hakusho_shuppan/tokeichosa/bunka_gyosei/index.html（二〇二一年一一月一八日閲覧）

三菱ＵＦＪリサーチ＆コンサルティング編『２０２１年　日本はこうなる』東洋経済新報社、二〇二〇年。

吉川洋『人口と日本経済』中央公論新社、二〇一六年。

リチャード・フロリダ著、井口典夫訳『クリエイティブ都市論——創造性は居心地のよい場所を求める』ダイヤモンド社、二〇〇九年。

ウェブサイト

一般社団法人日本テレワーク協会公式ウェブサイト
https://japan-telework.or.jp/tw_about/（二〇二一年一一月一八日閲覧）
株式会社ＪＴＢ総合研究所公式ウェブサイト（観光用語集）
https://www.tourism.jp/tourism-database/glossary/bleisure/（二〇二一年一一月二七日閲覧）
経済協力開発機構（Organisation for Economic Co-operation and Development：ＯＥＣＤ）公式ウェブサイト
https://data.oecd.org/earnwage/average-wages.htm（二〇二一年一一月一日閲覧）
厚生労働省公式ウェブサイト
https://www.mhlw.go.jp/stf/covid-19/kokunainohasseijoukyou.html（二〇二一年一一月二一日閲覧）
世界保健機関（World Health Organization：ＷＨＯ）公式ウェブサイト

https://covid19.who.int/（二〇二一年一一月二七日閲覧）
内閣府公式ウェブサイト
https://www.esri.cao.go.jp/jp/sna/menu.html（二〇二一年一一月一日閲覧）
三菱ＵＦＪリサーチ&コンサルティング株式会社公式ウェブサイト
https://www.murc.jp/survey_covid-19/（二〇二一年一一月一八日閲覧）

伊佐　淳

第11章　企業フィランソロピーと財団の機能
―日本型CSRの展開―

1　はじめに――企業の社会貢献と財団

営利目的で設立されたはずの企業がなぜ本業とは異なる社会貢献活動をするのかという問いは、古くて新しい問いである。企業の社会貢献について理解を深めるには、その企業の持つ経営理念や歴史、そして企業文化に着目しなければならない。創業者や中興の祖とされる企業家が抱く理想や価値観は、本業の営利事業よりも、むしろ社会貢献事業に如実に表れる。彼らが社会貢献事業を始めるときにこそ、その道徳観や価値観、そして経営理念が前面に出てくるからである。

企業が本業とは別に社会貢献活動を行うにあたって、大別して二つ方法がある。一つは企業が直接、社会貢献を始めることであり、もう一つは企業が社会貢献のために独立した組織を設立する場合である。後者の方法をとるとき、頻繁に設立されるのが財団である。財団を通じて社会貢献活動を行うのには、むろんそれなりの目的や期待がある。企業は、なぜわざわざ財団を創るのか。

財団の設立理由を考察することで、企業と財団の関係を伺い知ることができる。社会貢献を事業目的とする財団は、企業や企業家の理念を実現する装置であり、彼らの理想の一翼を担うものである。財団を設立する際、企業家と企業はすなわち財団の設立者になる。企業は、財団に対していかなる役割を期待し、実際に財団はどのような機能を果たしているのか。財団の設立とその機能には、設立者である企業家の経営理念と企業の自己認識が垣間見える。企業とは社会にとって何者であるべきかという企業家の姿勢、すなわち企業の社会的責任（ＣＳＲ）の姿勢は、財団にこそ顕著に見ることができる。

2　日本企業の国際化とフィランソロピー

フィランソロピー（Philanthropy）は、ギリシャ語を語源として英語となり、日本語では人間愛や博愛、慈善などと訳される。フィランソロピーの用語が日本で普及したのは一九八〇年代の後半からである。それは一九八五年のプラザ合意以降の円高により、日本企業の海外進出と国際化が本格化した時期とほぼ一致する。当時の日本経済はジャパン・アズ・ナンバーワンと称されるほど勢いがあった。

日本企業は海外資産を次々と買収し、世界の覇権国家たる米国の企業をあらゆる市場から駆逐していった。米国産業の強さと豊かさの象徴でもあった自動車産業がまさしくその典型であった。トヨタ自動車をはじめとする日本の自動車産業は、次々と米国市場に進出し、本家自動車王国であった米国企業のシェアとそこで働く工場労働者たちの仕事を奪った。仕事を奪われた労働者が、日本車をハンマーで打ち壊す場面がテレビで放映されたのはその頃である。日本企業による米国市場への参入は、こうして貿易摩擦として外交問題に発展した。

経済的悪化を招いただけでも地域社会から嫌悪されるのは当然だが、それに加えて日本企業の海外進出には、地域社会とその文化に対する敬意が感じられなかった。企業といえども市民であり、市民として社会の一員に加わろうとする「企業市民」の意識に欠けていることがたびたび指摘されるようになる。

不動産投資もその典型である。ニューヨークの高層ビルを次々と購入し、マンハッタンにそびえるロックフェラーセンタービルは、一九九〇年に三菱地所に買い取られた。このビルの正面は冬になるとスケートリンクが設置されて、米国の家族連れが毎日訪れる。クリスマスには大きなツリーが飾られ、必ずテレビ中継される米国の象徴であった。三菱地所は「アメリカの魂を買った」と評され、米国市民から強い反発を受けた。バブル経済に浮かれ、有り余ったカネを不動産売買に注ぎ込む日本企業の有り様が、日本から太平洋を越えてそのままニューヨークまでやってきたかのようだった。米国市場への凄まじい進出は、のちにエコノミック・アニマルと称され、日本企業の印象を急激に悪化させた。

文化的な企業を代表するはずの日本企業も批判を受けていた。一九八〇年代にソニーは、トランジスタラジオやベータマックス、ウォークマンの市場投入で、日本市場及び世界市場で確固たる地位を築きつつあった。他の日本企業の例にもれず、ソニーも積極的にM＆Aを行った。一九八〇年代には米国文化を代表するCBSレコードを買収して音楽市場に参入、さらに映像業界の象徴であるコロンビア・ピクチャーズを買収した。この巨額買収も米国市民に文化的危機と受け止められた。三菱地所と同じく「アメリカの魂を買った」との評判が立ったのである。あれほど世界の若者のライフスタイルを変革し、米国文化になじむ商品を投入したソニーにあっても、それはあくまで営利企業の本業としての成功に過ぎず、米国社会に企業市民として認められるほどの信頼は、まったく築いていなかったのである。

一九八〇年代後半以降の日本企業の海外進出は、米国市場やEU市場への進出に見られるように、進出先を市場としてのみ捉える傾向にあり、社会や文化が育まれ、暮らしが息づく場所とは見なしてこなかった。金儲けの場所として見ることはあっても、そこに地域があり社会があり、郷土を愛する人々とコミュニティがあることが見えていなかった。当時の日本企業が西欧国際社会からエコノミック・アニマルと言われたのはこうした理由からである。

この反省のもとに日本企業の経営理念のなかには、良き「企業市民(Corporate Citizen)」が明確に加わるようになり、本業の営利事業とは別に、社会貢献としての「企業フィランソロピー(Corporate Philanthropy)」が必要だと認識されるようになった。

3 社会貢献の用語

フィランソロピーの用語は、博愛や人類愛といった語源的な意味合いから、しだいに個人や企業による慈善事業や非営利団体への寄付を意味するようになる。そして企業が良き企業市民であるために欠かせない種々の社会貢献活動までも全般を意味するようになった。

企業市民は、地域社会を単なる消費市場や労働市場とは見なさない。そこは人々が暮らす場所であり、企業も地域社会の一員として参加する。企業は営利事業を通じて社会に貢献するだけでなく、社会問題を解決するために市民としてもコミュニティに加わり貢献する。こうすることで企業は地域社会に認められ、信頼関係を構築する。企業が本業を超えた行動を起こすことは、職業を持っている地域住民が、日常の仕事とは別にボランティアとして地域活動に参加するのと同様である。ボランティアは個人としてなされる行為だが、企業フィランソロピーは企業もしくは企業を率いる企業家が行動を起こす。

企業フィランソロピーと類似の言葉に、企業メセナ（Mécénat）がある。フランス語で芸術文化の擁護を意味するが、こちらも一九八〇年代後半には企業文化の一環として普及し始めていた。メセナも芸術文化の保護という源義から、しだいに福祉領域や人々の暮らし全般を支えることにまで意味を拡張されるようになる。一九八八年の日仏文化サミットをきっかけに日本に広まった言葉であったことから、企業フィランソロピーと比して主に企業の芸術文化支援の意味で使われた。

一九九〇年に企業メセナ協議会が誕生し、芸術文化の振興に功績のあった団体にメセナ大賞（メセナアワード）が贈られるようになった。一九九一年にバブル経済が崩壊したことで、メセナブームに減退の兆候は見られたが、芸術支援の砦としての存在意義はかえって増した。一九九一年の第一回メセナ大賞は林原グループが受賞し、その後は、すらいらーく、セゾングループ、サントリーなどが表彰されて現在まで続いている。企業メセナの活動も、企業が芸術文化団体を直接支援することもあれば、財団を通じて支援することもある。

チャリティ（Charity）も慈善、博愛などと訳され、フィランソロピーの類義語といえる。こちらは宗教的な慈善活動から知られるようになった。後に宗教団体に限らず、貧困救済や福祉領域のイベントに幅広く使われるようになった。日本で頻繁に見られるチャリティといえば、チャリティ・コンサートであろう。歌手や有名人などが観客を集めてパフォーマンスを行い、当人たちは報酬を得ずに、もしくは極めて少額にとどめることで、その売上の大半を慈善団体に寄付をする。こうした仕組みはチャリティ・イベントと呼ばれる。企業はこうしたチャリティに協賛することで、イベントの開催を支援する。

企業フィランソロピーに類似する用語で、近年急速に普及したのがＣＳＲ（Corporate Social Responsibility）である。直訳で企業の社会的責任と訳されているが、それは企業フィランソロピーの用語が普及し始めた頃、既に日本国内で頻繁に使われていた言葉であった。その用語が約三〇年を経て、再び使用されるようになったのは奇異な気もするが、現在では日本語で使用するよりも、ＣＳＲとそのままアルファベット表記で使用することが多い。

このように企業の社会貢献活動を意味する用語は次々と現れているが、本論ではその用語の厳密性にはこだわらない。語源や歴史的背景から遡って論述することは可能だが、実際こうした用語の意味するところは変化し続けるものであり、厳密な定義を行うことは避ける。ただこれら類似の用語について、筆者が本章においてイメージしているのは、次のとおりである。

まず現在、頻繁に使われるようになったＣＳＲ（企業の社会責任）は、企業の社会貢献のみならず、営利事業における企業倫理やコンプライアンスまで含んだ「企業のあるべき姿」を示すもっとも大きな枠組みの概念とした。それと比較すればその他の用語は、企業の一側面を表した用語で、使用する際のイメージは限定的である。

企業フィランソロピーは、企業の本業から離れた「企業の社会貢献活動」を意味し、本章においては、企業の社会的役割を示す用語として中心的かつ重要な概念とした。企業メセナは「芸術文化支援」に的を絞った用語であり、チャリティは慈善事業や寄付を目的にした「コンサートやイベント」を念頭においた。企業市民は、地域社会や国際社会において「企業が一市民としての自覚をすること」と認識している。

つまり本稿では、企業フィランソロピーをＣＳＲよりも「社会貢献」に特化した意味として解釈し、その用語には「企業メセナ・チャリティ・企業市民」の意味を含んでいる。おそらくこれは日本社会で捉えられているイメージと大差ないものだろう。

また、こうした「企業の社会貢献」を示す用語が西欧からきたからといって、このような概念や実績が日本に存在しなかったわけでない。言うまでもなく、メセナという用語がなくても、日本に芸術文化の庇護や支援はあった。社会貢献の思想は、洋の東西を問わずに存在している。外来語を次々と取り入れて、象徴的な言葉として流行させているに過ぎない。

むしろ江戸時代には、商人の道徳倫理観を確立するためのユニークな思想が次々と登場している。しかも商行為についても実践的な改革運動が力強く始まっていた。近代以降の大物実業家たちは、こうした江戸期の思想的影響下にある。近世から親しまれてきた商人の倫理観や社会貢献への意欲は、近代日本の企業家の経営理念と社会貢献活動の基盤となっていた。そこには日本型の社会貢献、近代日本型のＣＳＲというべき、企業フィランソロピーのモデルがあった。

4　日本型ＣＳＲ

日本型の企業フィランソロピーもしくは日本型ＣＳＲがあったとするならば、江戸期にその源流を見い出すことができる。江戸時代は武家社会であり、武士こそは倫理道徳を体現する存在であった。士農工商という格差社会はその道徳観を示すものである。「花は桜木、人は武士」とは、金銭報酬に左右されない武士こそが倫理道徳のお手本であり、また武家自身も自らをそう見なすことで、自尊心としたのである。金銭に携わる者は、こうした倫理道徳から外れてしまう者として、むしろ意図的に金銭に近づかぬようにしていた。「武士は食わねど、高楊枝《たかようじ》」とは、このことを意味している。

それは裏を返して言えば、金儲けを生業《なりわい》とする商人には倫理道徳がないと言っているようなものである。そして事実、近世日本ではそのような認識が厳然としてあった。こうした当時の常識をくつがえし、商人の社会的地位を向上させたのが、近世日本の商人道である。これが日本型ＣＳＲや日本型フィランソロピーの源流とみてよいだろう。

江戸時代における商人の倫理道徳の確立とは、職業に貴賤なく、いかなる職業にも倫理道徳があると示すための運動であり、それを社会一般の常識にするべく、日本の職業認識に変革を迫る闘いであった。

日本的商人道を示す典型には、各商家に伝わった家訓があり、また地域出身者で構成された商人集団の規範があった。その代表的なものが近江商人の「三方よし」である。近江商人の経営理念を後世にまとめたものとされるが、「売り手によし、買い手によし、世間によし」の「三方よし」は、江戸期を代表する日本型ＣＳＲの標語である。現在の企業家の間でも頻繁に使われていることから、数百年にわたって日本企業の社会貢献思想の根幹に備わっていたと言えるだろう。

また石田梅岩や手島堵庵の石門心学は、倫理道徳が武家だけのものではないことを示し、商人の社会的地位を向上させることにつながった。町中から始まったとされる石門心学は農村や武家社会にまで普及する。石田梅岩が著し、石門心学の古典とされる『都鄙問答』は民間学問の教科書となり、倫理を説いた書物として全国に知れ渡った。各地に設けられた石門心学の私塾には、身分職業の別なく参加できたことから、日本の道徳的教科書のスタンダードとして広まることになった。後の二宮尊徳（金次郎）も、心学を熱心に学んでいただろう。『都鄙問答』は松下電器産業（現パナソニック）創業者の松下幸之助が座右の書としたことでも知られており、石門心学が後世の企業家に与えたものは決して小さくない。

江戸期の終わり頃には、二宮尊徳の報徳思想が出現する。尊徳も武家階級の出自ではない。小田原藩の農民階級の出身で、篤農家、農政家、経世家などとも称される。貧困から一家を再建したことから、財政立て直しの力量を見込まれて小田原藩士に取り立てられ、小田原藩の支領であった桜町領（現在の茨城県真岡市二宮町）の復興に成功する。のちに幕府に請われて幕臣となり、幕府直轄の日光領の復興開発を行っている。彼の唱えた報徳思想とその思想に基づく報徳仕法もまた、日本全国に広まり、後世の企業家に大きな影響を与えている。三菱の壮田平五郎、鈴木藤三郎（砂糖王）、御木本幸吉（真珠王）、豊田佐吉（織機王）、土光敏雄（経団連会長、第二次臨時行政調査会会長）などは報徳の信奉者として有名である。

近江商人、石門心学、報徳思想は、近世日本における庶民発の倫理道徳運動の代表格である。金銭を扱う商人にも倫理道徳があること、他者から財を奪うような危険な存在ではないこと、そして吝嗇として蔑視されるような生業でもないことが、これらの思想の普及によって次第に理解されていく。これは近世日本における商人倫理の確立運動であり、現代のCSRや企業市民に先駆けるものであった。

こうした近世から続く商人道を受け継いだのが、近代以降の大物実業家たちである。彼らは企業家であるとともに篤志家でもあった。それは幼少の頃から身の回りにあった、あらゆる文化や教育の中に学ぶ機会があったからである。このような日本型CSRの思想を体現する近代以降の企業家を挙げればきりがないが、渋沢栄一、大倉喜八郎、安田善次郎、伊庭貞剛、松方幸次郎、藤原銀次郎、豊田佐吉、大原孫三郎、石橋正二郎、出光佐三、松下幸之助、土光敏雄などの名前をただちに思いつくことができる。

ただ日本の企業家は、既に記したようにバブル経済期にはエコノミック・アニマルと批判され、国際摩擦も引き起こしたことから、次第に日本型CSRに変容が見られるようになっていた。だが、この時点ではまだ、かつての商人道を想起すべきだとする論調があり、社会の公器として立ち返るタイミングだとも指摘された。しかし、バブル経済の崩壊は、日本型CSRに決定的な危機をもたらした。すなわちジャパン・アズ・ナンバーワンと称された「日本型経営」が失敗と見なされたことで、同時にそのエッセンスでもあった「日本型CSR（商人道）」も、失敗の要因と見なされたからである。日本型経営の三種の神器と言われた、終身雇用・年功序列・企業内組合も批判の対象となった。それまで多くの企業家たちが、企業を「私」のものではなく、「公」のものと見なす発言をしてきた。企業は「公器」であるとし、「大家族」であるともした。このような日本で育まれてきた企業観は影を潜め、さらに明治大正生まれの大物実業家たちが没するとともに、日本型ＣＳＲの思想はますます企業から薄れていった。現在の企業家たちの経営理念に、近世以降の商人道徳（商人道）を垣間見ることは難しくなっている。

日本企業の国際化期にあたる一九八五年のプラザ合意以降、日本型経営の国際的展開とともに、日本型ＣＳＲの国際的展開もありえただろう。しかし経営理念の浸透は、極めて文化的なものである。企業文化も、その企業所在地の地域文化と切り離されて普及することは難しい。時間がかかるものである。しかも企業の国際化が本格化した直後、日本はバブル経済が崩壊して、ビジネスモデルとしての日本型経営の信用が失墜する。こうして日本型ＣＳＲ（商人道）は世界に普及する機会を逸したのである。それどころか近世以来の価値観を身にまとった大物実業家が亡くなり、当の日本企業からも消えつつある。

しかし、実業家であるとともに篤志家でもあった、かつての大物実業家たちの社会貢献の理念は、財団に残されることがある。かれらの企業経営者としての箴言が企業内で死文と化したとしても、財団の活動はそれを維持する可能性が高い。またそれこそが財団を設立する理由でもある。

潤沢な資金をもって設立された財団は、設置した企業が倒産した後でも、長期にわたって、その理念と活動を持続することができる。ダイナマイトを発明して大富豪となったノーベルの営利事業は消え去っても、彼のつくったノーベル財団は設立当初のミッション（社会的使命）を掲げたまま、その歩みを止めることはない。企業家たちの理念は、本業の営利事業だけでなく、財団にこそ封じ込められることがある。

5　財団の機能

財団（Foundation）を端的に説明するならば、財産を基にした組織である。人が集まった組織である社団（Association）はその対義語である。本稿では「企業家や企業が設立した財団」を念頭においており、よりはっきりと示すためには企業財団と記すようにしている。利益を追求するはずの企業や企業家が、社会貢献のために財団をつくるというのは、いかにも不思議なことであるが、それを突き詰めて考えると、企業フィランソロピー等の経営理念にたどり着く。つまり企業家や企業は、単なる利益追求だけではない、社会的責任や道徳的な理念を持っていることが分かる。

ファンデーション（Foundation）は一般に財団と訳されているが、日本のような財団法人という法人格が存在しているわけではない。米国のカーネギー財団やロックフェラー財団といっても、法人格上は通常のコーポレーション（Corporation）と差異はない。ただ税制上の優遇措置が異なるだけである。そのため財団と和訳せずに、ファンデーションと表記する論者もいる。

企業は厳しい競争環境で生き残りを図らねばならない。そのため経営理念や倫理道徳があるからといって、やりたいことだけをするわけにはいかない。本業とは異なる社会貢献事業を企業が直接行う難しさはそこにある。限られた経営資源をいつまでも別の目的に使い続けるのは非効率である。それならば社会貢献を目的とした財団を設立し、財団を通じた企業フィランソロピーを行った方が専門性は高まる。

財団の基金形態や規模によっては、その後の企業の利益や存否に関わらず、社会貢献を持続することが可能である。それが、企業が財団を設立する際の大きな理由となっている。しかし、それ以外にも理由はある。それを見抜くためには、個々の財団の理念や設立経緯、そして企業本体と財団の関係性を読み解くことが必要になる。とりわけ財団の財政基盤をどのように設計したかによって、その財団のミッションや個性は決定づけられる。そこでまず財団の経済基盤を四パターンに分けて考察する。

企業財団の収入源として、まず想定したいのは、①設立時の財（ストックの資金）が現金などで豊富にあるケースである。この際は資産運用によって、自立した活動が可能となり、半永久的にミッションを追い求めることができる。とはいえ、設置した企業と財団の関係性、すなわち財団の統治形態によることになる。すなわち企業家や企業関係者だけで理事が構成されれば、より企業の掣肘を受けるのは当然である。

次に、②企業の株で設立されるケースである。この場合は株式配当によって財団の収入が変動することになるから、企業の経営成績と財団の活動規模が連動することになる。企業財団の三～四割が企業の株式配当に依存しているとされる。また、③毎年の活動資金を設置企業からもらい受けるケースがある（フローの資金）。この場合は企業本体に強力な統治を受けることになるのは必定である。このケースでは、財団は企業の広報活動を担う可能性が高くなり、実際に企業の広報担当者が財団に勤務していることもある。最後に、④事業収入によって活動資金を得ているケースである。企業からの自律性は高いと言えるが、常に収益事業で活動資金を得なくてはならないわけだから、企業経営に近い経営手腕が求められるようになる。

財団に安定的な収益構造が備わっているほど、また企業本体と切り離されて自律性を保つほど、財団設立時のミッション（社会的使命）に忠実な経営が期待できる。世界の名だたる企業財団が、企業本体が消滅や分裂した後でも、また設立者たる大物企業家が亡くなった後でも、社会貢献業界に君臨し続けるのは、こうした事情による。カーネギー財団、ロックフェラー財団、ノーベル財団、フォード財団、ビル&メリンダ・ゲイツ財団などは、企業本体が消え去っても社会貢献事業を続けていくことが可能であり、それは資産総額一兆円前後、もしくはそれをはるかしのぐ基金を有しているからである。日本の老舗の企業財団ではトヨタ財団が四〇〇億円規模の資産を有しているが、それにしても世界の企業財団とは規模が違う。

さて企業財団に期待される、もしくは実際に備わっている機能を検討してみたい。まず検討すべきは、少なくとも表向きの設立理由であるところの社会貢献の機能である。

もっとも広い意味では、CSRの代替装置としての機能がある。つまり企業財団とは、企業に代わって長期にわたり社会貢献を行うものであるから、「①CSR代替装置」としての機能があるといえるだろう。

次に財団は、企業家の道徳的文化的価値観を長期にわたって実現するために設立されることがある。その場合、財団は地域社会にとっての「②文化教育装置」という機能を果たす。企業メセナと呼んでもよいだろうが、企業家が収集した美術品を所蔵した美術館などはその典型例である。また学校の設立もよく見られる。なお日本においては学校法人も財団の一形態である。

三つ目として挙げたいのは政治的機能である。政治的機能のなかには圧力団体としての側面もあるが、ここでは企業市民としての社会貢献の機能に限定しておく。すると財団は、政府外交とは異なる意義を持つ、民間外交（パブリック・ディプロマシーの一端）を担うという特徴が見えてくる。すなわち「③民間外交装置」である。企業家の民間外交としてよく知られているのは、渋沢栄一の「青い目の人形」である。米国と日本の関係が悪化しつつあるとき、互いの国の子ども達のために人形を送り合うことで、国民感情の是正を図ろうとしたのである。

このように主に三つの企業財団の機能を上げたが、むろんこれ以外に、もしくはこれ以上に真の目的があって財団を設置するケースもある。とくに株で財団を設立した際には、企業家と財団、企業と財団の関係を注視しなければならない。いわゆる財団株主である。それは相続性対策であったり、安定株主工作であったりする。しかし、これも先述の政治的機能における圧力団体と同じく、社会貢献以外の設置目的であるから本章ではくわしい検討から外す。ただ外すからといって軽視すべきことではない。むしろ財団の統治問題、ＣＳＲと財団の真相にせまるものとして重要なテーマであることを付言しておきたい。

6　民間外交

パブリック・ディプロマシーは広報文化外交と訳されている。外務省によれば「伝統的な政府対政府の外交とは異なり、広報や文化交流を通じて、民間とも連携しながら、外国の国民や世論に直接働きかける外交活動のこと」である（外務省ＨＰ）。国際文化交流などを包括する比較的新しい概念として一九六〇年代後半に米国で使われ始めたが、その概念が普及したのは一九八〇～一九九〇年代のことである。

外交政策でいうところのソフトパワー（Soft Power）にあたる。ソフトパワーは、ハーバード大学のジョセフ・ナイが定義づけたもので、軍事力・経済力で他国を意のままに動かす力がハード・パワーとするなら、その国が持つ価値観や文化の魅力によって、他国を魅了し動かしていく力がソフト・パワーである。むろんここまで政治的に考えなくても、企業フィランソロピーやそれを実行する企業財団の国際交流は、外交政策的に意義がある。

再び外務省のホームページをのぞくと、こうした文化的交流を外交政策として明確に位置づけていることが分かる。広報文化外交（Public Diplomacy）として語られるところは、「外務省でもこれらの考え方に基づき、政策広報や一般広報を通して日本の外交政策や一般事情に関する様々な情報を積極的に発信するとともに、日本文化の紹介や人的交流といった文化交流を通して、親日派・知日派の育成に取り組んでいます」（外務省ＨＰ）。

「親日派・知日派の育成」に取り組むことを外交政策の一環としており、これは海外進出する企業の企業フィランソロピーの主旨とも合致する。続けて、「また、2012年8月に報道対策、国内・海外広報及び文化交流を有機的に連携させていくための新体制「外務報道官・広報文化組織」を発足させるとともに、当組織の総合調整を行う総括課として広報文化外交戦略課を新たに設置し、より体系的にパブリック・ディプロマシーを実施する体制をとっています」（外務省ＨＰ）としている。ちなみに二〇一二年八月は民主党政権の末期であった。

民間外交の始まりとして知られる事業に、先述した渋沢栄一の「青い目の人形」がある。一九二七年に米国から、日米の親善を願って約一万二〇〇〇体の可愛い人形が太平洋を越えて日本に贈られた。この事業を可能にしたのが渋沢である。しかしその願いもむなしく、彼の死後に日米戦争に突入することになるは周知のとおりである。

しかし江戸期から続く日本型ＣＳＲを体現した人物を一人挙げるとしたら、やはり渋沢になるだろう。渋沢は近代日本資本主義の父と称される人物であり、その生涯に第一国立銀行（現・みずほ銀行）、大阪紡績会社、帝国ホテル、東京瓦斯、田園都市（現・東京急行電鉄）、東京証券取引所など五〇〇社におよぶ企業を設立した。しかし、彼が勇名を馳せるのは、企業の設立数に優る六〇〇以上の社会慈善事業を行ったことにある。

企業を設立するにも合本主義を掲げ、一人で事業を私《わたくし》しなかった渋沢のような人物が、近代資本主義経済の立役者であったことは驚きである。国の将来に必要な事業だから起業するのであって、一人で金儲けをするために始めるのではないという理念が厳然としてあった。自ら起こす事業には必ず複数の出資者を募り、皆でその経営を監視するように意図した。これは当時の事業上のライバルであった三菱創業者の岩崎弥太郎と真っ向から意見が対立した企業統治である。

渋沢は営利と道徳を両立させる理念を持っていた人物であったが、それを分かりやすく示した箴言に「論語とそろばん」「道徳経済合一説」がある。このような造語からも石門心学や報徳思想など、近世日本の商人道に連なる影響を見て取ることができる。また米国の鉄鋼王であり、フィランソロピストの鑑とされたアンドリュー・カーネギーにも影響を受けた。カーネギーの著『富の福音』は富裕者たちに、「金持ちのまま死ぬのは恥だ」という気持ちを起こさせた。

渋沢のつくった企業は、いずれも日本を代表する巨大企業ばかりだが、彼の名前が出てくることはほとんどない。合本主義であり、陰徳ゆえである。戦後の財閥解体にも、いっときは財閥指定から外されていたくらいである。彼の名前を冠している組織は渋沢青淵記念財団竜門社である（現在の渋沢栄一記念財団)。そもそも彼の身近に集まった書生たちのために創設した団体で、学校のような機能であった。かつては書生とよばれた若者たちを自宅に住まわせて、その勉学と生活を助ける風習があったためで、竜門社とはもちろん、鯉が滝を登って竜になるという故事にちなんだものである。なお青淵とは渋沢の号である。

渋沢がカーネギーに影響を受けたように、後の日本の企業家たちも、米国フィランソロピーの影響を受けている。とくにロックフェラー財団とフォード財団は、日本の社会貢献の在り方を決める際の参考とされ、また直接のアドバイスももらっている。企業の社会貢献や企業財団の設立において、米国の老舗ファンドの影響を受けたのは、渋沢栄一のほかに、石橋正二郎、出光佐三、豊田英二などが挙げられる。

7 財団の活躍

戦後の広報文化外交で重要な役割を演ずる国際文化会館(公益財団法人)は、「国際相互理解の増進をはかることを目的に、1952年にロックフェラー財団をはじめとする内外の諸団体や個人からの支援により設立された非営利の民間団体」とされている(国際文化会館HP)。国際文化会館は、ロックフェラー財団やフォード財団など、米国の民間財団との関わりが深く、アジアの知識人を戦後復興期の早い時期から招待し、日本の企業フィランソロピーの情報源であるとともに、民間外交の最前線でもあった。

その設立経緯は、「1951年、対日講和条約締結の準備交渉のためトルーマン米大統領が日本へ派遣したジョン・フォスター・ダレス特使一行としてロックフェラー三世が再来日。訪日後、ロックフェラー三世は、日米の官民両セクターに対する提言書「日米文化関係」をダレスへ提出した」（国際文化会館HP）ことであった。冷戦中における極めて政治的な活動の一環でもあったことが伺える。

国際文化会館の事業をホームページから列挙すると、その意味がよく分かる。一九五七年インドのネルー首相の招待講演「インドの心」、一九六七年「アジア知的協力プログラム」開始、一九七三年「創立20周年事業：アジア知識人円卓会議主催」、一九八一年「日ソ人物交流プログラム」開始、一九八二年「日中知的交流プログラム」開始、一九八六年「中国社会科学研究会」発足、二〇一八年「アジア・ソサエティと戦略的パートナーシップ締結」となっている。

また同会館は、一九七二年代からフォード財団とトヨタ財団の助成を受けて「社会科学国際フェローシップ」（通称：新渡戸フェローシップ）を発足している。トヨタ財団は民間企業財団のなかでも、戦後の草創期に登場し、その規模の大きさと先駆的助成活動から、助成財団のモデルとなっている。一九七四年にトヨタ財団は基金一〇〇億円（現在四〇〇億円）によって設立され、出資母体のトヨタ自動車からも独立性の高い財団として注目を集めた。

またトヨタ財団は当時では極めて先駆的な助成金プログラムを持っていた。しかも助成プログラムのプロフェッションであるプログラム・オフィサー制度を設けていた。トヨタ財団の独立性が高く、ユニークな制度をつくることができたのは、創立者であるトヨタ自動車中興の祖、豊田英二の存在と、日本フィランソロピーの父と目される初代専務理事の林雄二郎の存在が大きかった。

トヨタ財団の助成プログラムで目を引くのが、一九七四年の設立当初から発展途上国（主に東南アジア）を対象にした国際助成プログラムを用意していたことである。当時、民間助成財団としては極めて珍しく、おそらく初の試みであった。しかも当初責任を担った職員（プログラム・オフィサー）は岩本一恵女史ただ一人であったから、これも当時としては珍しいことであった。まだ対日感情が悪かった頃で、トヨタと名前がついているだけでも怪訝に思われ、トヨタ自動車を通じた日本帝国主義の手先として吊し上げ同然の目にもあったという（林・山岡：一九九三年）。しかしそれゆえに、この民間助成プログラムが戦後の日本外交にとっての試金石であり、パブリック・ディプロマシーとしても重要な意義を持っていたと言える。岩本はそのことを十分に承知して助成プログラムを立ちあげた。

岩本は次のように言っている。「日本と東南アジアとの今までの歴史的なかかわりから生じている問題や、日本人が異民族と接することに慣れていないために生ずる問題を視野に入れておく必要がある」、そして「現地国内のプロジェクトに助成を行ういわゆる援助型の助成プログラムに加えて、日本の人々と現地国の人々との交流を促進する交流型の助成プログラムも同時に必要である」（林・山岡：一九九三年）とした。

こうした必要性を的確に見抜いたうえで創設されたプログラムに「隣人をよく知ろうプログラム」があった。日本と東南アジアの人々が互いに理解するためのプログラムである。まず始めたのが東南アジアの人の手による文学作品や社会科学書を日本語に翻訳して出版する事業であった。日本側には東南アジアの専門家からなる専門委員会を設置し、東南アジア側にはインドネシア、シンガポール、タイ、フィリピン、マレーシアの五カ国それぞれに知識人からなるアドヴァイザリー・グループを組織した。翻訳対象国として後にビルマ、ネパール、ヴェトナム、スリランカなどが続々と加わり、一九九〇年頃までのわずか十数年で、一〇〇〇冊を超えるアジアの本を日本で翻訳出版した（林・山岡：一九九三年）。

トヨタ財団の国際助成のユニークな点は、発展途上国への援助型助成に加えて、「隣人をよく知ろうプログラム」という交流型助成を用意したことであった。これを可能にしたのは、トヨタ財団のトップに豊田英二と林雄二郎がいたことが大きい。トヨタ財団をトヨタ自動車から自立させて、自由に活動することを許したからである。また戦後の財団草創期に、いち早く途上国を対象とした国際助成プログラムを設けて名を馳せたのは、トヨタ財団の他にも笹川平和財団がある。日本財団系列の財団である。企業財団ではないが、トヨタ財団と並んでパブリック・ディプロマシーやソフトパワーとしての外交政策に秀でた活動を行い、のちの企業財団の参考にされた。日本財団（日本船舶振興会）は競艇の売上金の一部を利用して社会貢献活動を行う日本最大の民間財団であり、複数の財団を有する財団グループというべき存在である。

また国際文化交流による典型として、美術館を運営する財団も見逃せない。大原美術館、出光美術館、ブリヂストン美術館・石橋美術館（現在のアーティゾン美術館）である。

大原孫三郎は、倉敷紡績、倉敷毛織（クラボウ）、倉敷絹織（クラレ）などの創業者であり、社会貢献活動を数知れず行っている。その中でも特筆できるのが一九三〇年に設置した大原美術館である。大原は明治期の特徴を体現する大物篤志家といえるが、それは洗礼を受けたプロテスタントであったことや郷里が岡山であったことによる。明治期はプロテスタントの慈善事業家が目を引くが、とりわけ岡山という地域は目を引く。大原は岡山孤児院を創設し、児童福祉の父と称される石井十次と親しかった。また、同じく留岡幸助や山室軍平など、明治期の慈善事業家には岡山のプロテスタントが名を連ねる。大原には近世日本の思想的背景に加えて、キリスト教の博愛主義や慈善事業への理解を深めていた。

大原美術館は日本初の西洋美術を中心とする私立の美術館であり、美術の教科書で掲載される作品を数多く所有している。大原はもともと日本美術のコレクターであったが、親しい友人画家の児島虎次郎の観察眼を信じ、ヨーロッパに行かせて西欧美術作品を集めさせた。こうして「エル・グレコ、ゴーギャン、モネ、マティス等」、今も大原美術館の中核をなす作品が岡山の地にやってきた。さらに、「同時に進めた中国、エジプト美術」の収集も行い、芸術を通じ異文化理解と他文化への敬意を醸成するように努めた。一般庶民にしてみれば、異国の文化芸術に直接ふれることができる機会が、もっとも身近な国際理解であったろう。

大原と同様に美術館設置による民間外交や異文化理解を担った代表例には、一九五二年設立のブリヂストン美術館、一九五六年の石橋美術館がある。いずれもブリヂストン創業者である石橋正二郎によるものである。また出光美術館は一九六六年に東京で開館し、二〇〇〇年には北九州市の門司区にも設置している。東洋古美術や中国の陶磁器が主な展示品であり、設置者は出光興産創業者の出光佐三である。

石橋正二郎の経営哲学は、「財も企業も公器なり」に尽きるし、しかも「私財も企業も公共社会のためにある」と公言してはばからない。出光佐三は「人間尊重」を経営の根幹に掲げ、「士魂商才」を商売人の発揮すべき才覚と信じていた。そしてこれは近代の大物実業家たちに共通した経営哲学であった。

8　文化的存在としての企業

企業はそもそも文化的存在といってもよい。その文化的な機能が働きだすための中核となり原動力となっているのは、企業家に備わる徳（道徳心）である。その徳を言葉に表したのが経営理念である。それは本業の営利事業に反映されていくが、企業の文化事業の方により色濃く現れる。ましてや、文化事業のために創られた財団には、よりいっそう明確に現れる。企業は地域社会に対して文化的な影響力を持つが、同時に企業や企業家も、その国や地域の文化的な影響を受ける。企業文化（Corporate Culture）とは、企業の中で共有される価値観や行動規範のこととされるが、それこそが「企業の正体」ではないだろうか。市場シェアや営業利益の大小で企業の体調を知ることはできても、企業の正体を知ることはできない。経営理念や企業文化は企業の本質であるとともに、競争戦略のうえでのコアコンピタンスでもある。

参考文献

石橋正二郎『私の歩み』一九六二年。

出光佐三『人間尊重五十年』春秋社、一九六二年。

大原孫三郎傳刊行会『大原孫三郎傳』一九八三年。

外務省ＨＰ（https://www.mofa.go.jp/mofaj/comment/faq/culture/gaiko.html#section1）。

国際文化会館ＨＰ（https://www.i-house.or.jp/about/）

渋沢研究会編『公益の追求者・渋沢栄一』山川図書出版、一九九九年。

末永國紀『近江商人－現代を生き抜くビジネスの指針』中央公論新社、二〇〇〇年。

林雄二郎・山岡義典『フィランソロピーと社会』ダイヤモンド社、一九九三年。

由井恒彦『『都鄙問答』と石門心学—近世の市場経済と日本の経済学・経営学』冨山房インターナショナル、二〇一九年。

Berman, Edward H., *The Influence of the Carnegie, Ford, and Rockefeller Foundations on American Foreign Policy: The Ideology of Philanthropy*, Albany: State University of New York Press, 1984.

Friedman, Lawrence J., and M. D. McGarviey, eds., *Charity, Philanthropy, and Civility in American History*, Cambridge: Cambridge University Press, 2003.

川野祐二

●著者紹介

児玉《こだま》昌己《まさみ》　久留米大学法学部教授―編者（第１章）

渡部《わたなべ》恒雄《つねお》　笹川平和財団安全保障研究グループ上席研究員―（第２章）

中村《なかむら》登志哉《としや》　名古屋大学大学院情報学研究科教授―（第３章）

松石《まついし》達彦《たちひこ》　久留米大学経済学部教授―（第４章）

小原《おばら》江里香《えりか》　久留米大学経済学部准教授―（第５章）

松下《まつした》　愛《あい》　久留米大学地域連携センター学長特命講師―（第６章）

山下《やました》昭洋《あきひろ》　台湾・静宜大学外国語学部助理教授―（第７章）

大矢野《おおやの》栄次《えいじ》　久留米大学名誉教授―（第８章）

藤村《ふじむら》一郎《いちろう》　鹿児島大学総合教育機構准教授―（第９章）

伊佐《いさ》　淳《あつし》　久留米大学経済学部教授―編者（第10章）

川野《かわの》祐二《ゆうじ》　下関市立大学経済学部教授―（第11章）

●編者紹介

児玉昌己（こだま　まさみ）

久留米大学法学部教授—（第 1 章）

欧州大学院大学（ベルギー）行政学研究科修了。同志社大学大学院法学研究科博士後期課程満期退学。法学博士（九州大学）、日本 EU 学会名誉会員。専門は国際統合論、ヨーロッパ地域研究。著書は『欧州議会と欧州統合』成文堂、『EU･ヨーロッパ統合の政治史』日本放送出版協会、『欧州統合の政治史―EU 誕生の成功と苦悩』芦書房、『現代欧州統合論』成文堂など。

伊佐　淳（いさ　あつし）

久留米大学経済学部教授—（第 10 章）

明治大学大学院政治経済学研究科博士後期課程満期退学。専門は非営利組織論、地域活性化論。著書は『市民参加のまちづくり』シリーズ（共編著）創成社、『文化経済学と地域創造―環境･経済･文化の統合』（共著）新評論、『ＮＰＯを考える（第二版）』創成社新書、『グローバル時代のアジアの国際協力―過去･現在･未来』（共編著）芦書房など。

巨大中国とユーラシア新時代の国際関係

■発　行 —— 2022 年 3 月 31 日
■編　者 —— 児玉昌己・伊佐　淳
■発行者 —— 中山元春
■発行所 —— 株式会社　芦書房　〒101-0048 東京都千代田区神田司町2–5
電話　03-3293-0556 ／ FAX 03-3293-0557
http://www.ashi.co.jp
■組　版 —— ニッタプリントサービス
■印　刷 —— モリモト印刷
■製　本 —— モリモト印刷

ISBN978-4-7556-1324-1 C0031